中央编译局文库编辑委员会

主　　任：贾高建
副 主 任：魏海生　柴方国　季正聚　崔友平
委　　员（按姓氏笔画排序）：
　　　　　冯　雷　牟建君　杨雪冬　沈红文　张凤宝
　　　　　陈家刚　胡长栓　郝卫东　葛海彦

马克思主义经典著作研究读本

主　编　杨金海　李惠斌

恩格斯《傅立叶论商业的片段》研究读本

莫　凡

《马克思主义经典著作研究读本》顾问委员会

贾高建　俞可平　柴方国　庄福龄　陈先达　赵家祥　詹汝琮
李洙泗　张钟朴　冯文光　安启念　韩庆祥　李小兵　张曙光

《马克思主义经典著作研究读本》编委会

主　编　杨金海　李惠斌
副主编　薛晓源　林进平
编　委（按姓氏拼音排序）
　　　　　曹典顺　冯　章　韩立新　江　洋　姜海波
　　　　　李百玲　吕梁山　苗永姝　聂锦芳　闫月梅
　　　　　杨学功　姚　颖　张　盾　张云飞　郑　锦

总　序

呈献给读者的这套"马克思主义经典著作研究读本"丛书，旨在立足于 21 世纪中国和世界发展的现实，对马克思、恩格斯、列宁重要著作以及有关专题思想重新进行较为深入的研究和解读，供广大读者特别是致力于深入研究马克思主义经典作家原著的读者阅读使用。计划出版 40 种，三年内陆续完成编写和出版工作。

马克思主义经典著作是学习和研究马克思主义理论的基础文本，历来为人们所重视。在我国学术史上，曾编写和出版过不少关于经典著作的读本，包括各种注释性读本和导读性读本，对学习和研究马克思主义理论发挥过重要作用。然而，随着时代的发展，这些读本也越来越显出历史局限性。比如，以往对经典著作的解读视角较旧，对马克思主义理解不够全面；解读的经典著作范围较小，视野有限；解读所依据的文献不足，深度不够等。进入新世纪以来，特别是自 2004 年中央实施马克思主义理论研究和建设工程以来，马克思主义经典著作的教学、研究以及普及工作不断加强，这就迫切要求对经典著作重新进行解读。

同时，这些年我国学界有关经典著作的翻译和研究成果不断推出，为更好地解读经典著作提供了可能。改革开放以来，特别是进入新世纪以来，随着我国社会主义现代化建设以及人类文明的深入推进，我们对马克思主义的理解以及对经典著作的研究不断深化，解读视角发生重大转变，对马克思主义的理解更加全面。例如，以往由于受革命实践的影响，我们较多地从社会主义"革命"视角去解读，而较少从社会主义"建设"视角去解读，因此，较多地注重研究其中的阶级斗争、无产阶级革命和无产阶级专政等理论，而较少研究社会和谐发展、人的全面发展等思想。革命胜利后，仍然沿袭了这种解读模式。这就造成了对马克思主义理解的片面性。实际上，马克思主义经典著作中有丰富的新社会建设思想，恰恰是这些长期被忽视的思想对我们今天的社会主义建设实践来说更有意义。近些年来，我国学者自觉地从"建设"视角研究经典著作基本观点，取得了一系列可喜成就。又如，过去对经典著作的解读主要限于对若干重要经典著作的解读，如对《共产党宣言》等五六部名著有较为详细的解读，对其他著作的解读不多。即使有收文较多的导读性读本，但常常由于篇幅所限，也只能对这些著作进行简要介绍，不可能对每一部著作展开研究。近些年来，这种情况在逐步发生变化。研究经典著作的专题成果越来越多。再如，近年来新的经典著作编译成果和相关研究成果不断推出，大大拓宽了人们对经典著作基本观点的理解。加之这些年我国学界一大批优秀的中青年学者成长起来，他们的外语水平较高，知识储备较多，研究方法较新等，对经典著作的研究和理解也更有新意。这些都为更好地解读经典著作提供了新的时代条件。

为了继承前人研究的成果，弥补以往研究的不足，总结这些年我国学界编译、研究经典著作的成果和经验，比较全面系统地解读和阐释经典著作的基本观点，中央编译局专门成立了"马克思主义经典著作及其重大理论问题研究"课题组，并对该项研究提供了基金资助。课题组不仅在局内组织力量进行研究，而且向社会公开招标，争取到社会力量的支持，一批有造诣的中青年专家参与到课题研究中来。经过课题组同仁两年多努力，已经形成一批研究成果，并将继续补充、完善并陆续推出。这套"马克思主义经典著作研究读本"丛书就是这些成果的集中体现。

本丛书力求体现如下特点，这也是丛书编著工作所力求遵循的原则：第一，体现全面性和系统性。本丛书不仅对经典作家的名著进行解读，也对其他重要著作进行解读，还要对经典作家的一些重要思想，如马克思的人类学思想、列宁的新经济政策理论等，进行专题梳理和解读。不仅从"革命"视角，而且从"建设"视角，全面、系统地梳理经典作家的思想观点。力求使这套丛书成为收文最全面、解读最系统、最能够反映经典作家著作全貌的学术成果。第二，突出文献性和考证性。每一研究读本的写作，力求充分反映国内外有关研究成果，特别是要充分反映我国新时期在经典著作翻译和研究方面所发现的新文献、取得的新成果。在此基础上，要对经典著作形成的历史背景、国内外传播、原著重要思想观点及其流变，以及后人对这些观点的理解等，进行考证研究。如果说过去的解读主要是"注"的话，那么，这套读本则要进一步体现"疏"的特点。通过这种"注疏"性考据研究，不仅使读者知其然，也知其所以然。这样，也能够为学界进一步研究提供尽可能丰富的文献资料。第三，力求权威性和准确性。一方面，研究读本所依据的经典著作文本力求具有权威性和准确性。主要依据中央编译局所编译的最新译本，如《马克思恩格斯全集》第二版、《马克思恩格斯文集》、《列宁全集》第二版、《列宁专题文集》等。对还没有新译文的文本，可以采用旧译文。同时，适当参照外文版本，进行比较研究。另一方面，所依据的其他文献资料，也力求具有权威性和准确性。要选择国内外在该研究领域最具权威性的专家学者的最具代表性的观点和最有影响力的文章。

基于上述考虑，本丛书采取大致统一的研究和写作框架。除导论外，各个读本均有五个部分组成。一是历史考证部分，其中包括写作背景、国内外主要版本和传播考证等；二是研究状况部分，包括对国内外已有的研究情况进行梳理；三是当代解读部分，包括对经典著作的内容简介，对已有研究观点的疏正，对重要理论观点及其当代意义的阐述；四是原著选编部分，根据经典著作的不同情况，或采取全选的形式，或采取节选的形式，均采用中央编译局的最新译本，个别读本同时选编原著的旧文本，以方便比较研读；五是附录部分，包括3到5篇关于本著作的国内外有一定权威性的研究文章，以及进一步研究需要参考和阅读的文献资料。

需要说明的是，对于经典著作的研究，往往会有仁者见仁、智者见智的情况。所以，尽管我们在组织编写工作中努力体现上述原则，但这些读本的观点不一定都具有代表性，更不可能与每一位读者的观点完全一致。加之作者研究角度不同，水平各异，每一读本的结构、篇章、内容、观点都不尽相同，其权威性程度也不尽一致。其中很可能有疏漏和错误之处，谨请读者批评指正。

该丛书在编写和出版过程中，得到了各个方面的大力支持。中央编译局对此项工作高度重视，始终给予鼎力支持。国家出版基金将该丛书列入2012年资助项目。中央编译出版社为该丛书申报国家出版基金项目并最终立项，以及为丛书出版做了大量工作。本丛书中收入的译著和文章的译者、作者和出版者同意我们使用相关的著作版权。该项目顾问委员会的专家对丛书的编写工作给予热情指导，编委会成员和课题组同仁为丛书的编写付出了辛勤劳动。在此一并致以衷心的谢意！

《马克思主义经典著作研究读本》
编辑委员会
2013年6月16日

目 录

导 论 ··· 1

第一部分 历史考证 ··· 11

第一章 写作背景 ·· 13
一 理论背景 ··· 13
二 社会背景 ··· 22

第二章 国外主要版本和传播情况 ························· 34
一 在《1846年德国公民手册》上的正式发表 ········· 34
二 在《马克思恩格斯全集》德文版、俄文版、日文版中
的传播 ··· 37
三 在其他资料中的收录情况 ······························ 39

第三章 国内的版本和传播情况 ····························· 44
一 新中国成立以前中译文的传播 ························ 44
二 新中国成立以后至改革开放以前中译文的传播 ··· 46
三 改革开放以后中译文的传播 ··························· 48

第二部分 研究状况 ··· 57

第四章 国外学者关于该文献的研究状况 ················ 59
一 苏联学者的研究状况 ···································· 59
二 德国学者的研究状况 ···································· 75

三　法国学者的研究状况 …………………………………… 84
　　四　美国学者的研究状况 …………………………………… 89
　　五　日本学者的研究状况 …………………………………… 97
　　六　波兰和英国学者的研究状况 ………………………… 102

第五章　国内学者关于该文献的研究状况 ………………… 112
　　一　揭示马恩对"真正的社会主义"的剖析 …………… 112
　　二　阐释恩格斯对各种非科学的社会主义思潮的批判 … 117
　　三　论述恩格斯对黑格尔关于思维与存在同质性观点的
　　　　批判 …………………………………………………… 120
　　四　记述马君武向国人介绍早期社会主义学说 ………… 121
　　五　指明恩格斯将傅立叶主义誉为"社会哲学" ……… 125

第三部分　当代解读 ………………………………………… 133

第六章　经典著作结构、框架及简介 ……………………… 135
　　一　前言 …………………………………………………… 135
　　二　傅立叶手稿中的导言（《问题的提法》）和第一章
　　　　《商业方法的顺序》 …………………………………… 136
　　三　关于流通的经济原则的虚伪性 ……………………… 138
　　四　破产的等级 …………………………………………… 140
　　五　破产者的上升翼 ……………………………………… 141
　　六　中心。——宏伟的色调 ……………………………… 143
　　七　下降翼。——肮脏的色调 …………………………… 146
　　八　傅立叶手稿的"结论" ……………………………… 148
　　九　结束语 ………………………………………………… 149

第七章　重要理论观点阐述 ………………………………… 150
　　一　关于"真正的社会主义"思潮的理论观点 ………… 150
　　二　关于傅立叶空想社会主义学说的理论观点 ………… 161
　　三　对当代社会的理论启示 ……………………………… 180

第四部分 经典著作选编 ……………………………………… 193
　　弗·恩格斯 傅立叶论商业的片断 ……………………… 195

第五部分 附录 ……………………………………………… 233
　　附录Ⅰ 研究文献精选 …………………………………… 235
　　　一 高放、黄达强主编：《社会主义思想史》（上）
　　　　（节选） ……………………………………………… 235
　　　二 〔法〕科尔纽：《马克思恩格斯传 第3卷 历史唯物主义
　　　　的形成 1845—1846》（节选） ……………………… 251
　　　三 〔德〕梅林：《德国社会民主党史 第1卷 现代科学
　　　　共产主义 1830—1848》（节选） …………………… 255
　　　四 〔苏〕纳尔斯基等：《十九世纪的马克思主义哲学》（上）
　　　　（节选） ……………………………………………… 261
　　　五 〔德〕克莱恩：《马克思主义哲学史 从马克思主义哲学的
　　　　产生到巴黎公社之前》（节选） ……………………… 267
　　附录Ⅱ 延伸阅读书目 …………………………………… 276

导　论

　　《傅立叶论商业的片段》是恩格斯批判"真正的社会主义"、解读空想社会主义，并在此基础上创立科学社会主义的一篇重要文献。这篇文献是恩格斯在考察了法国空想社会主义者——傅立叶的《论三种外在统一》一书以后写成的一篇长篇摘要，恩格斯特地在摘录的正文前后添加上了前言与结束语。恩格斯对傅立叶在社会主义思想史上的贡献进行了高度评价，他认为："这个片断绝对不是傅立叶著作中最有天才的作品，也不是他论述商业的最好的文章，但是，除魏特林外，德国还没有一个社会主义者或共产主义者写出一篇哪怕能稍微和这篇草稿相提并论的文章。"①《傅立叶论商业的片段》不仅对于马克思和恩格斯的时代，而且对于当代社会也具有较为重要的价值。

　　研究这篇文献的理论意义体现在三个方面：首先，"什么是社会主义？"这是马克思主义者长期探讨的问题。考察恩格斯对傅立叶的评析以及对"真正的社会主义"的批判，有利于深化对该问题的研究。傅立叶在一系列著作中勾画出他心目中的社会主义，那就是以"法郎吉"为主要标志的社会主义蓝图。这张蓝图是通过批判当时的资本主义社会图景得来的，傅立叶对理想社会的众多优点有详尽的预言，而理想社会的每一个优点往往都针对着现实资本主义社会的一个缺点。他在自己描绘出来的"新世界"中看到了克服"资本魔咒"之后所形成的社会美好图景。就这一点而言，对资本主义社会入木三分的批判与讥讽是设计理想社会的基础，而理想社会的设计则是对资本主义批判的最终目的。

---

　　① 《马克思恩格斯全集》第 42 卷，北京：人民出版社 1979 年版，第 320 页。

傅立叶正是以这样一种思路展开其理论构想的，而恩格斯在《傅立叶论商业的片段》中所摘录的便是傅立叶深刻批判资本主义的长篇论述。反观"真正的社会主义者"，他们尽管对当时工人们的生存状态有所关注，也能发出几声呐喊，但是由于缺乏对资本主义社会的深层解读，所以无法在此基础上洞悉社会主义的本质规定与实现路径。正基于此，恩格斯认为要理解"什么是社会主义"，必须坚决摒弃"真正的社会主义"的做法，认真研读傅立叶的著作。其次，对空想社会主义的批判在人类思想史中具有重要地位，解读恩格斯的这一著作有利于人们对这段思想史进行进一步的梳理。傅立叶是空想社会主义的一个代表人物，既有着与其他空想社会主义者类似的理论特征，也有很多独具特色的理论创新。"真正的社会主义者"嘲笑傅立叶论著中那些看起来荒唐的话语，例如，傅立叶有类似将海水转变为柠檬汁，或是行星之间进行交配这样的怪诞想法。很多学者对这些观点嗤之以鼻，并以此贬低傅立叶在思想史上的学术地位。恩格斯反对用这种带有偏见的立场来评价傅立叶，在他看来，常常发出荒唐言论的傅立叶要比号称用词严谨，但对资本主义弊病一无所知的、形形色色的小资产阶级学者高明得多。原因在于，对于一个没有接受过系统学校教育的学者而言，他巨大的理论贡献完全可以使人们对他用词上的个别缺陷忽略不计。恩格斯正是从傅立叶学说对于整个社会主义思想史的学术贡献出发，阐释和评价其理论体系的。在这个理论体系当中，《新世界》是最具代表性的一部著作，它展示出傅立叶学说的理论归宿，而其对商业问题的论述则是这一理论归宿的铺路石，为"新世界"的蓝图设计指明了方向。再次，马克思和恩格斯都对空想社会主义者的著作有过解读与评析，但以往的研究更为注重前者，而较为忽视后者，加强对恩格斯的研究可以进一步明晰马恩理论的关系。恩格斯在《傅立叶论商业的片段》中不但阐释了其批判"真正的社会主义"的一系列观点，而且在此过程中展现了他所主张的社会主义研究方法。这一研究方法包含两个方面：一是必须研读英法等国的社会主义文献；二是对社会主义的研究必须建立在批判资本主义的基础之上。这两种方法是恩格斯对社会主义研究方法的重要贡献，从马克思主义发展史来看，这些方法与马克思的研究方法也是一致的。《傅立叶论商业的片段》事实上从一个侧面体现出恩格斯作为马克思合作者的角色与地位，他致力于论证马克思学说的科学性，并通过与各种"非科学社会主义"思潮的论战来保卫马克思的理论成果。

与此同时，研究《傅立叶论商业的片段》的实践意义体现在两个方面：一方面，恩格斯评析傅立叶的目的之一，是批判当时的"真正的社会主义"思潮；另一方面，当代的意识形态工作者也肩负着批判各种反马克思主义思潮的任务，恩格斯的批判方法可以为我们所借鉴。对于"真正的社会主义"思潮这种迷惑性很强的小资产阶级思想，恩格斯在《傅立叶论商业的片段》当中，并没有一开始便抛出各种批判的理由与依据，而是针对"真正的社会主义"的内在理论缺陷，尤其是其轻视英法早期社会主义文献的不良倾向，挑选英法早期社会主义文献中具有代表性的傅立叶论商业问题的部分文献，将其摘录下来作为驳斥"真正的社会主义"的主要依据。这样的方法既戳到了批判对象的痛处，又给人们指明了走出误区的正确路径。当代的意识形态工作者可以从中获取方法上的养料，与当前的各种反马克思主义思潮进行斗争。另一方面，傅立叶找到了资本主义的症结，但却开错了药方。他不主张废除私有制，而是幻想通过宣传和教育建立名为"法郎吉"的"和谐制度"。社会主义和谐社会是当代社会建设的目标与指向，对恩格斯这一著作的解读可以规避空想社会主义的误区，找到走向和谐的正确道路。从《傅立叶论商业的片段》这篇文献来看，傅立叶对"和谐"的追求，主要是针对资本主义社会中的"非和谐"状态。在这样的社会中，商人们为了获取更多的利润，反复运用各种欺诈手段，严重损害了普通民众的利益。傅立叶列举了多种"欺骗性破产"的具体形式，以此来说明商业活动天然的欺诈性。正是由于这一状况的存在，整个资本主义社会才显示出动荡不安的状态。后来，傅立叶对"和谐制度"的想象，多半是基于对资本主义社会状况的批判。当代我们构建社会主义和谐社会，既要借鉴社会主义思想史上的各种有益成果，又要以马克思主义为指导，从中国社会的实际出发化解人民内部矛盾，推进社会公平正义。

正是由于研究《傅立叶论商业的片段》具有十分重要的理论和实践意义，国内外学者才对该文献进行了长期的研究与探讨。国内的研究主要集中在四个方面：

其一，版本考证。姚顺良指出，该文刊载在1846年夏天出版的书籍《德国公民手册》年鉴上，但是《马克思恩格斯全集》俄文第二版的编者却把它推断成"1845年底"（后来修改成"1845年下半年"），此种观点是站不住脚的。何中华则认为，在1845年初，马克思同恩格斯共同拟定出版大型丛书《外国杰出的社会主义者文丛》，这中间就涵盖傅立叶所写的《论商业》著作手稿。①

其二，概述写作背景与基本内容。李杰指出，德国资本主义生产的不断发展使得无产阶级逐步强大，可当时德国有2/3的公民是农业人口，因而小资产阶级成为社会的主要构成，这样在工人运动里就会不可避免地存在一些不科学的、形形色色的社会主义思想浪潮。针对各种思潮，恩格斯运用历史唯物主义原理进行了深刻批判，其撰写的《傅立叶论商业的片断》就是其中典型的一篇长文。②夏耕认为，恩格斯对于空想社会主义者傅立叶的著作《论商业》十分重视，他亲自将这部著作进行摘译，并认为傅立叶的著作拓展了无产阶级对资本主义社会的认识，把对资本主义的分析提升到一个尚未有过的高度。③

其三，阐释恩格斯在该著作中对"真正的社会主义"的批判。聂锦芳提出，马克思恩格斯在没有写完《德意志意识形态》的时候就开始构思怎样分析并批判"真正的社会主义"思潮。在1845年底的时候，恩格斯发表了《傅立叶论商业的片段》这篇长文的前言与结束语，他

---

① 姚顺良：《论马克思在〈德意志意识形态〉写作中的主导作用——析广松涉"恩格斯主导论"的文献学依据》，载《马克思主义研究》2007年第5期，第46—52页。

② 李杰、张蕾：《恩格斯中期的史学思想》，载《四川教育学院学报》2009年第10期，第14—17页。

③ 夏耕：《科学社会主义理论和实践》，上海：上海大学出版社2010年版，第35页。

在其中简洁地论述过酝酿一系列批判的想法。① 徐琳认为,"真正的社会主义"思潮是19世纪40年代脱胎于德国社会中的小资产阶级流派,恩格斯1845年在其长文《傅立叶论商业的片段》的前言与结束语里对"真正的社会主义"思潮进行了严肃批判,第一次以公开的形式批评了这股非科学的思潮。②

其四,论述恩格斯在该著作中对黑格尔的批判。杨献珍指出,恩格斯在《〈傅立叶论商业的片断〉的前言和结束语》里指出,他不会认同黑格尔的"绝对的精神王国,不相信有和无的同一以及永恒范畴的交配"③。陶富源和王景认为,在1845年的时候,恩格斯在其文章《〈傅立叶论商业的片断〉的前言和结束语》里深刻分析了黑格尔关于思维和存在同质性的哲学唯心主义思想主张。④

从当前的国内研究现状来看,研究主要集中于恩格斯《傅立叶论商业的片段》的版本考证、写作背景与基本内容、对"真正的社会主义"的批判、对黑格尔的批判等方面的内容,已经覆盖了对该文献的主要研究领域。其中,对文献基本内容的阐释较为系统,较为准确地理解了恩格斯的写作意图和文本内涵;在论述恩格斯批判"真正的社会主义"的基本观点时,相关研究者已形成一定思想共识。但是,在版本考证方面尚存在学术观点上的争议,需要进一步进行文本考证予以解决;对于该文献的传播状况,学界研究较少,没有梳理出传播的主要线索,缺乏对国内外传播路径的详尽阐述;此外,还缺乏文献的当代解读,没有将该文献与当代社会的现实问题联系起来考察,文献解读的时代性不强。

在国外,对该著作的研究主要体现在两个方面:

一方面,厘定恩格斯与傅立叶思想观点上的异同。汉密尔顿指出,

---

① 聂锦芳:《〈德意志意识形态〉对"真正的社会主义"思潮的批判》,载《马克思主义研究》2007年第3期,第37—43页。
② 徐琳:《恩格斯哲学思想研究》,北京:北京出版社1985年版,第148页。
③ 《马克思恩格斯全集》第42卷,北京:人民出版社1979年版,第320页。
④ 陶富源、王景:《恩格斯认同黑格尔"思维与存在的同质性观点"吗》,载《高校理论战线》2006年第3期,第47—50页。

恩格斯指出空想社会主义者，类似欧文、圣西门与傅立叶，他们都习惯于构建一个乌托邦形式的庞大计划，可这个计划因为是空想出来的，因而常常被实践经验所击败；同空想社会主义者不同的是，恩格斯小心翼翼地避免实践经验给予自身理论的各种测试，所以只在其思想构建里制定了较为粗略的原则和规范。① Labica 认为，恩格斯十分赞赏傅立叶对社会哲学的贡献，只是对他的社会主义学说作了批判和改进，从而形成了自己的学说。②

另一方面，阐释恩格斯对傅立叶学说的理解与评价。August H. Nimtz 指出，恩格斯在评价傅立叶时说，由于他不是黑格尔主义者，因而嘲笑黑格尔"绝对精神"的说法，由此推之，在社会主义的学说中，也必然不存在什么"绝对的社会主义"一说。恩格斯以此为例，提出德国人接下来要做的事情应当是从傅立叶的学说中获得启发。③ H. 柯尔认为，圣西门、傅立叶与欧文等学者虽然在一些方面存在着相异之处，可本质上进行的都是趋于社会化的道路，三人都将"社会问题"作为全部问题里最为主要的问题，同时坚持一切善良的人的头等使命就是增进民众的幸福与福祉。④

从当前的国外研究现状来看，国外学界对恩格斯《傅立叶论商业的片段》的研究较为注重人物关系的分析，尤其是系统研究了恩格斯和傅立叶学术观点之间的关系，形成了若干具有文本根据的理论观点。但是，国外学界研究该文献的全面性不足，对文献的版本考证、传播历程、写作背景等方面的内容涉及较少，需要在未来的研究中予以加强。

正是从当前的研究现状出发，本书采用文献调查法和比较研究法，逐步展开论述，梳理出若干论点：（1）恩格斯在《傅立叶论商业的片段》里充分肯定了傅立叶对于资本主义制度及其社会关系的批判与分

---

① Hamilton，*Beyond Marx*，BRILL，2001，p. 523.
② Labica，*Marxism and the Status of Philosophy*，Harvester Press，1980，p. 15.
③ August H. Nimtz，*Marx and Engels：Their Contribution to the Democratic Breakthrough*，SUNY Press，2000，p. 22.
④ 〔英〕H. 柯尔：《社会主义思想史 第 1 卷 社会主义思想的先驱者 1789—1850 年》，何瑞丰译，北京：商务印书馆 1977 年版，第 65—75 页。

析，他非常睿智地洞察到资本家在金融商业活动里的贪婪和虚伪。(2)恩格斯在该长文里首次尖锐地批判了德国隶属于小资产阶级群体的"真正的社会主义"思想流派，认为这一流派大大脱离了当时现实的革命斗争活动。

本书的第一部分是该文献的历史考证。首先梳理写作背景。其理论背景有两个方面，一是"真正的社会主义"思潮的产生与蔓延。这一思潮体现着濒于灭亡的德国小资产阶级的经济利益，自1844年开始，它就像瘟疫一般迅速在德国境内传播开来，并在德国工人群体内部产生了极为有害的影响。此外，格律恩还将其传入具有国际性质的工人组织"正义者同盟"当中，从而阻碍着工人阶级政党的成立。二是傅立叶的空想社会主义学说对资本主义的辛辣讽刺。傅立叶在自身的生活经历里，深入观察了资本主义商业活动的罪恶行径，他对形形色色的商人欺骗行为作了一系列彻底的揭示，这是傅立叶对资本主义制度所进行的分析与批判里最为精彩的思想部分。在他那里，以往封建专制体制的逐渐崩溃以及资产阶级大革命的最终胜利，只不过是让"商人精神"取得了巨大的胜利。而就社会背景而言，主要是德意志资本主义工业的初步发展，西里西亚织工起义以及德意志工人运动的初步发展。1844年6月4—6日的西里西亚织工起义，虽然带有自发的性质，却是19世纪上半期德国历史上一件意义重大的事件。与过去的法国或英国工人的起义不同，这次起义明显地表明，工人们开始意识到他们的阶级利益了。其次介绍国外的主要版本与传播情况。《傅立叶论商业的片段》的首次发表是在《1846年德国公民手册》上，之后被收录在《马克思恩格斯全集》的德文版、俄文版和日文版当中；此外，还被收录于众多研究性资料当中。再次介绍国内的主要版本与传播情况。分为三个阶段，分别是新中国成立以前中译文的传播，新中国成立以后至改革开放以前中译文的传播以及改革开放以后中译文的传播。

第二部分是该文献的研究状况。概述国内外关于该文献的研究情况，包括苏联、德国、法国、美国、日本、波兰和英国学者的研究状况和国内相关学者的研究状况，着重对当代学界的研究观点作系统梳理，如揭示马恩对"真正的社会主义"的剖析。1845年秋，恩格斯于《〈傅立叶论商业的片断〉的前言和结束语》里公开批评了所谓"真正的社会主义"之后，马克思恩格斯二人在《真正的社会主义者》和《共产党宣言》等一系列著作里阐明，"真正的社会主义"是将英国与法国的若干共产主义观点同德国的部分哲学思想混为一谈的产物，它试图拿黑格尔与费尔巴哈的思想观点来论述英国和法国的社会主义著作。该部分内容还阐释恩格斯对各种非科学的社会主义思潮的批判，以及为了让科学社会主义理论同无产阶级革命结合起来，同时也为了创建工人阶级政党，恩格斯与各种各样非科学的社会主义思潮开展的持续的斗争。恩格斯在与马克思创建科学社会主义理论的早期，就着手批驳"伦理社会主义"与"真正的社会主义"流派。此外，恩格斯将傅立叶主义誉为"社会哲学"，认为其有着圣西门主义所没有的科学研究及不存偏见的整体思考，他同时敏锐地意识到，傅立叶主义存在一个十分重要的并且是不尽彻底的地方，那就是它并不主张废除现存的私有制。

第三部分是该文献的当代解读。一是简介该著作的结构、框架与基本内容。恩格斯撰写的前言主要论述摘录傅立叶著作的原因与目的，而在结束语中，他着重阐明了"真正的社会主义"思潮的理论缺陷；在摘录傅立叶著作的部分，内容涵盖关于流通的经济原则的虚伪性、破产的等级、破产者的上升翼等方面。二是阐述该著作的重要理论观点，包括关于"真正的社会主义"思潮的理论观点，如"真正的社会主义者"是思想界的投机分子，是种种庸俗社会主义的始作俑者，它是将法国空想社会主义同黑格尔与费尔巴哈的思想糅合在一起的大杂烩；关于傅立叶空想社会主义学说的理论观点，如傅立叶批判资本主义制度最杰出的部分，是对资本主义商业各种罪行的揭露，并认为政治经济学已经沦落为有钱人的工具；对当代社会的理论启示，如社会主义市场经济条件下如何规避商业活动的乱象，社会主义经济研究如何克服资产阶级经济学说的弊病，当代社会主义建设者如何从社会主义思想史中汲取有益养分。

第四部分是经典著作的展示：全文选入恩格斯《傅立叶论商业的

片段》。

第五部分是附录。一方面，节选 5 篇最具权威性的研究文献；另一方面，开列延伸阅读的书目，包括主要参考书目以及进一步研究需要阅读的书目。

在本书的写作过程中，笔者在摘录原著时主要使用《马克思恩格斯全集》《马克思恩格斯文集》《列宁专题文集》和《傅立叶选集》等资料，对原著的导读参考了伏兹涅辛斯卡娅、克莱恩、列·伊利切夫、梅林、纳尔斯基、沙夫、维纳·洛赫、吴黎平、陈林、毅耘、黄楠森、孙伯鍨、汪子嵩、吴德勤、熊子云、肖灼基、余其铨、朱庆葆、陈启源、葛斯、李红军、李杰、陆梅林、徐洋、姚顺良、朱进东、于乐军、叶卫平、祝大征、谈敏、杨永志、徐觉哉、杨剑秀、朱新繁、陈仲明等人的著作和文章，并借鉴了马克思主义理论研究和建设工程及北京大学、中国人民大学、北京师范大学、华南师范大学、安徽劳动大学等高校的研究成果。

第一部分 历史考证

第一章 写作背景

恩格斯在《傅立叶论商业的片段》中为何要大幅摘录傅立叶关于商业问题的论述？这是人们在解读该文献时首先遇到的一个问题。从写作背景来看，这种摘录并不是单纯为了介绍傅立叶的某个思想观点，而是有着深刻的理论和社会背景。只有在充分了解这些背景因素的基础上，才有可能理解恩格斯当时的写作意图。

一 理论背景

通常而言，每一篇优秀文献的出炉，其身后都会有深刻的理论背景作铺垫。这种理论背景往往是该文献的土壤和肥料，是优秀文献酝酿并成熟的催生剂。《傅立叶论商业的片段》的理论背景有两个方向：一是"真正的社会主义"思潮的产生与蔓延；二是傅立叶的空想社会主义学说对资本主义的辛辣讽刺。

（一）"真正的社会主义"思潮的产生与蔓延

19世纪40年代的德国社会，以手工劳动作为生产方式的主体，手工业同家庭工业构成了整个国家的支柱产业，因此，在社会中存在着数量较为庞大的小资产阶级群体。但随着资本主义工业生产以及商业活动的发展，不仅德国社会的封建制度不断被消解，小资产阶级赖以生存的手工业以及家庭工业也处于巨大的危机当中，由此产生了"真正的社会主义"思潮，这是一股体现濒于灭亡的德国小资产阶级经济利益的社会思潮。自1844年开始，它就像瘟疫一般迅速在德国境内传播开来，并在德国工人群体内部产生了极为有害的影响。随着该思潮的不断传播,格律恩还将其传入具有国际性质的工人组织"正义者同盟"当中,从而阻碍着工人阶级政党的成立。由此,马克思同恩格斯将"真正的社会主义"看做是非常危险的敌人,并同其进行了激烈的斗争。

"真正的社会主义"思潮的重要发源地位于德国的威斯特伐利亚以及莱茵省,主要代表人物是德国小资产阶级政治评论家赫斯(1812—1875年)、格律恩(1817—1887年)、吕宁(1818—1868年),记者克利盖(1820—1850年),激进的诗人和记者皮特曼(1811—1894年),作家泽米希(1820—1897年)。在1844年9月,赫斯同格律恩、皮特曼等人在德国科伦创立了一个名为"共产主义"的哲学俱乐部,开始较为系统地传播他们的思想观点。俱乐部里的人自命是共产主义者,他们将自身的学说称做"真正的社会主义"或者是"德国的社会主义"。"真正的社会主义者"筹备了若干刊物,其中主要的包括赫斯主编的杂志《社会明镜》,吕宁主编的杂志《威斯特伐利亚汽船》,皮特曼主编的年鉴《莱茵社会改革年鉴》,克利盖主编的报纸《人民论坛报》与事实上被格律恩所掌控的报纸《特利尔日报》等。

在格律恩以及赫斯等人的眼中,英国与法国学者笔下的社会主义是十分粗俗的,并且是不科学的,他们在理论上仍然无法洞察到社会主义的本质特征。鉴于此,格律恩等人就自命为"德国科学"的代表人物,将英国和法国社会主义中的若干观点提取出来,再将德国自身的唯心主义思想塞进去,从而构建出他们所谓的"真正的社会主义"流派。"真正的社会主义者"打着"社会主义"的旗号,可是又恐惧阶级斗争以及社会革命,因而用"粗暴"与"片面性"等词语来贬低共产主义学说,并且还极力宣传他们的抽象的所谓"人性"与"人道主义",力图将超阶级的所谓"和平"与"博爱"作为"革命"与"阶级斗争"的替代品。泽米希在其文章《共产主义、社会主义、人道主义》里指出:"共产主义和社会主义归根到底都消融在人道主义中了。"① 泽米希等人

---

① 《马克思恩格斯全集》第3卷,北京:人民出版社1960年版,第510页。

利用自身的报刊阵地传播"真正的社会主义",同时在国际性工人组织——"正义者同盟"里也大肆宣传这一谬论,试图将无产阶级运动引上错误的道路。

据孙伯鍨等人的考证,马克思和恩格斯早在 1845 年就从事于分析和批判"真正的社会主义"思潮。恩格斯在 1845 年年底撰写的《〈傅立叶论商业的片断〉的前言和结束语》以及《在伦敦举行的各族人民庆祝大会》等文章里,还有马克思于 1846 年 1 月 18 日邮寄给《特利尔日报》编辑部的一封信件里,首次公开地批判了所谓"真正的社会主义"。在《德意志意识形态》里,马克思和恩格斯共同批判了"真正的社会主义"思潮的思想基础,详尽考察了其代表人物的著作及文章,指明了这些人物宣传阶级调和、反对革命活动,从而为封建专制体制辩护的反动本质。在 1846 年 5 月,马克思同恩格斯一起为位于布鲁塞尔的共产主义通讯委员会撰写了《反克利盖的通告》一文,该文指出,克利盖将共产主义思想变为了有关"爱"的呓语,成为了玩弄空洞词汇的无用戏法。在 1846 年 8 月,恩格斯进一步接受了共产主义通讯委员会的特别委托,亲自前往巴黎,与当时掌握着正义者同盟在巴黎的各个组织的"真正的社会主义者"格律恩开展了直接的斗争行动。在 1847 年初,恩格斯又构思了《真正的社会主义者》一文,对那些冒牌的、非科学的社会主义思潮及其各个流派以深刻的解析。此后,马克思和恩格斯又在《共产党宣言》里以较大篇幅批判了"真正的社会主义"流派。从这里可以看出,马克思和恩格斯对"真正的社会主义"思潮的解析和批判,是二人开展理论斗争与思想斗争的重要一环。①

"真正的社会主义",就其实质而言,是工人阶级的共产主义思潮同英国、法国的那些或多或少与其相关的党派,在德国人的思想空间与德国人的心灵空间的变种。"真正的社会主义"硬想要人们认同它是将

---

① 孙伯鍨、金隆德、任吉悌等:《马克思主义哲学史》第 1 卷,太原:山西人民出版社 1982 年版,第 246—248 页。

"科学"作为基础的，但实际上它本身就是一个"神秘"的理论，在观点上趋向思想着的精神，而在公开的宣传报道里诉诸心灵。这一思潮所关注的事实上已经不是现实存在的人，它抛掉了全部革命热情，取而代之的是宣传那些对于人们来说"普遍的爱"。因此，"真正的社会主义"已经不是工人阶级的理论了，而是存在博爱幻想的小资产阶级的思潮。正因为如此，"真正的社会主义"越来越多地在小资产阶级群体里搜寻拥护自身的群众，同时在那些萎缩与堕落的文学作家里搜寻这些群众的精神代表。

"真正的社会主义"所依托的哲学基础是德国思想史上的思辨哲学，尤其是费尔巴哈的人本主义学说以及将"爱"作为最高原则的伦理学理论。其代表人物之一赫斯从费尔巴哈有关"人的本质"的思想出发，主张人的本质的异化不但体现于宗教层面，并且还体现于经济层面当中，资本主义制度下的货币与金钱无疑是人的本质的异化。"真正的社会主义"思潮的一大特点是同费尔巴哈的理论类似，由抽象的"人"出发来阐释社会历史的进步与变化，从而主张只有人道主义的世界历史观点才可以拓展人类未来发展的路径。同费尔巴哈类似，"真正的社会主义者"将"爱"作为在任何时候都能够制造奇迹的"万能"的神，主张采取全部阶级彼此互爱的、合乎理性的活动，变革现存的社会状态，构建出"爱的王国"与"爱的世界"。由"真正的社会主义"思潮的出发点可知，它存在两个致命缺陷：一是企图用美文学的方式来取代科学的探索，主张用"爱"来进行人类的解放活动，而不是力图以经济变革的方法来探索工人阶级的解放道路，于是，它就必然沉浸在遭人厌恶的美文学与泛爱的喋喋空谈里了。

"真正的社会主义者"到处自称抛掉了对于粗暴物质事物的依靠，并诉诸所谓"人的本质"与"自由活动"，所以他们不但指责以往的法国共产主义，并且还对其他社会主义和共产主义理论体系统扣上"独断独裁"的帽子。可事实上，正像黄楠森等学者认为的那样，他们并没有摆脱对于物质事物的依赖关系，这些人也只能由他们所处的那个等级的物质生活条件里获取自身体系的依靠，其思想观点不过是法国哲学在受小手工业关系支配的那种世界观领域里的复制。①

在全部"真正的社会主义"思潮的代表人物当中，产生影响最坏的是卡尔·格律恩。这是因为，格律恩居住在巴黎，所以在工人当中造成了极有害的混乱，甚至在国际无产阶级运动当中也影响很大，从事着各种消极的鼓动工作。"真正的社会主义者"在向群众鼓吹自己学说的过程中，将自己的一套笨拙的"小学生作业"看得极为郑重庄严，并且大言不惭地加以吹嘘，"自命博学"；同时，其对专制政府进行支持，想把资产阶级反对三月革命以前的专制制度和封建制度的斗争当做"盼望已久的机会"来从背后攻击自由主义的反对派。"真正的社会主义"变成了德意志各邦专制政权以及一群随从——寺庙僧侣、教育学监、恪守传统的容克与贵族官僚顺手抓来恫吓资产阶级的稻草人。关于这种情况，梅林写到："'真正的社会主义者'常常不分青红皂白地谴责自由主义，而这样做只能使政府高兴。在这方面，卡尔·格律恩犯的错误最大，赫斯和他差不多。"②

"真正的社会主义者"以十分自夸的情绪将自身的虚无缥缈的精神王国和"人的本质"的王国与别的民族相对立，主张这个王国是全部世界历史的完成与目的，并且在全部领域里都将自身的幻想看做是他们对于别的民族的实践所作出的最终判决。对此，"真正的社会主义"的代表人物之一格律恩就是其中十分典型的一位。他所写作的《社会主义思想史》充斥着各种唯心主义谬论。其认为，无论国家的经济状况与当前的政治形势将导致怎样的后果，在一切情况下，唯有人道主义的世界观才能够寻找到通向人类社会未来生活的道路。格律恩将现实的生活关系看做是表现，并将宗教与政治看做是那些表现的基石与源泉，将全部归结成对"人的本质"的探讨，归结成人类有关自身的思想意识。在他看来，生产与消费根据它们的本性来说，二者是不存在矛盾的，生产实际上也是消费。于是，格律恩由消费出发来

---

① 黄楠森、庄福龄、林利：《马克思主义哲学史 第1卷——马克思主义哲学的形成》，北京：北京出版社1991年版，第496—498页。
② 〔德〕弗·梅林：《马克思传》，樊集译，北京：人民出版社1965年版，第150页。

阐释生产,并力图通过对于生产与消费的真正本质的探索,实现真正的"人的消费",并以此化解生产同消费之间的矛盾。由此可见,格律恩因为无知而把经济学里比较复杂的问题简单庸俗化了。因此,他主张生产同消费的无矛盾的完全一致,从而否定生产决定消费的观点,那是极端错误的。例如,当时生产面包必须使用蒸汽磨,而过去使用的是风力磨与水刀磨,并且更早期的时候使用的是手推磨,但生产面包的以上各种方式并不取决于人们吃面包这种十分简单的活动。倘若不去分析这些生产方式里的各个具体方式,以及将此作为基础的全部社会制度,就无法知晓这些矛盾;同时,这些矛盾唯有经过相应生产方式与社会制度的实际变迁,才可能获得解决。对于生产同消费二者关系的探讨,有着两个彼此对立的出发点,那就是倘若由生产出发,那么就应该思考生产的各种实际条件以及人们的实际生产行为;倘若由消费出发,那么就会满足于宣布当前人们不是"像人一样地"进行消费,或是满足于有关用真正消费的思想进行普遍教育的设想等等十分空洞的言论,这些做法都没有考虑到人们所处的现实生活关系以及他们的实际活动。因为格律恩对于生产同消费的关系知之甚少,于是他只能躲避到"真正的社会主义"为自己营造的避难所——"人的本质"里面去。这种试图歪曲共产主义学说的做法,使得格律恩陷入了十足的思辨唯心主义泥潭。[1]

如果说"真正的社会主义"思潮的产生与蔓延是激发恩格斯写作《傅立叶论商业的片段》的主要因素,那么傅立叶空想社会主义学说对资本主义的辛辣讽刺则为恩格斯的写作提供了很好的材料。原因在于,傅立叶学说的理论优点,正好对应于"真正的社会主义"的理论缺陷,这样的逻辑关系十分有利于恩格斯的批判工作。

(二)傅立叶的空想社会主义学说对资本主义的辛辣讽刺

傅立叶在自身的生活经历里,深入观察了资本主义商业活动的

---

[1] 黄楠森、庄福龄、林利:《马克思主义哲学史 第1卷 马克思主义哲学的形成》,北京:北京出版社1991年版,第502—504页。

罪恶行径，他对形形色色的商人欺骗行为作了一系列彻底的揭示，这是傅立叶对资本主义制度所进行的分析与批判里最为精彩的思想部分。在他那里，以往封建专制体制的逐渐崩溃以及资产阶级大革命的最终胜利，只不过是让"商人精神"取得了巨大的胜利。资本主义的商业活动业已浸入了无法消除的毒素——欺骗①，资产阶级商人的精神与意识渗入了整个社会，当时的商业是资产阶级对外进行侵略、对内进行掠夺的手段。与此同时，资产阶级国家只不过是由那些商人的保护人与代表、众多的投机奸商以及冒险家主宰着整个国家的命运。傅立叶断言当时文明制度的一切弊端都直接来源于所谓"商业垄断"。他以极为巧妙和幽默的语气，描述了那个时期法国盛极一时的资产阶级商业骗术以及小商贩狡计。按照傅立叶的统计，商人所犯的罪行有三十六个种类。他在此着重考察了商人利用宣布破产、囤积货物、倒卖证券等欺骗手段，对社会大众展开掠夺，用以倾轧经济生活中最为苦难的劳动人民。傅立叶憎恨地认为，商人们的欺诈行径简直是无孔不入，在这样的社会里面，倘若不能在价格上遭到欺骗，同时不在质量上忍受劣货，你就无法买到任何东西。② 在这种情况下，"在巴黎我们无法买到没有掺着大量甜菜的块糖。在巴黎的全部牛乳店以及咖啡馆中无法找到一杯纯正的牛奶，也不能找到一杯真正的纯白酒"。③

  资本主义商业欺诈之所以能够如此猖獗，是由于他们获得了资产阶级政府及其御用学者的袒护和遮掩。傅立叶在此指出，资本主义商业经济的无序混乱，一定会引发政治层面的纷争与道德上的滑坡。他无比尖锐地指明了资产阶级思想道德的虚伪本性和欺骗本质，揭露了资产阶级所宣扬的道德品质，事实上只是阴谋家与罪犯所佩戴的"假面具"。从这个角度来讲，资产阶级的道德学家就是"无赖骗子"，他们答应施舍

---

① 《傅立叶选集》第1卷，北京：商务印书馆1982年版，第139页。
② 《傅立叶选集》第2卷，北京：商务印书馆1982年版，第125页。
③ 《傅立叶选集》第4卷，北京：商务印书馆1982年版，第95页。

多少善举，同时就会发生多少灾难。① "文明是欺骗的王国，而道德则是它的工具。"② 这些资产阶级道德学家的各种说教，在维持资产阶级的统治上，能起到资产阶级法律所无法达到的功能。比如，要让人们十分乐意地缴税，他们比君主的要求还要高出一大块。君主只是责令臣民简单地缴税，他并不期待臣民高兴，君主只要金钱。他允许他的臣民暗中对缴税提出抗议或是吵闹，但是只要臣民把税缴够了就行。但是，资产阶级的道德学家们却希望人们看到税吏进门就高兴得直跺脚。③ 因此，道德家们是宫廷里各个宠儿的奉承者，资产阶级道德学只不过是一种卑贱的手段和工具。④ 傅立叶还认为，资本主义社会思想道德的滑坡，最为显著的还体现在其婚姻制度层面。在当时的资本主义社会中，妇女变为了一种商品，变为了遭受罪恶拍卖的经济对象。社会中剔除纺织业，其他领域大都不欢迎妇女进入，因而当时的妇女除去卖淫谋生以外，丝毫没有其他生活来源。⑤ 傅立叶深刻地指出：侮辱女性是所谓"文明"的本质特点，并且是"野蛮"的本质特点，二者的区别只是：野蛮以极其简单的方式所进行的罪恶，文明都被赋予较为复杂的、趋于暧昧的、具有两面性的，并且是伪善的存在方式。于是，社会只有构建了傅立叶所设计的"协作制度"，妇女们才会获得最终解放。恩格斯指出："他第一个表述了这样的思想：在任何社会中，妇女解放的程度是衡量普遍解放的天然尺度。"⑥ 恩格斯在此充分认可了傅立叶关于妇女的精辟见解。

在资产阶级革命爆发前后，资产阶级学者曾经大力宣扬"社会契约论"与"天赋人权"，承诺在资产阶级运动以后赋予全部人以幸福。傅立叶将资产阶级学者的各种华丽承诺同当时社会中劳动群众的苦难境况进行对比，认为劳动人民甚至连最为起码的劳动与生存权利都被残忍地

---

① 《傅立叶选集》第3卷，北京：商务印书馆1982年版，第48页。
② 《傅立叶选集》第4卷，北京：商务印书馆1982年版，第203页。
③ 《傅立叶选集》第3卷，北京：商务印书馆1982年版，第49页。
④ 同上书，第53页。
⑤ 《傅立叶选集》第4卷，北京：商务印书馆1982年版，第250页。
⑥ 《马克思恩格斯文集》第9卷，北京：人民出版社2009年版，第276页。

剥夺了，于是，资产阶级启蒙学者的那些非常动听的空头承诺，就是一场一文不值的诈骗。傅立叶对于各种被资产阶级买通了的辩护者十分愤恨，针对那些资产阶级的研究者出版著作大力宣传资本主义国家的殷实，傅立叶在描述了劳动人民极为贫困的生活状况以后指出，书里说的情况多么的富裕，但现实的生活又是多么的贫困。傅立叶痛斥那些资产阶级学者实际上是制造了大量无用的体系，里面没有一个体系可以用来研究某个迫切需要的任务——"保证人民得到工作和面包，保证人民得到富有成果的工作（不像我们现在的雇佣工人的那种徒劳无功的工作），特别是保证待遇菲薄的妇女有工作可做"①。与此相对，那些浮夸的思想观点只保证了人民一种被迫世袭的产物——衣衫褴褛、工业摧残、苦役劳动。② 由此，在傅立叶那里，"文明制度"所引发的只会是罪恶与苦难，所以必须从本质上否定这种制度。我们应该看到，在19世纪初期，在资本主义制度刚开始在法国建立的时候，傅立叶就能够较为敏锐地观察到这一制度不可救药的弊病，并且展开深刻的揭露、大力的抨击，反映了成长进程里无产阶级以及其他贫苦劳动人民的心声，这是十分宝贵的。

　　傅立叶经过对资本主义社会的考察，得出了如下革命结论：当前文明制度就像坐在火山口上一样，法国的资产阶级大革命只不过完成了它的首次喷火，其第二次喷火看来已经为期不远了。当前的稳定状态只不过是活火山上的短暂休息，而资本主义制度的最终崩溃是无法避免的。傅立叶宣布："我的目的不在于改善文明制度，而在于消灭这个制度，并引起发明更完善的社会机构的愿望。"③ 根据毅耘的总结，傅立叶对于资本主义社会的批判，仍然存在着两个主要缺点，由此反映出他思想观点中的局限性。第一，傅立叶错误地认为在资本主义社会里存在着的根本问题只是分配体制的不合理。他指出："文明制度并不缺少生产品，它只是在分配方面由于缺乏排除寄生者和帮助各个有益阶级的那种分配

---

① 《傅立叶选集》第1卷，北京：商务印书馆1982年版，第250页。
② 同上书，第154—155页。
③ 《傅立叶选集》第1卷，北京：商务印书馆1982年版，第231页。

制度。而犯了过错。"① 傅立叶并不了解"消费资料的任何一种分配，都不过是生产条件本身分配的结果；而生产条件的分配，则表现生产方式本身的性质"②。所以，他并没有进一步分析决定分配体制的资本主义生产资料私有制。第二，傅立叶将产业资本同商业资本完全割裂开来，并不是将它们看成是统一的资产阶级的一个组成部分。他重点分析与批判了商人的罪恶，却没有进一步分析产业资本家，没有洞察资本主义社会的最主要矛盾是无产阶级同资产阶级的矛盾。在他那里，产业资本家同商业资本家是不同的，他们也受着各种商业掠夺，傅立叶由此将全部罪恶都归结到商业身上，因而他坚决地反对商人但是并不反对产业资本家。在毅耘看来，这两个主要缺点，势必会影响到他所主张的空想社会主义学说，于是这一学说就具有了两个根本性的缺陷：一是傅立叶对资本主义社会的批判并没有击中最关键要害——资本主义私有制；二是在他所勾画的未来理想社会里，给产业资本家预留下部分活动领域。③

尽管傅立叶的学说是不彻底的，但在恩格斯看来，这对于批判"真正的社会主义"思潮已经绰绰有余了。当然，《傅立叶论商业的片段》的诞生，不光有前期理论资源的促发，在恩格斯写作这篇文献之前，还有着十分丰富的社会背景。

二 社会背景

在恩格斯写作《傅立叶论商业的片段》的时代，德国的资本主义工业获得了初步发展，但是仍然处于低水平状态，工场手工业还占据着重要的地位。在这种生产力状况下，德国西里西亚的织工由于饱受剥削，因而"揭竿而起"，爆发了著名的西里西亚织工起义，标志着德国工人阶级从此登上了历史舞台。在此基础上，德国工人组织不断发展壮

---

① 《傅立叶选集》第1卷，北京：商务印书馆1982年版，第197页。
② 《马克思恩格斯文集》第3卷，北京：人民出版社2009年版，第436页。
③ 毅耘：《欧洲哲学简史》，石家庄：河北人民出版社1980年版，第278—281页。

大,将各个领域的工人群体囊括进来。

(一)德国资本主义工业的初步发展

在19世纪早期,德国仍然是一个农业国,有3/4的人口居住在农村。德国在经济水平上与其他国家有较大差距,比如法国和英国。如果用百万英镑为单位来测算工业产出,那么1800年的德国为60,法国为190,英国为230;而1820年的德国为85,法国为220,英国为290。虽然当时农民逐步被解放出来,但是农村人口的封建束缚并没有解除。这种情况与政治上的彼此隔离状态一样,仍旧阻碍着资本主义工业的进步与发展。在19世纪的最初若干年里,小手工业协作仍然是占统治地位的劳作方式。此外,还存在着资本主义生产由低向高发展的几个环节:家庭手工业(或称包买手工业)、工场手工业和工厂。其中,标志性的环节是工厂大生产。这一崭新的、对于资本主义社会来说典型的生产方式,其重要特征是大机器的运用,大机器普遍性地取代了工人的劳动,并且迅速提升了劳动生产率。对这种生产方式产生重要影响的是新机器(比如纺织机和蒸汽机)的发明及使用。18世纪70年代在英国发生的第一次工业革命,同时对欧洲的许多国家和美洲的部分国家产生了积极的影响。这次工业革命让当时几个世界大国的经济状况发生了重大的变化。

在德国,虽然在政治上仍然是分崩离析的,而且还存在着封建束缚,但是这次工业革命也促成了生产水平的提高。例如,采矿业从1800年到1830年提高了50%,金属工业1830年比1800年增加了两倍,消费品的生产在30年代初期比1801—1810年提高了约八倍。但是资本主义生产的可持续发展必然受到德意志境内较多关税壁垒以及各种工商业法规的束缚。此外,每一个邦国都采用不同的币制和度量衡。比如,一个商人从柏林去瑞士,会经过十个国家。也就是说,要兑换十次钱,办十次过境手续,缴纳十次关税。这些费用大大高于其运输货物的价值。因此,经济的发展使得消除这些束缚因素的必要性越来越迫切了。① 早在1819年,德国的商人和工厂主就建立了"德意志商人和工厂主协会",弗里德里希·李斯特(1789—1846年)是这个协会的领导者。李斯特在德国的经济发展进程中扮演着极为特殊的角色。

德国境内的部分邦国在这期间由于受到壮大起来的资产阶级的压力,不得不推行若干改革措施。1816年,普鲁士将本邦之内的一切关税都取消了。以易北河为界的德国境内各邦国在1821年均取消了易北河关税。1827年,巴伐利亚和符腾堡形成了一个关税联盟,后来部分南德意志邦国也加入了这个同盟。1828年,普鲁士与图林根地区之间关税同盟也扩大了。1834年,大部分德意志邦国终于形成德意志关税同盟。1836年,德意志关税同盟把大约2500万人团结成一个关系紧密的贸易和经济体系。

在以上发展进程中,普鲁士起了特别的作用。这是因为,在普鲁士治理的区域,例如莱茵—威斯特伐利亚,其工业资本主义发展尤其迅速,所以强烈要求取消关税。于是,恪守封建主义意识形态的普鲁士政府认识到,取消关税可以让它在德意志范围内争取到相对优势地位。这样做,不仅将奥地利排斥在德意志关税同盟之外,而且还依靠这种关税政策和贸易政策,对德意志各个邦国内的资产阶级群体产生了巨大的影响。事实证明,取消关税政策对后来推进普鲁士的统一起了不小的作用。

由于贸易比以前便利得多了,交通事业也逐步发展起来了。德国的第一条铁道于1835年通车,这便是纽伦堡与富尔特之间历史悠久的一段铁路。之后在很短的时间内又修筑了许多线路。仅仅在普鲁士,10年以后便已经有了1000多公里的铁路干线。对于德国铁路建设的发展,李斯特的贡献特别大。李斯特制定了一个全德铁路网络的规划,这个规划极大推动了统一的德国的经济发展。由于取消了关税壁垒,以及交通

---

① 〔德〕哈达赫:《二十世纪德国经济史》,扬绪译,北京:商务印书馆1984年版,第102页。

事业的发展，在19世纪的30和40年代，资本主义生产就迅速高涨起来。尤其是大生产的地位越来越重要。比如，德国工业生产的发展按产值来看：1820年为8500万英镑，1840年为15000万英镑；棉织品和生铁生产在1844年约比1836年增长了50%。

在资本主义的发展进程中，普鲁士邦国的莱茵—威斯特伐利亚成为了德意志十分重要的工业中心。由于法国统治者所制定的资产阶级法律，这里比其他德意志地区更为自由，几乎具备全部工业部门。煤矿工业、钢铁工业以及机器制造业在这个区域很快就成为重要工业部门。1783年，德国的第一部纺织机器就在埃尔伯菲尔德诞生。1826年，在所有普鲁士的矿厂中只有58台蒸汽机在工作，而1837年已经增加到328台了。这一数字在以后的20年中增加为1837年的三倍多。

除莱茵—威斯特伐利亚、萨克森、西里西亚之外，柏林也发展成为重要工业区。在萨克森，其纺织工业的各个部门发展较快，并形成了十分可观的工业规模。只是在19世纪上半叶，这一工业部门的机械化水平还比较低，工场手工业和家庭手工业还是核心的生产方式。

根据德国学者维纳·洛赫的考证，在西里西亚，家庭手工业原先居于主导地位，尤其是在半封建背景下的亚麻纺织业，有着重要的意义。机器大生产带来了竞争加剧，这导致了一系列后果，包括对家庭手工工人的剥削程度加重，从而使其贫困化加剧，并且，这种状况还作为导火索引发了德国工人组织的西里西亚织工起义。①

德国资本主义工业的初步发展构成了恩格斯写作《傅立叶论商业的片段》的第一个社会背景，他在分析傅立叶关于商人虚伪性的论述时，其实践基础就是资本主义工业初步发展所带来的商业繁荣。资本主义商业相对于封建社会的生产、贸易方式而言，是较为先进的经济形式，没有商业的繁荣，就没有工业的进步。但是，隐藏在资本主义商业繁荣背

---

① 〔德〕维纳·洛赫：《德国史》（上），北京大学历史系世界近代史教研室译，北京：生活·读书·新知三联书店1976年版，第248—269页。

后的，是商人们的种种虚伪行为，而空想社会主义者傅立叶早已一针见血地讽刺过这些行为对社会产生的种种危害。恩格斯赞同傅立叶的观点，并力图用马克思主义的理论原则对其进行批判和改造，从而形成对资本主义商业的科学评价。

（二）德国西里西亚织工起义

在工业资本主义初创时期，尤其是19世纪40年代，德国劳动人民的生活水平还不高，他们的工作时间是没有上限的。在纺织、金属和矿山等行业中，仅有少数工人能得到每周7.2—12马克的工资，随处都有女工和童工。在莱茵河上游沿岸的棉纺织工厂中，13000个工人中有4000名是童工；而在莱茵河下游沿岸的普鲁士纺织工厂中，总共有8000名9—12岁的童工，24000名12—24岁的童工，他们每天的工作时间大致是12—14小时。尽管1839年官方规定了《保护劳工条例》，而且这个条例的主要目的是对童工的雇佣和过重的劳动量予以限制，但是企业主们并未严格遵守这一限制。

机器大生产的竞争不断加剧对家庭手工工人的剥削，由于机器生产率高，大量的廉价纺织品供应到欧洲市场。德国纺织品大部分是在家庭手工业中生产的，而家庭手工工人大都是由包买商人那里获得原料，然后又把成品交给包买商人。于是，家庭手工工人只能按照制成的纺织品得到若干的工资。

为了在商品市场上维持纺织产品的竞争能力、实现其利润，包买商人通常设法压低织工的工资。谁不愿接受降低的工资，他就失去工作，也就根本无法养活自己和一家老小。家庭工人被迫依附于富有的包买商人，其结果就是织工及其家庭的贫困不断加剧，生活越来越艰难。

尤其严重的是西里西亚亚麻织工的状况。亚麻纺织是手工进行劳作的生产部门，强烈地受到英国的机器生产的挤压。此外，很多织工由于过去的土地隶属关系，还不得不向地主缴一定的租税。"织工税"就是其中一种，这种税赋来源于织工们从地主那里买得从事这种行业的权利。这样，织工一方面不得不面对封建的剥削，另一方面又陷于资产阶级的剥削之中。① 德国的很多作家当时和后来都曾将西里西亚织工们的悲惨境况描写在他们的作品里,从而对剥削社会提出公开的控诉。例如,彼得斯瓦尔道—朗根比劳地区是西里西亚的一个重要织工中心。掌控着这个地区的包买商人,对织工们纺织 140 艾勒(1 艾勒合 2/3 米)棉布给 15 个银币,而一个织工织这些布需要劳动 9 天,通常用这些工必须付 32 个银币。包买商人还宣称,如果谁愿意做同样的工而只拿 10 个银币的话,那么他们准备再用 300 个织工。难堪的贫困迫使许多工人接受这种条件去做工,他们劳作完毕后,得到的工资常常连勉强维持自己的生计都不够。

于是,德国社会呈现出这样的状态:一方面,织工及其家庭生活水平越来越低;另一方面,包买商人的钱包越来越鼓,贫富差距不断加大。织工们为了提高工资,向包买商提出要求,不但遭到拒绝,还要遭到嘲弄。因此,这些膏血都被压榨出来的织工们在 1844 年 6 月 4 日举行了一次大规模的起义,以行动反抗剥削者。起义的人群冲进剥削者的住宅,销毁了票据和营业账簿,还有他们没有瓜分掉的堆存的货物。有的包买商人满足了起义者的愿望,交出钱及生活资料,以图自救。

在这期间,因为惧怕起义者,发抖的资本家急切要求军队的援助。军队毫无顾忌地展开了镇压,向起义的群众开火。政府调集了大批军队包括骑兵和炮兵,才最终将起义镇压下去。之后,统治阶级以痛加鞭笞、强制劳动和其他办法残酷地报复了起义者。1844 年 6 月 4—6 日的德国西里西亚织工起义,虽然带有自发的性质,却是 19 世纪上半叶德国历史上一件意义十分重大的事件。同以往的法国或英国工人的起义不同,这次起义显著地表明,工人们开始意识到他们的阶级利益了。②

不仅如此,西里西亚织工起义还引发了一系列深刻的理论思考。由于起义极大地震动了德国社会中的各种阶层,致使这些阶层相继提出了

---

① 〔美〕科佩尔·S. 平森:《德国近代史:它的历史和文化》,范德一译,北京:商务印书馆 1987 年版,第 206 页。
② 〔德〕维纳·洛赫:《德国史》(上),北京大学历史系世界近代史教研室译,北京:生活·读书·新知三联书店 1976 年版,第 248—269 页。

若干有关德国政治与社会进步的问题。这样,资产阶级与小资产阶级甚至是封建阶级的学者和理论家们都试图由本阶级的利益出发,抛出一套改造社会的具体方案。这些人为了笼络群众,不惜借助社会主义的大旗。在这里面,一批乐于投机的知识分子搬弄出一场"真正的社会主义"的思想运动。

当时德国的《特利尔日报》发表了一篇有关西里西亚起义的报纸通讯。文章的总体基调是要说明工厂主对于起义没有责任。它想尽各种方法抹杀资本家同无产阶级之间的深刻对立,主张爆发起义的根源主要是粗陋的共产主义理论激起了工人们仇恨工厂主的"大火"。这家报纸6月20日发表了的一篇通讯文章则大谈"西里西亚工人行为过火"以及"道德败坏"等问题。作者认为,精神利益与物质利益紧密关联,倘若给群众开辟一条通往能获得基本物质保障的路径,群众也就会产生对于教育的需要,并且产生对于道德的需要。

6月23日,这家报纸再次发表了一篇有关共产主义的文章,这次它将批判的矛头完全指向所谓"粗陋的共产主义"的破坏作用以及平均主义倾向,并且特别攻击魏特林的社会主义学说。作者觉得这种社会主义学说只有在十分贫困让人只想获得生存资料,并且将全部高尚情操抛到脑后的时候才可以得到普遍传播,从而尤其显著地体现出自身的"真正的社会主义者"的特征。作者十分反对资产阶级的利己主义与粗陋的共产主义这两个"极端",他认为劳动的组织应当可以保证牺牲精神以及私人利益。这个作者还主张必须"限制个人的利己主义",并且恢复以往行会制度的各种优点,这就显著地暴露出作者的来自小资产阶级的庸人观点。

令人关注的是,在1844年的下半年里,《特利尔日报》多次发表这类观点的文章,事实上已经由此确定了将自身作为"真正的社会主义"机关报的路线了。赫斯对于西里西亚起义的考察以及对于改变社会的路径的看法与那些报纸文章类似。在1844年的秋天,他在自己所写的纲领性论文《论社会贫困及其消灭的办法》里,一方面试图吓唬资产阶级,将西里西亚工人的那些起义场面描绘成为"可怕的场面"以及

"无政府的骚动";另一方面则主张组织所谓"教育和劳动"以及"为仁爱和人性"的行动。无疑,这是一篇"真正的社会主义"的思想集合,它的公开发表标志着这个流派的形成。此后,赫斯又发表了《论金钱的本质》等带有"真正的社会主义"色彩的著作和文章。"哲学共产主义"的诸多特征同时也是"真正的社会主义"的固有特点,可是在西里西亚起义的作用下,正像徐觉哉所指出的那样,"真正的社会主义"似乎又添加上了部分新的特征。那便是所谓拒绝政治斗争,并且拒绝争取民主的斗争,它只是承认和平的手段,迷信所谓"爱",主张"爱"是将资本主义社会改变成为社会主义社会的必要手段,由此正式形成了"真正的社会主义"思潮。①

正是由于"真正的社会主义"思潮严重违背了马克思主义的基本理论原则,恩格斯才通过引介傅立叶的学说,批判"真正的社会主义"思潮的非科学性。事实上,作为空想社会主义的代表性学说之一,傅立叶的学说在科学社会主义理论公开问世的前夕已经表现出落后于时代的征兆,傅立叶对资产阶级商人进行了深刻、辛辣的讽刺,却始终承认产业资本家存在的合法性,因而也未能找到超越资本主义社会的科学路径。但是,恩格斯认为傅立叶学说的重要价值在于,它给德国的社会主义研究者(包括"真正的社会主义者")树立了一个开展研究的典范,告诉他们应当如何进入社会主义的研究领域,傅立叶的做法是"从对资本主义的批判入手"。

(三) 德国工人运动的初步发展

资本主义生产方式的演进使得两个新生的阶级群体随之诞生了,这就是资产阶级和工人阶级。这两个阶级在生产中的相互关系,决定两个阶级的地位。资本主义生产方式使得生产过程具有社会性质,但生产资料所有制还是资本主义私有制,因而产品也为资本家据为己有,最终的结果是资产阶级和工人阶级之间的阶级斗争日趋激烈。

---

① 徐觉哉:《社会主义流派史》,上海:上海人民出版社2007年版,第116—117页。

无产阶级反对资产阶级的斗争从工人阶级诞生的时候就开始了。工人们的阶级斗争最初还带有自发性质，这就是18世纪末19世纪初各种破坏机器的行为。工人们的阶级意识还没有成熟，而且还缺乏同资产阶级斗争的实践经验，因而认为他们的敌人是机器。工人们此时不懂得他们苦难的来源是机器的所有者，是资产阶级。因此他们捣毁机器，捣毁工厂设备以及外来的竞争商品。

随着阶级意识的增长，部分最具觉悟的工人逐渐团结到工会组织中来，并进行罢工斗争。在英国，工人组织的首次大规模斗争是宪章运动。这次运动对19世纪30—40年代的世界历史产生了巨大影响。此外，1831—1834年法国工人在里昂的起义表明，工人阶级已成为一支新生的政治力量参与到世界历史的发展中了。

在德国，工人阶级反对资产阶级的斗争也伴随资本主义生产方式的演进而发展起来。这些斗争活动最为有力的表现就是1844年西里西亚织工起义。在德国的工人阶级中，不只是织工的处境艰难，整个工人阶级的处境都困苦，每天工作16、17个小时甚至更多时间。在许多情况下，工人在家还要工作以求增加收入，这样便将工作时间更为延长了。不仅男人处于这种情形，有时连同工人的妻儿也处于这种情形。男人们的工资已够少的了，而他们的妻子和儿女们所得的工资更少，一般只有他们的20%—50%。这些情况所产生的后果就是饥饿、贫困、疾病和短命。

德国工人的这种艰难处境，很多当时的资料都有所记载，现在从这些资料中举一些例子。① 有一个工人讲，他运气很好，在其住处附近发现两匹死马，用这两匹马的肉又可以养活他的老婆和三个小孩一段时间了。在1846年，据大致计算，一个工人和他的老婆带两个孩子一个星期至少要挣2个塔莱尔和4个银币才不至于挨饿。但是当时一个工人平均每个星期只挣1个塔莱尔、22个银币以及6分钱，这只能满足最低生活费用的80%左右。倘若失业，那就连这一点收入也没有了，这在整

---

① 转引自〔德〕辛迈尔：《德国社会学史》，黄新民译，厦门：福建厦门国际学术书社1928年版，第46页。

个厂区当中是不足为奇的事。19世纪40年代在德国很多地区都有严重失业问题。1847年,在工厂较多的普福茨海姆城,每一百个工人中常有七十人失业。同年在科伦,每四个市民中有一人不得不靠政府的救济度日。而巴伐利亚的情况也不容乐观,有1/3甚至一半的市民是靠政府救济过活。

事实上,尽管资本主义工业在德国获得了初步发展,但是从总体来看,它的发展仍然较为缓慢,导致封建阶级的复辟,同时国家的统一也遇到障碍,这些情形让德国有组织的工人运动产生较晚。首批德国工人组织于19世纪30年代在德国以外组建,它们的创建者是德国的政治流亡人员。德国反动势力颁布很多法令逼迫国内的进步人士出境流亡,这些政治流亡人员常常将以革命著称的巴黎作为他们的落脚地。1836年,从德国出境的进步人士在巴黎创建了首个德国工人组织,命名为"正义者同盟",该组织的前身是"被剥夺法律保护者同盟"。这一同盟是1834年由居住于法国巴黎的政治流亡人员创建的政治组织,带有密谋守则的资本主义民主性质。组织内部的成员均不认识组织的领导人,同时对领导人秘密部署的任务必须无条件贯彻。组织的领导人是两位曾经担任大学讲师的学者,而成员则主要为手工业帮工。因为成员里存在着小资产阶级派别与激进民主派别的观念冲突,这个组织于1836年分裂了,其中的激进民主派于1836年成立了"正义者同盟"。

"正义者同盟"的组织形式比较民主。领导者都是由成员选举出来的,成员都有自由表达意愿的权利。但是,该组织的纲领还处于空想状态,其口号是:"一切人都是兄弟",组织斗争的策略带有密谋派的特征。同时,"正义者同盟"还和法国的秘密组织"四季社"有密切联系。"正义者同盟"的核心领导人是大学生卡尔·沙佩尔、鞋匠亨利希·鲍威尔和裁缝威廉·魏特林。除少数知识分子外,大多数盟员是由手工业帮工组成的。这种情形,只有当人们注意到资本主义生产方式演进为大机器生产时,才能完全了解。在许多行业中,工厂把手工业者的生意抢走了,手工业师傅无法和工厂竞争。大批手工业者处于不利境地，因而改做工厂工人。① 特别是在1844—1848年间，手工业者变成无产阶级乃至当时德意志的典型特征。

1839年，"正义者同盟"由于同"四季社"的关系而被卷入布朗基分子的暴动中。同盟的盟员被之后开始的警察行动驱散了。同盟的领导机构迁移至伦敦。魏特林去了瑞士，在那里组织起另一个"正义者同盟"，而沙佩尔和鲍威尔则转移至伦敦。他们与约瑟夫·莫尔一起在那里继续"正义者同盟"的工作。为了使组织具有群众基础，他们于1840年创建了"工人教育协会"，这是当时工人和手工业者经常组织的合法团体。后来，"正义者同盟"又在它的诞生地法国恢复起来。至此，在19世纪40年代，在英国、法国和瑞士都形成了"正义者同盟"组织。

19世纪40年代，德国国内类似工人教育协会这样的组织也迅速发展起来。至1832年，大约有325000名工人在工业和矿场中工作，而到1848年，这个数字升至大约700000人。此外，还有一大批手工业帮工成为工人教育协会或手工业者教育协会的主要成员。众多协会的建立，尽管大都是以普通科目或专业科目的进修为目的（因为在封建反动统治下，政治组织公开活动的可能性很小），但是他们也常常为改善经济情况而斗争。在很多的情况下，资产阶级也参与创建和发展这些协会的工作，他们所追求的目的是将这些协会置于他们的领导下，以便让那些为反对剥削者而暴动的工人远离阶级斗争。特别是在西里西亚织工起义以后，德国资产阶级更加迫切希望能够做到这一步。规模较小的企业主和手工业师傅偶尔也加入这些协会。但是在后来，工人阶级成员在协会中发挥着越来越重要的作用，他们能够将协会的领导机关都掌握在手中，因而工人教育协会常常成为当时工人阶级的组织和革命宣传中心。在这些工人教育协会内部，有时出现一些"正义者同盟"的秘密小组。在伦敦、巴黎和瑞士的"正义者同盟"当时已经成为德国境内工人教育协会思想上和组织上的领导。国内和国外工人组织之间的联系，主要是依靠

---

① 〔俄〕叶菲莫夫：《近代世界史》，王易今译，上海：开明书店1950年版，第212页。

那些流动的手工业帮工来进行的。由于在德国工作情况不佳,德国的手工业帮工越来越多地被迫去外国寻找工作。仅仅在巴黎,19世纪40年代就大约有50000个德意志工人在工作。①

  德意志工人运动的初步发展是恩格斯写作《傅立叶论商业的片段》的一个重要因素,因为德国的工人阶级最早脱胎于小资产阶级群体,并且德国资本主义的发展还不充分,造成其工人组织不成熟、发展还相当初步。恰恰是需要有科学理论来指导工人运动发展时,"真正的社会主义"思潮乘虚而入,试图在工人组织内部争夺意识形态阵地。正是由于这样的原因,马克思和恩格斯写作了一系列著作批判这股思潮,于是《傅立叶论商业的片段》就孕育而生了。

---

① 〔德〕维纳·洛赫:《德国史》(上),北京大学历史系世界近代史教研室译,北京:生活·读书·新知三联书店1976年版,第248—269页。

第二章　国外主要版本和传播情况

对《傅立叶论商业的片段》进行历史考证，除了考察其写作背景以外，还必须整理该文献的国外主要版本和传播情况。就此而言，笔者主要从三个方面进行阐述：一是《傅立叶论商业的片段》在《1846年德国公民手册》上的正式发表；二是该文献在《马克思恩格斯全集》德文版、俄文版、日文版中的传播；三是该文献在其他资料中的收录情况。

一　在《1846年德国公民手册》上的正式发表

考察《傅立叶论商业的片段》的国外主要版本和传播情况，首先要从该文献在《1846年德国公民手册》上的正式发表谈起。《傅立叶论商业的片段》是恩格斯按照他同马克思在1845年初计划在德国出版"外国杰出的社会主义者文丛"的想法，对傅立叶所写的著作《论商业》进行的摘译。① 马克思同恩格斯详尽思考过这部《文丛》的内容编排问题，对此，马克思还曾经草拟过一个具体的计划安排。熊子云认为，从这个计划安排可以看出，马克思和恩格斯想要发行的《文丛》几乎涵盖整个空想社会主义思想体系。此外，他们还计划合作撰写一篇总结空想社会主义研究状况的导言，并且对每篇空想社会主义文章形成系统的评论。由此可以看出，马克思和恩格斯此时对于整个空想社会主义学说的研究已经取得了较为深入的进展。于是，对这一学说进行批判

---

① 《马克思恩格斯全集》第42卷，北京：人民出版社1979年版，第512页。

和继承,就成为二人构建系统的无产阶级革命理论的一个重要任务。《文丛》的出版计划有力地表明,马克思与恩格斯是在汲取空想社会主义学说的优秀成果,同时在与错误思潮的激烈斗争中,创建其伟大的科学社会主义学说的。可惜的是,由于最后参与合编《文丛》的莫泽斯·赫斯的退出,并且无法找到出版商,该项计划没能付诸实现。①

恩格斯或许是在1845年的夏天对傅立叶的著作《论商业》进行了摘译,并在此之后撰写了前言与结束语,因而《傅立叶论商业的片段》大体上是恩格斯于1845年下半年在布鲁塞尔写成的。原文载于《1846年德国公民手册》年鉴,年鉴的版本为1846年曼海姆版,署名弗·恩格斯。《德国公民手册》年鉴是指于1845年出版的《德国公民手册》(《Deutsches Bargerbuch》)年鉴,这一年鉴是海·皮特曼在1844年12月于德国达姆斯塔德发行的。年鉴中除去刊登有众多"真正社会主义者"的稿件以外,还刊登有威·沃尔弗、诗人格·维尔特这些革命民主运动的学者和活动家的文章,并且还发表关于美洲共产主义移民区以及欧文主义者在英国创建"和谐"移民区的新闻。这些新闻都是恩格斯撰写的,取材源于《新道德世界》《北极星报》以及《晨报》,他们都被翻译成为德文。②

恩格斯在《傅立叶论商业的片断》中批判了"真正的社会主义者"歪曲空想社会主义学说、宣传空洞的"人性论"的真实本质,从而对空想社会主义学说的德国变种,亦即"真正的社会主义"进行了最早的深刻分析。恩格斯在此认为:"德国人首先必须熟悉国外的社会运动,熟悉这个运动的实践和文献,——近八十年来英法两国的全部历史即英国的工业和法国的革命都属于这个运动的实践,——然后他们必须在实践方面和文献方面做出像他们的邻国所做的那么多的事情。"③ 马克思和恩格斯计划发行《文丛》的目的也是着眼于此的。由此可知,二人

---

① 熊子云:《马克思主义形成史》,北京:北京师范学院出版社1987年版,第250—251页。

② 中央党校图书馆编:《〈马克思恩格斯全集〉注释选编》(上),1973年版,第818—819页。

③ 《马克思恩格斯全集》第42卷,北京:人民出版社1979年版,第358页。

在创建无产阶级革命和科学理论的进程里,是多么重视并且严谨地吸收英、法两国空想社会运动的发展经验与理论成果。①

从时间上来看,为什么恩格斯早在1845年夏天的比利时布鲁塞尔就开始摘译傅立叶手稿,但是这篇长文的前言与结束语却可能是写于1845年的秋季?原因应该是《傅立叶论商业的片断》必须针对当时发表的一些"真正的社会主义者"的著作及文章进行若干答复。恩格斯在此根据现实的需要选择性地翻译了沙·傅立叶没有完成的手稿《论三种外在统一》的前面七个章节的几个片断。傅立叶去世以后,在隶属于傅立叶派的杂志《法郎吉》的前两期(1845年1—2月号以及3—4月号)中首次公开发表了这部手稿的大部分内容。在这部手稿里与傅立叶1808年以匿名的方式发表的著作《关于四种运动和普遍命运的理论》一致的地方,编辑部运用删节符号加以替代,同时标注了其在此书中的页码。而恩格斯则在他编写的译文里根据此书1841年的版本完全恢复了其一致的地方。其中,恩格斯摘译的七个章节,原书省略的地方并没有全部运用删节符号标明,而在个别的地方则使用自己的概括将翻译出来的片断加以衔接。恩格斯编写的译文部分地方是摘译或者意译的,而另一些地方则是使用自己的语言转述的。他对傅立叶的原文作了重要插话,并用脚注来加以说明。恩格斯的前言与结束语使用老五号字体刊印,而傅立叶的原文翻译则使用小五号字体刊印。引文当中的着重符号按照体例都是恩格斯所增加的。② 恩格斯在解读这部著作时深刻而尖锐地批驳了德国小资产阶级"真正的社会主义"思潮,明确指出该思潮是将法国空想社会主义与黑格尔以及费尔巴哈的学说混合起来的"大杂烩",因而是"劣等的德国理论",认为该理论严重脱离当时斗争的实际情况,对于政治经济学以及现实的社会发展一无所知。③

---

① 熊子云:《马克思主义形成史》,北京:北京师范学院出版社1987年版,第250—251页。
② 《马克思恩格斯全集》第42卷,北京:人民出版社1979年版,第512—513页。
③ 中国人民大学新闻系新闻理论教研室编:《马克思恩格斯报刊活动年表》,1982年,第36页。

二 在《马克思恩格斯全集》德文版、俄文版、日文版中的传播

《傅立叶论商业的片段》在《1846年德国公民手册》上正式发表以后，又被收录到《马克思恩格斯全集》的德文版第 2 卷第 604—610 页（题名为"《傅立叶论商业的片断》的前言和结束语"）。①《马克思恩格斯全集》德文版（MEW，因为它的封面是蓝色，国际上就通称为"蓝皮本"）是除去《马克思恩格斯全集》历史考证版第 2 版（MEGA²，曾经翻译为"国际版"或者"原文版"）以外马克思恩格斯的著作文集里最为权威与最为接近经典著作原初面貌的版本。在中央编译局专家看来，因为 MEGA² 至今为止只出版了总共 114 卷里的一半，在短时间里无法完全出齐，那么《马克思恩格斯全集》的德文版依旧是世界学术界讨论与研究马恩文献的最佳版本。德文版《马克思恩格斯全集》是由原民主德国统一社会党中央马列主义研究院加以编辑，德国柏林狄茨出版社出版发行的。正卷为 39 卷（根据《马克思恩格斯全集》俄文第 2 版划分各个卷次，它同《马克思恩格斯全集》的中文第 1 版是相同的），而补卷则只是发行了 4 卷（其中第 40 卷与 41 卷分别是马克思与恩格斯的较早期著作，而第 42 卷是《1857—1858 年经济学手稿》，第 43 卷是《1861—1863 年经济学手稿》补卷第 1 册）。在苏东剧变以后，德文版补卷的发行工作被迫中断了，于是出版计划里的第 44 卷，亦即《1861—1863 年经济学手稿》补卷第 2 册没有机会得以出版。②

《马克思恩格斯全集》俄文第 1 版收录《傅立叶论商业的片段》时，将其放在第 5 卷第 43—89 页；而在俄文第 2 版中，该文的前言与

---

① 北京图书馆马列著作研究室编：《马克思恩格斯著作中译文综录》，北京：书目文献出版社 1983 年版，第 118—119 页。
② 徐洋：《德国学者谈〈马克思恩格斯全集〉德文版的现状和历史》，载《国外理论动态》2010 年第 5 期，第 1—5 页。

结束语位于第 2 卷第 580—586 页,全文位于第 42 卷第 306—341 页。①1921 年,按照列宁的提议,俄国共产党中央委员会设立了马克思恩格斯研究院,并开始大量搜集马克思和恩格斯的著作、手稿以及书信。到 1924 年,按照俄共第 13 次代表大会的决议,研究院开始展开出版《马克思恩格斯全集》的工作。1928 年,《马克思恩格斯全集》俄文第 1 版开始发行,至 1941 年则基本结束。这个版本一共有 28 卷(33 册),它是首个较为完整的全集,共收录了 1250 部著作以及 3300 封书信,在这里第一次刊登的著作、书信就分别有 460 篇和约 800 封。1955—1966 年,苏共中央马列主义研究院陆续发行了《马克思恩格斯全集》俄文第 2 版,总共 39 卷(42 册)。据朱庆葆和王月清的研究,该版本一共搜集马克思、恩格斯的著作与书信 5500 件,相比第 1 版多收录了将近 1000 件(其中书信大约 600 封)。此后,又陆续出版发行了 11 卷补卷(即第 40—50 卷),收录了大量没有发表过的马克思同恩格斯的手稿、文章以及书信,再加上一些第 1—39 卷没有刊载的文章。②

《马克思恩格斯全集》日文版第 2 卷第 630—636 页,补卷第 1 卷第 157—204 页分别收录了《傅立叶论商业的片段》的前言与结束语、全文。③《马克思恩格斯全集》的日文版是由日本改造社于 1928—1932 年编辑和出版发行的,总共 27 卷 30 册。在 1933 年出版了一部别卷,而 1935 年又出了一部补卷。因此,该版本是当时世界上最早出齐的一部《马克思恩格斯全集》。可是,该版本也存在着一些较为严重的缺陷,比如编辑体例较为杂乱,译文中存在错误与遗漏,译名也不尽统一等。

---

① 北京图书馆马列著作研究室编:《马克思恩格斯著作中译文综录》,北京:书目文献出版社 1983 年版,第 118—119 页。
② 朱庆葆、王月清主编:《建党大业 中国共产党成立 90 周年知识问答》,南京:南京大学出版社 2011 年版,第 178 页。
③ 北京图书馆马列著作研究室编:《马克思恩格斯著作中译文综录》,北京:书目文献出版社 1983 年版,第 118—119 页。

三 在其他资料中的收录情况

《傅立叶论商业的片段》除了被收录在《马克思恩格斯全集》德文版、俄文版和日文版等版本中外,还被许多其他国外资料收录。1969年,纽约的船锚丛书社出版了《马克思和知识分子》一书,作者刘易斯·塞缪尔·福耶尔,书中引介了《傅立叶论商业的片段》的前言和结束语,并考证恩格斯写作该文的时间是1845年。尽管只是翻译了傅立叶对于商业问题论述中的一个小片段,但它是一篇热情洋溢的介绍,表达了恩格斯对傅立叶的欣赏。此外,该书还将恩格斯的这篇长文同《马克思恩格斯全集》MEGA版中的《德意志意识形态》进行比较研究,具有一定学术价值。① Oscar J. Hammen 于同年写作了《卡尔·马克思和恩格斯》一书,书中引介了《傅立叶论商业的片段》并阐述了该文诞生的历史背景,其认为,这篇长文的写作经历了一系列曲折的状况,写作的过程发生在1845年4月—1845年7月之间。至于写作的目的,Oscar J. Hammen认为是恩格斯力图在德国公开痛骂"破坏共产主义运动"的"真正的社会主义者"。②

特奥多尔·伊里奇·奥伊泽尔曼于1981年写作了《马克思主义哲学的创立》一书,由前进出版社出版,书中介绍了恩格斯写作《傅立叶论商业的片段》的全过程,认为在1845年年底,恩格斯将该文发表于德国。但是这种说法存在争议,因为刊登这篇文章的《德国公民手册》是在1846年编制的。③

在乔纳森·比彻1986年出版的《沙利·傅立叶:远见和他的世界》一书中,收录了《傅立叶论商业的片段》的部分内容。该书介绍了傅立叶的空想社会主义学说以及他对未来社会的设计;其中,作者认为傅立叶的研究引起了马克思和恩格斯的关注,他对资本主义商业的批

---

① Lewis Samuel Feuer, *Marx and the Intellecutals*, Anchor Books, 1969, p. 183.
② Oscar J. Hammen, *Karl Marx and Friedrich Engels*, Scribner, 1969, p. 117.
③ Teodor Ilich Oĭzerman, *The Making of the Marxist Philosophy*, Progress, 1981, p. 341.

判深刻影响着二人日后的理论创作。①

1988年,罗德尔·范·戴维森写作了《我们认为伟大的胜利?》一书,由美国大学出版社出版,书中引述了《傅立叶论商业的片段》的部分段落,并对傅立叶在社会主义思想史中的地位作了一番评价。在戴维森看来,作为一个探索社会主义道路的思考者,傅立叶对未来世界的大胆设计,让马克思和恩格斯看到了一种对于人类来说特别有亲和力的图景。该文险些成为一部未发表的文献,但庆幸的是,恩格斯最后还是将其发表出来,表达了他对傅立叶的基本态度。②

苏联的费多谢耶夫也是较早传播《傅立叶论商业的片段》一文的代表人物之一,他在1989年由前进出版社出版的《卡尔·马克思:传记》一书中收录了该文的部分内容,并认为,在马克思和恩格斯制定的庞大翻译计划中,唯一完成的工作是恩格斯翻译傅立叶著作的几个章节,再加上由恩格斯撰写的前言和结束语。③

1992年,曼彻斯特大学出版社出版了《恩格斯和马克思主义的形成:历史、辩证法与革命》一书,作者为斯蒂芬·亨利·里格比。书中除了介绍《傅立叶论商业的片段》,还特地探讨了该书与黑格尔学说的关系。其认为,恩格斯本人在此时已经采用了分析傅立叶的方式来批评黑格尔主义,这体现在他翻译并解说傅立叶商业观点的诸多论述当中。如果包含这篇长文在内的一系列著作和文章能够像马恩最初设计的那样进入《外国杰出的社会主义者文丛》的话,这一理论表述将会更为清晰地展现出来,可惜的是,二人未能如愿。④

2000年,尼姆兹写作了《马克思和恩格斯:他们对民主突破的贡献》一书,由SUNY出版社出版。书中引述了恩格斯的《傅立叶论商业

---

① Jonathan Beecher, *Charles Fourier: The Visionary and His World*, University of California Press, 1986, p. 545.

② Rondel Van Davidson, *Did We Think Victory Great?*, University Press of America, 1988, p. 111.

③ P. N. Fedoseyev, *Karl Marx: A Biography*, Progress Publishers, 1989, p. 85.

④ Stephen Henry Rigby, *Engels and the Formation of Marxism: History, Dialectics, and Revolution*, Manchester University Press, 1992, p. 88.

的片段》，作者认为这个《片段》是为"论战"而写的。这里的"论战"就是马克思、恩格斯同"真正的社会主义者"之间的论争，马克思、恩格斯一系列文章和著作的发表在"论战"中确立了他们的领先地位，并且这些文章和著作对于人们来说是极有启发的。在尼姆兹看来，在19世纪争取民主的斗争中，没有谁的贡献比马克思和恩格斯更大，所以必须呈现在过去的20年中对马恩的重大研究状况。①

2003年，由尤斯塔奇库韦拉基斯等人撰写的《哲学和革命：从康德到马克思》一书，由Verso出版社出版。书中引述了恩格斯的《路德维希·费尔巴哈和德国古典哲学的终结》《傅立叶论商业的片段》《国内危机》等一系列文章和著作。该书认为，在整个19世纪，德国哲学的"幽灵"萦绕着欧洲大陆，康德、黑格尔和他们的追随者在自己生命中都有着斗争和理论遗产，他们都试图设计一个专门的德国现代化路径，也就是"没有革命的革命"。他们被困在一个政治僵化的社会里，因而德国知识分子的斗争经验只能是革命的雏形。该书有一个雄心勃勃的、原始的研究计划，作者详尽描绘了1848年革命前在德国起着关键作用的知识分子和政治人物，给他们以"全景"式展现。这些人物试图开辟一条折中的、能走出危机的改革之路，从而产生了若干对立的观点，在德国社会发展中起着推动作用。一方面是那些社会主义者，比如赫斯和年轻的弗里德里希·恩格斯，他们围绕的问题是革命政治。另一方面，诗人海涅和年轻的卡尔·马克思则创造了一个崭新的视角，他们阐明革命的破裂，论述无产阶级争取民主的斗争，从而重新定义了政治本身。②

2008年，Routledge出版社出版了大卫·斯宾塞《工作的政治经济学》一书，书中引述《马克思恩格斯全集》中的《傅立叶论商业的片段》，并将其与《社会主义：乌托邦和科学》一书进行比较，认为恩格

---

① August H. Nimtz, *Marx and Engels: Their Contribution to the Democratic Breakthrough*, SUNY Press, 2000, p.22.

② Eustache Kouvélakis, Stathis Kouvelakis, *Philosophy and Revolution: From Kant to Marx*, Verso, 2003, p.388.

斯的这篇文献是从空想社会主义走向科学社会主义的重要过渡性文章。该书还认为，在当代社会，民众越来越大的兴趣集中在不断变化的工作性质和工作质量上，于是工作的政治经济学理论可以为工作提供一个新的和独特的评估视角。作者挑战一些常见的关于"工作"的观点，通过对经典文献的解读，还原"工作"的原貌，阐明关系人类福祉的"幸福经济学"的发展状况。这些经典文献包括重商主义者、古典经济学家、新古典经济学家（如杰文斯、马歇尔）等人的著作和文章。此外，还有所谓"现代方法"，包括新的"信息理论经济学"和新的"幸福经济学"的理论贡献。作者看到若干主流经济学关于"工作"问题的部分缺陷，以自身的洞察力批评主流范式。该书跨越了不同学科的界限，吸引了来自不同研究领域的研究人员，包括劳动经济学、劳工史、工作社会学、劳资关系和人力资源管理等领域。①

2009 年，芭芭拉·古德温和基思·泰勒写作了《政治的乌托邦：理论与实践研究》一书。该书力图通过引介《傅立叶论商业的片段》等一系列马克思和恩格斯评论空想社会主义的著作和文章，提供一个介绍乌托邦主义和激进政治思想的研究角度。作者认为，这些思想存在大量争议，很少有普遍性的共识，幻想的乌托邦主义与现代政治生活有千丝万缕的联系。当代的特殊美德在于它有能力超越社会局限，在各种情况下激发另类思维与开辟新的政治行动方向。这本书的论述涉及社会根源、政治理论与实践方法。第一部分论述了乌托邦主义作为一种政治理论，具有独特的特点和超越现在的能力。第二部分认为乌托邦主义作为基本的社会冲动可以表达出来，并且是现代政治运动的合理成分。第三部分提供了一个乌托邦主义理论与实践并重的范式，运用它可以消解过去政治现实主义在现代社会中所体现出来的实用主义和狭隘经验论。②

2010 年，露丝维塔斯在《乌托邦的概念》一书中引述了《傅立叶论商业的片段》一文。作者认为，恩格斯对空想社会主义的代表人物欧

---

① David Spencer, *The Political Economy of Work*, Routledge, 2008, p.154.

② Barbara Goodwin, Keith Taylor, *The Politics of Utopia: A Study in Theory and Practice*, Peter Lang, 2009, p.69.

文、傅立叶和圣西门给予高度的赞扬和维护,尽管他们的学术地位备受争议,很多敌视社会主义运动的人物都对他们进行恶意攻击,但马克思和恩格斯力所能及地对其进行还击。这种还击本来应当系统体现在收录各种社会主义者文献的《外国杰出的社会主义者文丛》中,但可惜的是,该项目唯一成型的实际成果就是恩格斯自己翻译并评论的《傅立叶论商业的片段》。该书还认为,"乌托邦"一词的含义是很少受质疑的,虽然它可以用在各种不同的场合。对于有争议的乌托邦概念进行分析并探讨它是如何被使用的,这是政治评论家和社会理论家的任务。为了推进这一任务的完成,作者研究了马克思、恩格斯、卡尔·曼海姆、罗伯特·欧文、乔治·索雷尔、布洛赫、威廉·莫里斯和马尔库塞等人的"乌托邦"概念,从而得出定义,乌托邦是在文本和政治实践中的一种代表更好状态的生活方式的愿望的表达,并且认为,乌托邦式的愿望现今仍然是一个活跃在文化和政治领域的元素。①

剑桥大学出版社于2011年出版了《恩格斯和马克思主义政治经济学》一书,作者为塞缪尔·霍兰德。这本书论述了恩格斯在马克思主义政治经济学创立过程中的地位与作用,马克思和恩格斯在面对某一经济学问题的时候,看法和意见有同有异,但他们的探索精神同样执着。恩格斯对经济学的探索对马克思主义政治经济学的产生有一个基础性的作用,他的一些设想在理论构建中起到了"积木"的作用。当然,对于这种作用的具体解释,那是有一定复杂性的。涉及《傅立叶论商业的片段》的部分,作者认为恩格斯通过转述傅立叶"碎片"式的商业言论,指出了黑格尔哲学的某些理论弱点,赞同了傅立叶对于哲学的部分观点。②

---

① Ruth Levitas, *The Concept of Utopia*, Peter Lang, 2010, p. 58.
② Samuel Hollander, *Friedrich Engels and Marxian Political Economy*, Cambridge University Press, 2011, p. 4.

第三章 国内的版本和传播情况

考证《傅立叶论商业的片段》的国内版本和传播情况，可以从新中国成立以前中译文的传播、新中国成立以后至改革开放以前中译文的传播、改革开放以后译文的传播三个方面来展开。

一 新中国成立以前中译文的传播

国内学界对《傅立叶论商业的片段》的引介是从翻译国外著作开始的。1929年，熊得山翻译了日本学者山内房吉的著作《社会思想解说》，书中引介了《傅立叶论商业的片段》，并指出，傅立叶"描写了在革命走入歧途后，繁盛的欺诈的投机，与当时商业的特质，并流行的商卖的风气"①。同年，杨剑秀编写的《社会问题研究》由上海的现代书局出版，书中介绍了傅立叶谈论商业的部分内容，并认为，在傅立叶的时代，"商业渐渐地变为了诈欺之术，革命时的标语，——博爱——在竞争的战场中变成奸险和嫉妒而实现了"②。

1930年，刘沁仪翻译了苏联学者塞姆柯甫士基的《社会主义的必然》一书，书中介绍了《傅立叶论商业的片段》的部分内容，并指出，傅立叶"巧妙地而且趣味津津地把大革命失败中的隆隆日盛的欺诈投机及当时法国商业界的一般商人性质加以描写"③。此外，他还对两性关

---

① 〔日〕山内房吉：《社会思想解说》，熊得山译，上海：昆仑书店1929年版，第13页。
② 杨剑秀：《社会问题研究》，上海：现代书局1929年版，第63页。
③ 〔苏〕塞姆柯甫士基：《社会主义的必然》（下），刘沁仪译，上海：春秋书店1930年版，第145—146页。

系之布尔乔亚形态,以及对布尔乔亚社会里妇女的地位进行批评。一个社会内妇女解放的程度是一般解放的自然标准,这是由傅立叶最初揭示出来的。同年,吴黎平编写了《社会主义史》一书,由上海南强书局出版。书中介绍了《傅立叶论商业的片段》中的部分段落,并认为,对于商业,傅立叶作了特别的分析,这是非常尖刻的声讨当时商业资本的言论。此外,他更痛斥商人借破产来牟利的行为,在他看来,破产是十分下流的盗行。同时,傅立叶对于资本主义的其他罪恶,也极端尖刻地加以指斥,他以为投机是最下流的商业罪恶之一,因为他总是攻击最弱者。傅立叶揭穿了这种行为的全部把戏,指出投机商人,怎样为着提高他的利润起见,不惜毁灭社会所最需要的物品(如为抬高价格起见,把人民所急需的食品倾至海中)。投机及商业的寄生主义,因其不生产的工作及其无益的力量与资本的耗费,使社会受到这样的损失,但是在这种寄生主义以外,还有文明所产生的混乱与痛苦。傅立叶特别注意近代社会不生产分子的问题,他用各种图表指出这种不生产分子的众多与复杂。他把寄生者分成几类:家庭的寄生者(妇女、小孩、仆人),社会寄生者(商人、厂主、军人、官吏等),附带的寄生者(辩护者、宗教的礼拜者、游民、干不正当事业的人等)。傅立叶认为,当时的人口中差不多有 2/3 没有承担任何有益的责任,所以他们是有害于社会的。对于引介《傅立叶论商业的片段》而言,1930 年显然是成果丰硕的一年。也是在这一年,朱新繁写作了《社会革命思想与运动的发展》一书,由上海联合书店出版。书中,朱新繁引述了傅立叶的观点,他说:"商业在道德上物质上是败坏的,使人类的素质腐败。商业已渐入于穷途,当依结合的协作的经济和生活方法,取而代之。"[①]

到了 1947 年,尽管成果没有 1930 年那么丰富,但也并非没有进展。例如,陈仲明和罗虔英写作了《合作经济学》一书,由中国合作

[①] 朱新繁:《社会革命 思想与运动的发展》,上海:上海联合书店 1930 年版,第 127—128 页。

经济研究社出版,书中引介《傅立叶论商业的片段》,并认为:"傅立叶与欧文同样以为商业是一切社会的祸害。"[1]

二 新中国成立以后至改革开放以前中译文的传播

《傅立叶论商业的片段》的中译文是分两次进行发表的,它的前言与结束语第一次发表于《马克思恩格斯全集》第2卷(1957年12月版)第654—661页,而全译文则是发表于《马克思恩格斯全集》第42卷(1979年9月版)第318—359页。[2] 由于这一版本为该文中文版本中最为全面和准确的译文,所以本书的经典著作选编部分就摘录于《马克思恩格斯全集》第42卷(1979年9月版)。中文版《马克思恩格斯全集》第2卷收录了马克思和恩格斯从1844年9月—1846年2月这个时期的著作和文章,这里面就包括恩格斯的《〈傅立叶论商业的片断〉的前言和结束语》。[3] 中文版《马克思恩格斯全集》第42卷收录了马克思与恩格斯从1844年1月—1848年2月所撰写的著作和文章。它们被编成三个部分:第一部分与第二部分是马克思与恩格斯在他们合作以前所撰写的著作和文章。第三部分则是马克思与恩格斯1844年8月在巴黎会面之后所撰写的著作和文章,同时收录了二人在布鲁塞尔居住期间(马克思是从1845年2月—1848年3月,恩格斯是从1845年4月—1846年8月)撰写的部分著作和文章。这一卷是对《马克思恩格斯全集》第1—4卷的补充,它们对于考察马克思与恩格斯的哲学、政治经济学以及科学共产主义学说的早期形成有显著的价值。在这里,《傅立叶论商业的片段》在第2卷收录"前言"和"结束语"的前提下,进一步收录了恩格斯所摘录的傅立叶文字,并最终用全文的方式发表

---

[1] 陈仲明、罗虔英:《合作经济学》,永安:中国合作经济研究社1947年版,第31页。
[2] 北京图书馆马列著作研究室编:《马克思恩格斯著作中译文综录》,北京:书目文献出版社1983年版,第118—119页。
[3] 《马克思恩格斯全集》第2卷,北京:人民出版社1957年版,第Ⅺ页。

出来。①

中国人民大学马克思列宁主义基础系资料室1959年2月编辑了《关于圣西门、傅立叶、欧文的空想社会主义》一书，由中国人民大学出版社出版，其中对《傅立叶论商业的片段》有所摘录。该书以配合中国人民大学"国际共产主义运动史"课程的教学和研究为目的，对"社会主义思想史史料"展开详尽汇编。这次汇编涵盖两个内容：第一个内容是关于马克思主义经典作家的有关著作。在取材方面，一般是已经具有中译本的著作。为了使读者更方便地阅读，编者对其所编辑的材料加上了标题以及若干注释，并进行了一些分类。对于每个标题的材料，大体上根据著作的写作年代或是首次发表的时间先后来进行排列，书末附有编者引用的马克思主义经典著作的详细索引。第二个内容是一般性的评价资料或者原始资料。书末附有这些资料的索引，提供给研究者参考。《关于圣西门、傅立叶、欧文的空想社会主义》是这次汇编里的一个组成部分，其目的是引介三位伟大的空想社会主义者圣西门、傅立叶以及欧文，这里有些材料是评介其哲学、经济学、政治学或是教育学思想的，《傅立叶论商业的片段》就是这些文献中的一篇。由于汇编资料都是从不同的文本上面摘录的，因而在术语的运用上有不尽一致的地方，个别术语由编者进行了统一；另外在文字上也有若干晦涩之处，为了避免相互重复，编者也对其中某些部分进行了必要的删节，在本书中，文章的标题有些是编者添加或修改的。②

北京大学国际政治系在1977年1月编辑了《马克思、恩格斯、列宁、斯大林论空想社会主义（初稿）》一书，收录了《傅立叶论商业的片段》的部分内容，将其放在第111—112页。该书认为，以这三位思想家作为代表的空想社会主义学说是马克思主义思想的三大来源之一。列宁说："我们完全以马克思的理论为依据，因为它第一次把社会主义从空想变成科学，给这个科学奠定了巩固的基础，指出了继续发展和详

---

① 《马克思恩格斯全集》第42卷，北京：人民出版社1979年版，第Ⅰ—Ⅶ页。
② 中国人民大学马克思列宁主义基础系资料室：《关于圣西门、傅立叶、欧文的空想社会主义》，北京：中国人民大学出版社1959年版，第1页。

细研究这个科学所应遵循的道路。"① 了解这些空想社会主义学说,考察社会主义从空想变为科学的发展进程,对于学习和研究科学社会主义理论具有重要意义。无产阶级的伟大导师马克思、恩格斯、列宁与斯大林,对于以圣西门、傅立叶及欧文为代表的空想社会主义学说进行过深入的分析与批判,对于社会主义从空想到科学的发展进行过非常精辟的论述。为了更好地学习马克思主义、列宁主义与毛泽东思想,做好"共运史"课程的教学,编者按照既有的中文译本,以关于圣西门、傅立叶及欧文的论述作为主要内容,编辑了《马克思、恩格斯、列宁、斯大林论空想社会主义(初稿)》一书。②

三 改革开放以后中译文的传播

改革开放后,《傅立叶论商业的片段》的中译文继续着它的传播历程。1982年,由熊复主编的《马克思恩格斯列宁斯大林论恋爱、婚姻和家庭》由红旗出版社出版。该书在第20页摘编了《傅立叶论商业的片段》中的一段话:"曾经有人谈论过恋爱自由、妇女地位、妇女解放,但是有什么结果呢?说几句杂乱无章的话,捧出几个女学者,表现出一些歇斯底里,对德国人的乱伦抱怨几句——全是虎头蛇尾!"③

1982年,北京师范大学中文系文艺理论教研室编写的《文学理论学习参考资料》(下)一书由沈阳春风文艺出版社出版。在该书第916—917页摘录了《傅立叶论商业的片段》的最后一段内容:"德国人首先必须熟悉一下(哪怕是稍微熟悉一下)国外的社会运动,熟悉一下国外的社会运动的实践和文献,——近80年来英法两国的全部历史即英国的工业和法国的革命就是实际运动的例子,——然后他们必须在

---

① 《列宁专题文集(论无产阶级政党)》,北京:人民出版社2009年版,第338页。
② 北京大学国际政治系编:《马克思、恩格斯、列宁、斯大林论空想社会主义(初稿)》,1977年,第1页。
③ 熊复主编:《马克思恩格斯列宁斯大林论恋爱、婚姻和家庭》,北京:红旗出版社1982年版,第20页。

实践方面和文献方面做出像他们的邻居所做的那么多的事情，只有在这以后才可以提出像各民族的功绩大小这类无关痛痒的问题。但是到那时，这种诡辩式的争论已经没有听众了。而现在对德国人来说，最好是首先了解一下国外所获得的成就。所有以前出版的有关这方面的书，毫无例外的都很拙劣。这样简短的叙述至多只能评论一些著作，根本无法介绍这些著作本身。这些著作有一部分已成了稀有的珍本，在德国很难获得，有一部分篇幅过于庞大，有一部分只有许多仅仅具有历史的和文献的意义并且在 1845 年已经引不起德国读者的兴趣的材料。为了使这些对德国尚属新鲜的具有宝贵内容的著作容易理解，我们必须进行编选，正像法国人对待来自国外的材料一样。法国人在这方面要比我们实际得多。经过这样编选的外国社会主义文献中的重要著作，最近即将开始出版。一些德国的共产主义者，包括能够同样轻而易举地写出具有独到见解的作品的最优秀的活动家，也参加了这一工作。可以希望，这工作会给高明的德国理论家指出，他们的一切高见都已经陈旧了，在莱茵河和英吉利海峡的彼岸，这些问题早已争出一个 Proetcontra［孰是孰非］来了。只有他们知道了在他们之前已经做了些什么以后，他们才能表明他们自己能够做些什么。"①

  1983 年，中国社会科学院哲学所历史唯物主义研究室、中国历史唯物主义研究会共同编写了《马克思恩格斯列宁斯大林论人性异化人道主义》，由清华大学出版社出版，该书在第 289—290 页摘录了《傅立叶论商业的片段》的部分内容。就全书而言，它摘选了马克思、恩格斯、列宁和斯大林关于该问题的论述大约 500 条，共 33 万字，划分为三个组成部分。人性部分涵盖对于人性的研究必须从现实的人出发、人的本质是一切社会关系的总和、人类本性是不断变化的、在阶级社会里人性是带有阶级性的、资本主义社会将人变成畸形的与片面的人、共产主义社会才能让人成为全面发展与自由的人等几个部分。

---

① 北京师范大学中文系文艺理论教研室编：《文学理论学习参考资料》（下），沈阳：春风文艺出版社 1982 年版，第 916—917 页。

异化部分涵盖马克思与恩格斯的早期异化理论、在创立科学社会主义世界观时期的异化理论与在深化发展科学社会主义世界观时期关于异化的阐述等。人道主义部分涵盖马克思与恩格斯早期著作里关于共产主义的若干表述、共产主义是关于无产阶级解放条件的学说、对于"真正的社会主义"的批判、对于资产阶级人道主义的分析和批判、只有共产主义才能消灭不人道现象等。

该书指出，人性、异化与人道主义问题，在国内外都引发了非常大的关注。编者编辑该书的目的就是为了便于学习与研究马克思主义经典作家关于以上问题的基本主张。在选编的过程里，该书力求全面和准确。在编排上，除按照问题分类以外，还添加了论点和标题。论点和标题一般摘录经典作家的原话或由原话缩编而成。每个标题下的条目都根据时间顺序排列，以便在把握每个问题的基本论点的同时，继续研究经典作家对该问题进行论述的背景与过程。①

1987年，中国人民大学国际政治系编写了《马克思、恩格斯、列宁、斯大林论科学社会主义》第1卷，由中国人民大学出版社出版，该书第81—82页摘录了《傅立叶论商业的片段》的部分内容。该书认为，科学社会主义是马克思主义理论的重要组成部分，并且是一门独立的科学。恩格斯说："社会主义自从成为科学以来，就要求人们把它当做科学来对待，就是说，要求人们去研究它。"② 为了学习与研究这门科学，同时为了坚持与发展这门科学，有必要了解创立并发展了这门科学的无产阶级革命导师马克思、恩格斯、列宁和斯大林究竟说了些什么？并且是怎么说的？所以编者将分散在浩瀚的马恩列斯著作里有关科学社会主义的思想与观点，作了较为全面和系统的收集整理，并且集中编纂成该书。该书是一部内容丰富的供教学与研究使用的参考读物，书前具有详细的内容提要，方便读者翻阅。该书由曹德成、张心绪主编，参与1980年内部印行的初版编辑工作的是曹德成、张心绪、王鹤杰、林筵、

---

① 中国社会科学院哲学所历史唯物主义研究室、中国历史唯物主义研究会编：《马克思恩格斯列宁斯大林论人性异化人道主义》，北京：清华大学出版社1983年版，第1—2页。
② 《马克思恩格斯文集》第2卷，北京：人民出版社2009年版，第219页。

胡瑛和和罗震环。修订本较初版范围更为广泛,并由原先的 11 个题目增订为 16 个题目,同时精炼了语言,由原先的 240 万字压缩为 180 万字。参加该书修订工作的是曹德成(第一、二、八、十三、十五题)、张心绪(第五、六、七、十二、十六题)和王鹤杰(第三、四、九、十、十一、十四题)。此外,第十题的修订工作主要是由韩忠英完成的。

  该书认为,科学社会主义具有广义与狭义两方面的涵义。广义的科学社会主义指的是马克思主义的整体,涵盖哲学、政治经济学与科学社会主义三个组成部分;而狭义的科学社会主义则是指马克思主义的三大组成部分之一,亦即科学社会主义部分,该书从狭义。在该书的编辑过程里,编者查阅了马克思、恩格斯、列宁与斯大林著作的全部中文译本,从中摘录了他们关于科学社会主义的论述总计 5500 多条,共 180 万字。按照当时通行的科学社会主义教材的体系结构,分别编辑成 16 个大题。每个大题又可分为若干中题、小题与观点标题。其中大、中、小题均为范围性标题,观点标题是用马恩列斯的原话或者原意编写而成,概括每一组选条的基本内容。这些大、中、小题构成了该书的体系结构,同时是该书的目录与内容提要。该书观点标题下面各个选条的排列,一般都以马克思、恩格斯、列宁、斯大林著作的时间先后作为顺序,部分地方也考虑到内容与逻辑的需要。该书所收录的选条,一般一条只放一个地方,个别的情况除外。有关注释一般随文作为脚注。其中除注明"作者原注"、"原编者注"以及"译者注"以外,凡不注明的都是该书编者注。该书选条所用的版本是人民出版社出版的经典著作版本:《马克思恩格斯全集》第 1—50 卷、《马克思恩格斯选集》第 1—4 卷、《列宁全集》第 1—39 卷、《列宁文稿》第 1—10 卷、《列宁选集》第 2 版第 1—4 卷、《马克思主义论国家》1927 年版、《斯大林全集》第 1—13 卷、《斯大林文选》1962 年版、《列宁主义问题》1964 年版、《斯大林选集》上下卷,还有《联共(布)党史简明教程》1975 年版等等。该书选条所采用的是最新的译文以及较为流行的版本。凡采用中共中央党校编的《马列著作毛泽东著作选读》译文的选条,它的出处仍写马克思、恩格斯、列宁、斯大林"全集"或"选集",但注明"参看"二字。该书分编为四卷出版：第一卷包括第一题《科学社会主义的创立》、第二题《无产阶级的阶级斗争》与第三题《无产阶级政党》；第二卷包括第四题《无产阶级的战略策略》、第五题《战争与和平》、第六题《无产阶级革命》与第七题《无产阶级领导的民族民主革命》；第三卷包括第八题《无产阶级专政》、第九题《工人阶级执政党的建设》与第十题《社会主义经济建设》；第四卷包括第十一题《社会主义精神文明》、第十二题《社会主义民主》、第十三题《社会主义时期的依靠力量》、第十四题《社会主义国家的民族问题和宗教问题》、第十五题《无产阶级国际主义、爱国主义和社会主义国家对外政策》与第十六题《从社会主义到共产主义》。①

  1988 年 5 月，中国人民大学国际政治系编写了《马克思 恩格斯 列宁 斯大林论社会主义思想史》一书，由中国人民大学出版社出版，书中摘录《傅立叶论商业的片段》的部分内容，放置在 172—173 页。该书指出，每一种社会主义学说都有其自身特点，都有其历史意义。几千年以来，人们早已幻想过消灭一切剥削，幻想过"社会主义"。人类社会在经历了长期的变化与磨难以后，直到 19 世纪 40 年代，马克思和恩格斯才创建了科学社会主义理论。之后，科学社会主义理论又在实践中得到了不断发展，最终由理想变为现实。《社会主义思想史》是党的十一届三中全会之后开设的一门课程，该书是作为这门课程的教学参考书而编写的。在浩繁的马克思列宁主义经典著作里，蕴藏着极为丰富的关于社会主义思想史的精神宝藏。为了将这些宝藏"开发"出来，编者广泛查阅了中文版的马克思、恩格斯、列宁和斯大林的著作全集，以及全集之外的中文译本。从里面摘录出相关论述 60 万字，根据历史顺序与人物分类排列，力图反映社会主义思想发展的整个历史过程。在每一组论述的前面，有用马克思、恩格斯、列宁、斯大林的原话编写而成的内容提要，将这一组论述的主要观点标出，方便读者查阅。从全书的各

---

  ① 中国人民大学国际政治系编：《马克思、恩格斯、列宁、斯大林论科学社会主义》第 1 卷，北京：中国人民大学出版社 1987 年版，第 1—3 页。

个内容提要里，读者可以看出该书的基本梗概。马克思、恩格斯、列宁、斯大林对于各种社会主义学说的一系列评论，有的内容很多，有的则很少（比如对于康帕内拉、摩莱里和马布利的论述很少），个别人物（比如温斯坦莱）则一点也没有论述。该书由张心绪、曹德成主编，参加编辑工作的有张心绪、曹德成、王鹤杰、韩忠英、胡瑛与林协助。①

1991年7月，何文治主编《道德建设》一书，由天津人民出版社出版。该书在第558页摘录了《傅立叶论商业的片段》中关于妇女解放的一段内容："曾经有人谈论过恋爱自由、妇女地位、妇女解放，但是有什么结果呢？说几句杂乱无章的话，捧出几个女学者，表现出一些歇斯底里，对德国人的乱伦抱怨几句——全是虎头蛇尾！"②

2004年，吕红平、陈胜利和石海龙编写了《马克思 恩格斯 列宁 斯大林 毛泽东论生育文化》一书，由中国人口出版社出版，将《傅立叶论商业的片段》的部分内容摘编于第160页。该书认为，自20世纪90年代以来，基于我国计划生育工作继续深入进行的需要，学术界掀起了一股生育文化的研究热潮，并且取得了一批既具有理论价值又具有实践意义的成果，初步建立了生育文化学这样一门新的学科。生育文化研究对于计划生育工作的开展，起到了巨大的推动作用。我国的人口和计划生育理论坚持以马克思主义为指导，从中国的具体国情出发，根本有别于西方的人口理论。在具有中国特色的人口和计划生育理论的具体指导下，我国的人口和计划生育工作取得了举世瞩目的巨大成就，获得了世界各国的高度评价。我国计划生育的实践表明，尽管就根本上与长远发展趋势而言，只有经济发展了才能最终导致生育率下降，但是生育文化的相对独立性也决定着通过生育文化建设与宣传教育工作，对转变人们的生育观念所具有的直接作用，并且，生育观念转变是生育率下降的基本因素，所以，在经济发展水平不高的状况下，也可以由此实现生育率的转变。这就完全改写了西方生育率转变理论，形成了我国人口和

---

① 中国人民大学国际政治系编：《马克思 恩格斯 列宁 斯大林论社会主义思想史》，北京：中国人民大学出版社1988年版，第1页。

② 何文治主编：《道德建设》，天津：天津人民出版社1991年版，第558页。

计划生育理论的特色。

　　生育文化，不仅是学术界致力于创新研究的一个新领域，而且是计划生育宣传教育活动的一项十分重要的内容。但是，目前对生育文化的研究还只是停留在起步阶段，还有很多理论与实际问题需要进一步深入研究。为了推动生育文化研究，编者在国家人口与计划生育委员会的支持与资助下，编辑了这本《马克思　恩格斯　列宁　斯大林　毛泽东论生育文化》，力求从马克思主义的思想宝库里挖掘出有关生育文化的内容，为研究我国生育文化学的形成与发展奠定理论基础。《马克思　恩格斯　列宁　斯大林　毛泽东论生育文化》是一部马克思、恩格斯、列宁、斯大林、毛泽东关于生育文化及其相关内容论述的资料集，收录了马克思、恩格斯、列宁、斯大林、毛泽东五人的有关论述。所收录的资料涵盖了《马克思恩格斯全集》《马克思恩格斯选集》《列宁全集》《列宁选集》《斯大林全集》《斯大林选集》《斯大林文集》《毛泽东选集》《毛泽东文集》《毛泽东书信选集》《毛泽东新闻工作文选》《建国以来毛泽东文稿》等著作，以及毛泽东早期在《大公报》发表的一系列文章，力求做到全面、准确。该书内容丰富，涉及面广，对生育文化的理论研究和社会实践具有重要的参考价值。该书选录资料的范围是马克思、恩格斯、列宁、斯大林、毛泽东经典著作中有关生育文化的全部论述，资料的分类是将生育文化的研究内容作为根据的。在资料的编排顺序上，每一类都按马克思、恩格斯、列宁、斯大林、毛泽东的顺序，然后再按著作的卷数与页码进行排列。《列宁全集》《列宁选集》和《毛泽东选集》第1—4卷采用了第2版，其余著作均采用了第1版。为方便读者查询，该书所收录的资料在"全集"出处后面还注明了"选集"出处（未收入选集的除外）。有些文章在"选集"与"全集"中译文略有不同，以"全集"为准，并以脚注的方式标明"此处选集与全集译文略有不同"。注释中"选集"与"全集"不同的地方，也以"全集"为准，但未再标出。为方便读者阅读与参考，并且兼顾资料的完整性，该书将涉及的"注释"（即原著的尾注）以"脚注"的形式标注出来，并注明"原书注释"字样，标明了原书注释的编号；原书中的"脚注"仍然作为"脚注"来处理,并注明"原书脚注"的字样,附带其原书编号;其他形式的注释,也遵循着以上原则,作为"脚注"来处理,并标明其注释的类型和原书的编号。为方便读者查询与使用,该书还配有光盘。①

---

① 吕红平、陈胜利、石海龙主编:《马克思 恩格斯 列宁 斯大林 毛泽东论生育文化》,北京:中国人口出版社2004年版,第1—3页。

第二部分 研究状况

第四章 国外学者关于该文献的研究状况

在《傅立叶论商业的片段》的传播过程中,国外学者对其进行了不同视角的研究,这些学者分布于苏联、德国、法国、日本、波兰、英国等国家之中。

一 苏联学者的研究状况

苏联学者在研究《傅立叶论商业的片段》的过程中不仅考察了该著作的形成史,而且分析了傅立叶理论体系的特点,并形成了若干有代表性的观点,如恩格斯将德国小资产阶级社会主义者同傅立叶等空想社会主义者对立起来,圣西门和傅立叶对18世纪启蒙主义哲学持否定态度等。

(一)恩格斯将德国小资产阶级社会主义者同傅立叶等空想社会主义者对立起来

苏联学者在研究《傅立叶论商业的片段》时十分重视思想史的梳理,他们不仅从文献本身出发,还从文献的写作背景中寻找解读文献的支撑点。纳尔斯基等人认为,在1845年末,恩格斯计划用德文发表关于傅立叶的著作摘编,并且给它加上一个题目,称做"傅立叶论商业的片断",恩格斯将其刊登于1846年出版的《德国公民手册》年鉴中。这篇文章的前言与结束语是由恩格斯撰写的,由此成为马克思主义批驳"真正的社会主义"思潮的首次公开发表的文献。恩格斯将傅立叶同德国"真正的社会主义者"截然对立起来。他首先高度评价了空想社会主义者傅立叶对资本主义制度的批判，同时认为这一批判是 19 世纪初期法国空想社会主义思潮里最为合理的内容。但是，德国"真正的社会主义"的代表人物们彻底抛弃了傅立叶思想里的这一最为主要的方面，而且还用那种基于人类本性的一般性哲学来替代，加之以修饰性的阐述，认为从这里出发便可以对整个社会进行论证。恩格斯将德国小资产阶级社会主义者与傅立叶及其他空想社会主义者对立起来，并且此种对立是有着充分依据的。事实上，恩格斯力图反驳"真正的社会主义者"的部分论据也是可以用在空想社会主义者身上的，并且这些学者也认为自身的思想是无党性的，同时从一种超历史的正义性等概念里延伸出社会主义改造的必要性问题。"真正的社会主义"本质上是对其伟大的先驱者，即空想社会主义的极大讽刺，它用歪曲的方式展现了空想社会主义学说的基本缺点。一般而言，空想社会主义学说的一个基本缺陷是力图否认政治斗争。事实上，在 19 世纪中叶，西欧国家的资产阶级已经开始转变成反对革命的力量，在此前提下，为将资产阶级民主革命进行到底而奋斗，愈来愈成为工人阶级的任务。无产阶级不但成为了开展民主斗争的主力军，并且还成为了其中的领导因素，于是这一斗争就日益向进行社会主义革命的方向转变。因此，恩格斯指出，民主在当时本质上是共产主义，民主业已成为无产阶级的原则，人民群众的原则，革命者在估算共产主义斗争力量的时候，完全可以放心大胆地将那些拥有民主理念的人民群众估算在内。但是，空想社会主义者并不了解工人阶级争取民主的革命对于完成推翻资产阶级统治的社会主义任务的价值。恩格斯深刻批判了这一在很大程度上导致了马克思主义之前社会主义宗派倾向的重大错误。①

与纳尔斯基的研究思路相似，苏联学者列·伊利切夫也从对"真正的社会主义者"的批判中考察恩格斯的写作背景。他认为，恩格斯为德国国内的报纸刊物撰稿，在 1845 年末，他撰写了《〈傅立叶论商业的片

---

① 〔苏〕纳尔斯基等编：《十九世纪的马克思主义哲学》（上），贾译林译，北京：中国社会科学出版社 1984 年版，第 239—241 页。

断〉的前言和结束语》（刊登在 1846 年的《德国公民手册》年鉴中，该《片断》是马克思与恩格斯为计划发行的一套法国与英国空想社会主义优秀著作集而翻译的），同时也撰写了文章《在伦敦举行的各族人民庆祝大会》，这篇文章表明他有兴趣开始公开批驳"真正的社会主义"，这是自 1844 年就在德国流行开来的小资产阶级社会主义的一个变种。"真正的社会主义者"代表着被资产阶级力量的发展吓破了胆的那些德国小市民的主张，这些主张让社会主义学说具有了脱离现实条件与实际需求的抽象性的特点。"真正的社会主义者"不是批判现存的资产阶级社会，而更多的是哭诉与诅咒。这些人不了解反对专制制度与争取民主改革的历史任务，因而"真正的社会主义者"有时便不自觉地成为了趋于反动的德意志各邦政府与资产阶级抗争的手段。"真正的社会主义者"采用感情丰富的有关博爱的说教来替换阶级斗争与社会革命这一工人阶级解放的正确道路。该思潮的代表人物公开反对进行革命的共产主义力量，反对在现实社会主义运动当中划分革命派与改良派，这就妨碍了德国工人阶级运动与民主运动的深化。恩格斯认为，"真正的社会主义者"喜欢哲学式的空谈，用将法国空想社会主义学说的片断与黑格尔和费尔巴哈的哲学折中地拼接在一起的方法，暗中地顶替了对于现实与理论开展严谨研究的路径。恩格斯责备"真正的社会主义者"轻视他们的先驱者（如傅立叶、圣西门等人）所主张的社会观点，认为"真正的社会主义者"对于政治经济学的论题毫无创见。恩格斯指出，"真正的社会主义者"用向全部阶级开展多愁善感的道德说教来替换革命斗争也就是阶级斗争，从而使得共产主义运动趋于庸俗化。恩格斯还批判了"真正的社会主义者"有关"取消民族"这类宣言式的词句，针对性地指出各民族的民主派力量必须力图在其共同利益的基石上联合起来。①

纳尔斯基、列·伊利切夫等学者的研究具有一定理论价值，其揭示

---

① 〔苏〕列·伊利切夫等著：《弗里德里希·恩格斯》，程代熙等译，北京：人民出版社 1984 年版，第 78—79 页。

了"真正的社会主义者"走进理论误区的部分原因，那就是没有认真阅读空想社会主义思想家的理论著作，没有看到这些理论著作中的闪光点，而是把空想社会主义思潮中的理论缺陷拿出来进行发挥，从而走入理论的"死胡同"。空想社会主义的理论精华在于其深刻批判了资本主义的制度弊端，而这个理论精华被"真正的社会主义"所轻视、忽视；空想社会主义的理论缺陷是没有找到推翻资产阶级统治的依靠力量，也没能找到实现社会主义的正确道路，而这个理论缺陷却被"真正的社会主义"高度发挥，用哲学式的空谈、有关博爱的说教来加以阐释。

（二）傅立叶深刻批判资本主义商业的缺点

部分苏联学者从《傅立叶论商业的片段》中看到了傅立叶对资本主义商业的深刻批判。在苏联学者伏兹涅辛斯卡娅看来，傅立叶曾对资本主义商业的缺点，即投机、买空卖空、破产、毁坏商品与哄抬物价等罪恶给予了深刻的批判，他将资本主义的商业称做"撒谎与欺骗的场所"，这些论述大部分被摘录于恩格斯的《傅立叶论商业的片段》当中。事实上，傅立叶自己是很了解资本主义商业亦即它所进行的欺骗活动的，他认为：资本主义社会中的商业活动无疑是一个开展诈取和欺骗的犯罪行业。傅立叶觉得就是写作两大卷书也无法列举资本主义商业所犯的全部罪恶与罪行。他将商人称做一帮"罪犯""强盗"以及"海盗"。傅立叶多次强调这样的话语：商业无疑是一个不从事生产的寄生行业，而商人则是社会机体里的寄生阶层。在傅立叶那里，资本主义商业活动的发展，必然会导致全体民众贫困化与退化。傅立叶极力驳斥资产阶级经济学家以及哲学界的各个学者的主张，认为正是由于他们都是拜金主义者，他们才赞颂商业并主张要使资本主义社会中的商人完全拥有活动上的自由权利。傅立叶以敏锐的机智洞察了资本主义商业活动的三十六种最为严重的非法罪行，其中就包含欺骗的自由、抢劫的自由、海盗的自由、走私、投机以及普遍的利己主义等。在资本主义商业活动的各种舞弊行为当中，占据突出地位的是假造产品。在当时，基本上不可能向商人购买到质量完全合格的优质商品。无处不在的是欺诈行为与假货。傅立叶感慨,在巴黎就连一杯香醇的牛奶也喝不到,乳产品、黄油、葡萄酒、白酒、糖、面粉以及咖啡,这全部商品都是商人们伪造出来的劣质商品。很久之前就曾有过一个观点,那就是认为必须改变资本主义商业的各种不合理组织,因为它们都是全体民众的陷阱,而且让民众趋于贫困化与退化。傅立叶认为,以抬高物价为目的而收购各种商品,这就是资本主义商业活动的一个罪恶手段。倘若在市场里看到一种食品或者商品较为缺乏,那些随时关注着市场的商人们就会采用各种各样加重灾难的手段。他们购买货物,极力将市场里存有的一切货品掌握到自己手里,利用让大家忧虑在这之后无法买到这种商品的方法,来将该种商品的物价抬高1—2倍。任意抬高商品的价格是资本主义商业活动里的一个非正常的现象,倘若商业里能够充满着诚实与正义,那就会对投入市场的商品制定出较为公道的价格。可这是不会存在的事情,因为特定商品的价格总是由卖主自身任意制定的,而卖主总是要将自身的商品夸大得超过其本身,同时将自身商品的缺陷隐藏或是遮掩起来。任意制定价格的后果导致了令人厌烦并且不太方便的那些商业习惯:购物时讨价还价,争论与犹豫不决,同时双方都力图欺骗对方,其后果是最终被骗的还是购买商品的一方。傅立叶由此断言:"在价格既不由买主也不由卖主来定的制度下,这样的情况是可以消除的,因为商品的价格将由当事人双方预先根据它的各种特性和质量的准确标志来评定。"[1]

不仅对于具体的商业行为,傅立叶对整个资本主义商业体系都进行了深刻批判。伏兹涅辛斯卡娅还认为,傅立叶尽管无法正确总结商品价值形成过程的问题,可他已经观察到市场商品价格中的一系列不合理现象,那些商品是凭借供求关系被推上市场的,这样做的后果往往让中间人获得利益。在傅立叶看来,任何一类阴谋家与骗子都能够按照"商人自由"的极端口号,将类似期票这样的金融工具转化成犯

---

[1] 〔苏〕伏兹涅辛斯卡娅:《西方伟大空想社会主义者的经济观点》,群集译,北京:商务印书馆1959年版,第28—29页。

罪的工具。因此，商人们能够运用虚开分期付款期票的方式，宣布自身破产，其后果只是向持票人支付共计不超过该期票 1/3 的金额。商人本身能够使用期票的方式投放款项本质上是一项犯罪，同伪造货币这样的罪行是相似的，但是"文明的商业体系"却让这些"欺骗的竞赛"得以合法化，并且将其保护起来。在傅立叶看来，自由贸易让各个地方的商人与商业代理人的规模不断增加。在各个大城市里，比如在巴黎，存在有 30000 家食品杂货店，事实上，只要存在其中 300 家就可以为居民提供必要的服务了。在除巴黎以外的其他城市当中，这种状况也是随时能够看到的。每一个多出来的商人都会像僧侣一般去劫掠民众，这是由于他只有能力消费，而不从事生产活动。傅立叶由此进行计算：倘若西班牙的 50 万位僧侣进行生产劳动，他们就可以养活近 200 万人。而当你深入了解了第六纪的整个商业体系，亦即深刻认识了当前社会竞争之时，你会相信以下两个既存事实：其一，使用当前可以使用的 3/4 的代理人就完全可以应付商业活动；其二，仅就法国一国而言，因为自由贸易造就了过多的商业代理人，就有 100 万人严重脱离农业与工厂。对于这些多余的商业大军而言，仅在法国每年就会让养活 25 万居民的生产活动遭受损失，而这些后果都是经济学家们的错误研究所造成的，这便是傅立叶所指明的资本主义商业的各种罪行。

　　恩格斯对傅立叶学说里关于以上方面的那些批判给予高度评价，认为他运用有力并且中肯的笔调叙述了一系列投机与欺骗行为，同时描述了革命之后笼罩在法国商业行业中的小商贩的各种心情。恩格斯曾经将傅立叶著作里专门谈论商业的一些片段翻译为德文，并且主张让德国的所谓"半共产主义与共产主义的副教授们"都来读一下傅立叶的各个重要著作，"那是十分有好处的"。这是由于在这一系列著作当中，他们能够寻找到用来思考与满足其他需求的丰富史料，也能够寻找到较多新的思想主张。在恩格斯那里，傅立叶的功劳在于，其对资本主义商业活动的批驳让人们产生了一个想法，那就是认为资本主义社会是完全不合时宜的，可以用更加完善的社会制度来替换它。恩格斯在此认为，尽管工人阶级的现实状况是一个研究的中心点,可是,难道仅仅用这一个中心点来批判现存社会就可以了吗?傅立叶虽然仅仅在他的最后几部著作里稍微谈了一下这个论题,可他已经提出自身的证明。只按照对资产阶级、尤其是对于其内部的彼此联系(无论资产阶级对于无产阶级的态度怎样)的分析,就能够获得必须开展社会改造的结论。从此领域的批判来讲,傅立叶直至当时还具有突出的地位;可是也应当明确,傅立叶对于资本主义商业所进行的强有力的、很出色的考察,也存在很大缺陷。傅立叶事实上并不是按照历史来考察商业的,他并不了解在某个社会发展过程中商业的必要性问题,也不知道这样一种情况,亦即基于私有制与劳动的社会分工的物质生产可以产生商业活动存在的历史必然性问题。傅立叶并没有按照历史确认商业的良好功能,商业发展的特定水平是历史上催生资本主义的十分必要的前提条件。商业资本(或称商人资本)的存在以及它在一定限度里的进步是资本主义延续的必要条件。商业资本并不能完成所有生产方式的持续变革,所以让小商品生产者的状况持续恶化,让他们转变为雇佣工人。商业资本尽管维护着小商品生产固有的墨守成规式的技术特点,可它还是促进着资本主义制度的产生,同时为其确保了货币资金的十分必要的集中,让销售机构较大规模地建立起来,让生产活动愈来愈具有商品性。资本主义生产活动发展的不充分,也让傅立叶无法完全知晓以下状况:在资本主义制度内将商业资本划出来作为资本的独立形式,这是社会分工的特殊方式,对全部资本主义生产的进步具有较为积极的意义。另外,傅立叶所犯的错误还有:他主张资本主义制度中的商业资本是资本存在的主要形式。并且,他还常常将工业资本与商业资本相互对立起来。傅立叶无法了解,资本主义前提下的商业资本是工业资本主义的组成部分,他无法了解到这一点的原因在于,在资本主义发展程度较低的阶段是要将商业资本提升至重要地位的。马克思在《资本论》第3卷里认为,商业资本的独立发展,是同资本主义生产的发展程度呈现反比例的,所以,资本主义生产愈是发展不足,商业的独立发展就愈是显著。最后,傅立叶的一个错误还在于:尽管他看到了商业资本同工业资本之间的"对抗"性质,可并没有明确资本家同团结为一个阶级的工人之间的对抗性质。①

伏兹涅辛斯卡娅等苏联学者的研究初步挖掘了《傅立叶论商业的片段》中傅立叶对于资本主义商业缺陷的描述,向人们展示出一幅"人吃人"的资本主义社会图景。除此以外,他们还考证了恩格斯对于傅立叶这些观点的科学评价,从而论证了恩格斯所写的前言、结束语同傅立叶原文之间的内在联系,那就是通过阐释傅立叶学说中的精华部分来批判"真正的社会主义"思潮。这些研究极大地影响了之后该领域的很多学者,成为了他们进一步研究的前提与基础。

(三) 傅立叶理论体系的特点

傅立叶理论体系的特点是苏联学者展开研究的另一个主题。《傅立叶论商业的片段》只摘录了傅立叶关于商业问题的一些论述,但一位思想家的某一项研究如果不放到他的整个理论体系中进行整体性的考察,对这项研究的理解就是不完整的。所以,维·彼·沃尔金等学者从傅立叶对商业的论述拓展开来,进入了关于其理论体系的研究。在沃尔金看来,傅立叶是19世纪早期独树一帜的一位思想家,他留下了四大本结构复杂的著作,还有不少的论文和他逝世后由他的信徒发表的大量手稿。恩格斯在《傅立叶论商业的片段》中只摘录了傅立叶讽刺商业非法罪行的部分论述。无论就其结构、内容还是行文风格来说,傅立叶的著作都是不容易掌握的。在傅立叶著作的思想宝库中,各部分内容庞杂,远不是具有同等价值的。除了傅立叶的学说以外,很难找到另一种体系,其天才的、先进的思想会和荒谬及落后的思想如此紧密地交织在一起。傅立叶这位敏感的观察家和分析家给我们极深刻地解说了当时的社会制度及其起源与发展;对19世纪前25年这个阶段的法国资本主义社会的抨击,是他学说的一个极有价值的内容,无疑对社会思想的进一步发展产生了巨大的影响。尽管傅立叶

---

① 〔苏〕伏兹涅辛斯卡娅:《西方伟大空想社会主义者的经济观点》,群集译,北京:商务印书馆1959年版,第28—32页。

关于未来社会的学说有时带有小资产阶级的倾向，但他的学说含有不少别出心裁的观点，这进一步证明这位伟大空想家的眼光远大，这些思想至今还使人有兴趣研究。

傅立叶主义中那些倾向在当时也产生过重大影响。不过，无论傅立叶对资本主义关系的抨击还是他宏大的社会理想，在他的思想体系中的立足点往往是想入非非到令人吃惊的"哲学"理论之上并和它相结合的。恩格斯认为，在傅立叶的著作中"不乏神秘主义而且甚至是极端的狂想"。为了区分并充分研究使傅立叶成为近代最出色的思想家之一的根据，他的读者们就不仅要克服结构、风格和术语上的障碍，而且还要克服与他的论据本质有关的困难。傅立叶出身于贝占桑小城的一个小资产阶级家庭。他曾进过当地省立学校，但很早就不得不中断自己的学业，到一家商业企业中当小伙计。在其一生很长的时间中，他是依靠做一个店员或办事员为生的。傅立叶大部分的知识是自学得来的。缺乏系统的学校教育给他的体系构建造成了影响，这一点特别明显地表现在他体系的一般理论部分。傅立叶的理论十分接近于18世纪学术思想中的"神智"学派，他同时受到资产阶级"启蒙"的深刻影响。上帝范畴是傅立叶理论的核心概念。他认为，上帝是推动世界的唯一力量，是人类生存的积极原则。此外还存在物质与数学这些非上帝创造的原则。虽然物质并非神造，但它本身却具有消极无为的性质，必须通过上帝使它运动。由于数学本身的存在并不依赖于上帝，上帝在创造并管治由物质所创造的世界时应当与数学一致。因此，在物质的运动中存在着数学规律，只是数学规律必须服从于更高层次的目的论规律。世界由上帝运用数学将物质构建成合理的机体，世界上的全部活动均按照天意的蓝图发生。在傅立叶看来，认识一类运动的根本原因，就是要洞察引起这一运动的上帝的指导原则。

傅立叶理论中的神灵远不是一种抽象的东西，上帝是有着众多特点的个性。当然，实际上的过程恰恰与此相反：并非上帝使宇宙具有了它的特性，而是傅立叶把自己心目中的上帝描写为具备宇宙一般特性的神灵，比如引力作用下运动的不可分离的方向性、世界体系的一致性、财富分配的公平合理性等。除了这些通常的属性之外，上帝还具有与人的情欲相似的情调，包括变化多端与钩心斗角的情欲。尤其重要的，是上帝在活动中愿意有一个伙伴，这就是人。按照傅立叶的学说，整个被创造的世界都与造物主类似，反映出他的特性。此外，整个被创造的世界在它的所有部分又服从于数学规律。这就是傅立叶所宣扬的普遍相似规律的基础。宇宙就好像上帝；人好似宇宙，或者如傅立叶有时所说的，人的存在就像是宇宙的一面镜子。这样，傅立叶实际上也就无限接近了基督教关于人是按照"上帝的形象"被创造出来的学说。傅立叶认为普遍相似规律是自己学说的极重要的部分，所以广泛运用它来论证自己的其他原理。例如，他打算说明人的情欲的本质，就举出音调与花朵同它们作比较，他把社会发展的阶段与天体的阶段相对比。上帝根据创造的总目的给予宇宙的各个组成部分以规律。傅立叶由此认为，不可能想象上帝不赋予人类社会以规律。上帝不可能不给"同上帝长得像"的人颁布社会法典。上帝制定的人们社会生活的规律，是能够而且应当根据人的基本特性、根据人的情欲来洞察的，通过这些情欲，上帝在人身上表现出自己的意旨，并实现它的神意的计划。因而不应宣传克制情欲，而应当对比加以研究，应当去考察上帝为人类制定的生活目标。

  物质运动的规律是引力，而社会运动的类似规律则是情欲的引力。前者是牛顿在自然科学研究中发现的，傅立叶把发现后者的功劳归之于自己。在他看来，为了确定社会法典的条文，必须讨论人的情欲问题。在熟悉了各种各样的情欲之后，就不难用纯粹逻辑的方法从中得出符合人的情欲，同时也符合人的本质和上帝意愿的社会规律。可见，傅立叶所讲的社会法典并非人类社会关于现实生活规律的体系，而是"自然法"思想的一种特殊形式的新变种。确定此类准则的路径遵循理性主义原则，傅立叶思想里的这些理性主义与自然法的特征，使他同 18 世纪启蒙哲学产生了联系，虽然他也有自身的特点。傅立叶断言，人类还没有实现自然所期望的目的。社会法典不是现有的，而是理所当然的，是人类自身的命运，只有当人类经过了许多准备阶段之后，社会法典才能实现。这一原理在傅立叶的体系中是从他所断定的运动两重性的规律中得出来的。①

维·彼·沃尔金等苏联学者的研究事实上揭示出傅立叶理论体系中的各种思想来源，这些来源十分庞杂，有数学、物理学、神学、哲学等。将这些差异很大的不同学科糅合在一起，一方面是傅立叶没有经过系统学校教育的体现，但另一方面也表现出他极为丰富的想象力和理论创造力。"社会运动的情欲引力"是傅立叶的理论创造，是他社会学说的集中体现。在这个范畴当中，就集中体现了物理学、社会学和心理学的多学科视角。苏联学者的这一研究领域，向人们展现了一个兴趣广泛、涉猎丰富的傅立叶。

（四）傅立叶的生活经历

要充分理解一个人的思想，必须考察他的生平经历与心路变迁。正是基于这个原因，部分苏联学者研究了傅立叶的生活经历。在 A. B. 阿尼金看来，傅立叶的著作是社会科学著作中的一种独有的现象。这些著作不仅是科学论文，而且是鲜明的抨击性文章和极富创造性的幻想。恩格斯在《傅立叶论商业的片段》中着重评价了傅立叶著作的这种特点。傅立叶的著作把巧妙的讽刺与奇怪的神秘主义结合起来，把预见性与几乎是荒诞的虚构结合起来，把整体性概括与未来社会人们生活的枯燥细则结合起来。傅立叶的主要著作问世以来已经过去一个半世纪，生活本身已经把傅立叶作品中的神秘主义、毫无根据的幻想与关于改造人类社会的真正天才的思想区分开来了。

当傅立叶还只有 9 岁的时候，父亲就去世了。傅立叶是家庭的独子，他继承了父亲的大部分财产和事业。然而，傅立叶很快就与环境和家庭发生了冲突，与商业相联系的欺诈行为使他在孩童时代就感到气愤。

傅立叶是在贝桑松耶稣中学受的教育。他有很好的科学、文学和

---

① 〔苏〕沃尔金等：《论空想社会主义》（中），郭一民等译，北京：商务印书馆1980年版，第227—236页。

音乐才能。中学毕业后,他想进入军事工程学校,但是没有成功。之后,傅立叶只能靠自学来增进自己的知识,其所受教育上的缺陷在他的著作中也明显表现了出来。其中包括他从未专门研究过英国和法国经济学家的著作。傅立叶在相当晚的时候才熟悉了他们的思想,而且是通过第二手材料——杂志上的文章以及同有学识的人的谈话中熟悉的。他从未打算稍微仔细地分析一下经济学家们的理论就根本否定他们的精神,认为这些理论是为卑鄙的"文明制度"即资本主义的赤裸裸的辩护。

在长时间的争吵和反抗之后,18岁的傅立叶不得不屈服于家庭的压力,到里昂的一家大商店去当学徒。他注定要在这个工业城市度过自己一生中的很大部分,对里昂社会关系的观察有助于他的社会经济思想的形成。1792年,在获得了父亲的一份遗产之后,傅立叶经营了一家商店。

傅立叶的青年时代是在革命年代度过的。在里昂爆发反对雅各宾议会的起义时,傅立叶在起义者的行列之中,投降之后,他进了监狱。他的全部财产都丢失了。从监狱出来之后,他回到了故乡贝桑松。很显然,把青年傅立叶卷入反革命阵营的不是信念,而是局势。也可能他是被强制加入暴乱者军队的。不久,他参加了革命军队,为共和国服役一年半,由于健康原因(傅立叶一生都健康状况欠佳),退伍后他到一家商店当商品推销员,此后在里昂当一个小的商业经纪人。在这些年里,他有机会多次周游整个法国,观察法国的政治和经济生活。他看到,在社会阶梯的七层,新的富翁——军队的供应者、投机者、交易所的经纪人和银行家占据了贵族地位。"文明制度"进入的新阶段只是产生了广大人民群众新的灾难和贫困。

1803年12月,傅立叶在里昂报纸上以《普遍和谐》为题发表了一篇短文,文中宣布了自己"惊人的发现"。他写道,在自然科学方法的基础上,他将发现(或已经发现了)"社会运动的规律",就像其他科学家发现了"物质运动的规律"一样。傅立叶的思想在他1808年匿名在里昂出版的《关于四种运动和普遍命运的理论》一书中得到更加充分的阐述。尽管这部作品的形式有些奇怪，但它包含了傅立叶的"社团计划"的基础，这个计划就是把资产阶级社会改造为未来的"和谐制度"的计划。

傅立叶的这本书几乎是不被人注意的，然而这并没有使他的热情减少，他继续为发展自己的思想而工作。1911年担任公职后，他的生活条件有所改善，不久，按照母亲的遗嘱，他又得到了不大一笔养老金。1816—1822年，傅立叶居住在距离里昂不远的一个省里。他有了自己的追随者。在生活中，傅立叶第一次能够在比较安静的环境里工作。

傅立叶试图对他称之为"法郎吉"的劳动联合组织详细地加以阐述和论证。"法郎吉"成员生活、劳动的地方叫做"法郎吉斯特"。傅立叶希望这种实验性的"法郎吉"能够立刻建立起来而不改变整个社会制度。

1821年，由于朋友和追随者物质上的资助，傅立叶在贝桑松离群独居，完成自己已经写了好几年的书。《新世界》这部书是傅立叶最好的作品。从他最初的治学尝试到这时，已经过去了四分之一世纪。资本主义的发展为批判这种制度提供了新材料。与此同时，傅立叶还发展了自己对未来社会的看法，对这些看法进行了更庸俗的阐述，去掉了其中神秘主义的东西。

傅立叶最后几年的生活是在巴黎度过的。他继续紧张地工作。傅立叶的思维活动在不停地进行着，具有极大的创造能力，尽管他的健康状况极大恶化。沙利·傅立叶于1837年10月逝世。

1830年之后，已经出现了明显的"傅立叶运动"。然而，傅立叶本人在最后几年却是非常孤独的。他和他的许多学生之间的关系日益疏远，这些学生力图使他的勇敢的学说具有不尖锐的改良主义色彩。年老和疾病增强了他的多疑、神经过敏和固执的性格，这种性格使许多人难以忍受。

从资产阶级的健全理性的观点来看，当然，傅立叶与圣西门一样几乎都是疯子。但从沙利·傅立叶的观点来看，他所生活的这个世界才真是疯狂的世界。①

苏联学者亚历山大洛夫认为,空想社会主义重要代表人物沙利·傅立叶是法国十分著名的思想家,马克思将其称做"社会主义的始祖",恩格斯也在《傅立叶论商业的片段》中高度赞扬了傅立叶的贡献。傅立叶并没有接受过系统的学术训练,所以他无法充分吸收过去的科学成就。可是,他无疑是一位天才的自学式人物,他可以通过十分敏锐的洞察力感知资本主义社会的罪行。他对于那个时代社会制度的分析、声讨,对于虚伪的资本主义道德的揭露以及对于新的、更加完善的社会主义社会到来的确信感知,让他享誉空想社会主义的"著名奠基者"之称谓。傅立叶在其一系列著作里论说了他"协作制度"的设想。傅立叶用相当怪异的方式来阐释他的观点,他的每一部作品几乎都涵盖着众多具有幻想意味的虚构、方案以及设想。所以马克思同恩格斯将傅立叶的这一系列著作称做"哲学小说"。傅立叶的基本观点在于:全部世界建立于三种根本原则基石之上,这就是永恒积极能动的原则,或曰上帝与神意;凭借外力推动的消极与被动原则,或曰物质;中立性的原则,或曰正义(数学)。后者用来调节运动过程,表现前两个原则的规律联系。作为上帝用来创造物体的人,永恒地进行认识自然界与规律原则的活动,并用实现新的社会制度的方式来获取幸福。②

A. B. 阿尼金和亚历山大洛夫等苏联学者关于傅立叶生活经历的研究,对于理解傅立叶的理论创作过程具有显著的价值和意义。这是由于,傅立叶参与过武装斗争、经过商、坐过牢,这些丰富的经历是他构思整个理论体系的实践基础。从中我们可以解释一个关于傅立叶学说的疑问:为什么一个没有接受过学校教育的自学者可以有如此创造性的理论观点?答案就在傅立叶丰富多彩的人生实践当中。他将这些人生实践与自学得来的各个学科的基础知识,用高度的想象糅合在一起,形成了

---

① 〔苏〕A. B. 阿尼金:《马克思以前的思想家和经济学家》,丁祖永、胡汉英译,武汉:湖北人民出版社1986年版,第354—357页。

② 〔苏〕亚历山大洛夫:《西欧哲学史》,王永江等译,北京:商务印书馆1989年版,第331—333页。

独树一帜的傅立叶主义。苏联学者的研究让我们看到了这一点。

(五) 傅立叶对 18 世纪启蒙主义哲学的否定态度

除了关于傅立叶生活经历的研究，一些苏联学者还考察了傅立叶、圣西门对 18 世纪启蒙主义哲学的态度。苏联学者蒙让认为，除了《傅立叶论商业的片段》里对资本主义商业活动的讽刺以外，傅立叶并不隐瞒他对 18 世纪启蒙主义哲学、其中包括法国唯物主义所抱的极端否定的态度。法国空想社会主义者反映了劳动群众对资产阶级革命所怀的失望情绪，因此当然不可能对拟定这次革命的基本原则和哲学表示赞赏。革命前法国资产阶级的思想家，其中包括爱尔维修，一致宣称人民的幸福是哲学首先要解决的主要问题，是哲学的真理性的真正准则。在封建制度的废墟上建立起一种"理想的制度"，法国启蒙思想家为了这种制度取得胜利的确起过不小的作用。现在是用他们所提出的标准衡量他们自身的哲学的时候了。这种哲学是否带给人们它所主张的幸福和康宁呢？圣西门和傅立叶只要看一看周围的生活，就能够毫不踌躇地对它作出否定的答案。他们不能不承认，革命只给社会上一小撮人带来好处。大多数人依然继续过着牛马不如的贫困生活，被力不胜任的劳动累得疲惫不堪，圣西门不需要到远处去寻找例子，他自己就饱尝了新的"理想制度"的种种"好处"。

傅立叶对资产阶级革命后建立起来的资本主义制度给予了尖锐无情的批判。在著作中，傅立叶揭露了整个资本主义体系，从它的经济基础到它的文学、艺术和道德。虽然他不能彻底地、科学地揭示出资本主义关系和资本主义制度的本质，不能清楚地看出资本主义生产方式的基本矛盾及其发展规律，但他怀着对受压迫者的深切同情，热情激昂地揭露出资本主义本质的种种可憎可厌的表现。针对最发达的资本主义形式——英国资本主义，傅立叶认为，老早以前，那些比他更加虔诚地信奉宗教的人们曾经不无理由地认为，上帝有时会惩罚整个民族。这种想法在现在比过去任何时候似乎是更加真实了，在他所处的时代里，整个人类受到同一种奇灾大祸的侮辱和压迫。这种奇灾大祸隔断了人们的交往，扼杀了处于萌芽状态的工业。它向全人类发动猛烈攻击，引起各民族相互残杀的战争。它贬低人的人格，使整个社会机体屈从于卑鄙龌龊的唯利是图的打算。

傅立叶揭穿了事态的真相，在他看来，资本主义商业是丧尽良心的欺骗，随之带来的是买空卖空、投机倒把和高利盘剥。他把文明（指他那个时代的资本主义制度）定义为"富人向穷人发动的战争"。他用自己所掌握的数字材料表明在富人和穷人之间存在着多么深的鸿沟。

傅立叶还指出，在"典型的"资本主义国家——英国，贫穷状况达到令人吃惊的地步；在那里有很多地区，雇佣工人由于没有钱购买甚至最便宜的衣服，因此不得不半裸着身体走来走去。他谈到英国的儿童为了少得可怜的工资而在工场或工厂里每天劳作达 19 个小时。在这些被繁重劳动弄得疲惫不堪的儿童中间，谁要是停止工作一分钟，皮鞭就会迫使他继续从事劳作。傅立叶提到在《都柏林日报》上报道的关于瘟疫在人民中间猖狂流行的消息。对于诊断结果他讽刺地说，病人被送到医院刚刚吃饱肚子，身体就恢复了健康。他们的疾病就是饥饿。傅立叶认为，在文明制度所管辖的地区里，人民的死亡不是由于饥饿的直接进攻，而是由于半饥半饱的生活、家贫如洗的境遇使得他们缓慢死去。人民死亡的原因在于那极度的饥饿使得他们不得不用有害于健康的食物果腹充饥；在于饥饿威胁着他们的未来，迫使他们精疲力竭地从事劳作，从事有害于健康的职业，劳累终日，疲惫不堪，最后又沾染上寒热病和痢疾……在所有这些情况下，死亡都是由于饥饿所引起的。

法国劳动人民的境遇并不比此稍好一些。在傅立叶看来，在那些最富裕的省份里，有 800 万人根本吃不到面包，而是靠栗子充饥。在巴黎，有 86000 个登记在册的贫民，也还有同样多的没有登记的贫民。他感叹地说，这些现象还是发生在生产过剩、物资丰富、劳动生产率大大提高的条件下呢。傅立叶具有卓越的洞察力，他坚决认为随着"文明社会"的发展，劳动人民的痛苦和灾难将成百倍地增长。这就是为什么他那样坚决地谴责资本主义和 18 世纪哲学的原因，他认为 18 世纪哲学促使这种"非理性的和非正义的"制度取得胜利,从而暴露出它自身也是非理性的。①

苏联学者通过论述傅立叶对18世纪启蒙主义哲学的否定态度,进一步明晰了傅立叶学说的阶级立场,他始终是站在劳动人民一边的。正是由于这种反思社会现状、试图改变现有社会格局的行为,使他屡遭资产阶级迫害,被当时的很多人看成是精神不正常的人。在习惯了启蒙主义哲学的人来说,傅立叶的观点是一种反叛、一种颠覆。尽管如此,后人对傅立叶的评价要远远高于他在世的时期,高度褒奖的一个重要原因就是他对启蒙主义指导下的资本主义制度的大胆批判与生动讽刺,这些都是令后人佩服的。

二 德国学者的研究状况

德国学者对《傅立叶论商业的片段》的研究较为系统,不但分析了马恩批判"真正的社会主义"的基本原因,而且回顾了傅立叶对劳动权的研究,进而论述了傅立叶在资本主义批判中所取得的理论成就。

(一) 马克思恩格斯批判"真正的社会主义"的基本原因

德国学者较为擅长对文献本身的解读与论证,从文献的解读出发,力图理清马克思和恩格斯批判"真正的社会主义"的基本原因。克莱恩认为,在仍然进行着资产阶级革命的德国社会,"真正的社会主义"用其空想般的、救世主式的斗争策略与它片面性的针对资产阶级的批判,直接发挥了维护封建反动派的消极作用,并且阻碍了贯彻和执行无产阶级在当时资产阶级革命里根据历史条件所决定的策略。这些因素都是推动马克思和恩格斯不但对以青年黑格尔派面貌出现的德国学者,并

---

① 〔苏〕蒙让:《爱尔维修的哲学》,涂纪亮译,北京:商务印书馆1962年版,第430—436页。

且也对以"真正的社会主义者"面貌出现的德国学者展开严肃批判与分析的基本原因。除去《德意志意识形态》第 2 卷之外，还有一系列短小的文章服务于这个目标。在马克思和恩格斯明确起来批驳"真正的社会主义"的著作里，二人在世时就公开发行的只有《德意志意识形态》的第 2 卷第 4 章——《卡尔·格律恩。〈法兰西和比利时的社会运动〉（1845 年达姆斯塔德版）或"真正的社会主义"的历史编纂学》（载于《威斯特伐利亚汽船》）、恩格斯所写的长篇文章——《傅立叶论商业的片断》（载于 1846 年《德国公民手册》）以及《诗歌和散文中的德国社会主义》（载于 1847 年《德意志—布鲁塞尔报》），还有马克思同恩格斯合写的《反海尔曼·克利盖的通告》。①

克莱恩还认为，除去圣西门以外，傅立叶也同样是空想社会主义的最出色的代表人物之一。他机智与富有智慧地对资本主义世界展开了无情的批判，并且将真正辩证的历史观作为基础论证了战胜资本主义的必然性。恩格斯写道："傅立叶是在正确地认识了过去和现在之后才有了对未来的构思。"② 在傅立叶的历史观与社会理论里，傅立叶与他的同时代人黑格尔相似，都巧妙地运用了辩证法。他将迄今为止一切历史进程划分为四个发展时期。根据这样的观点，在蒙昧宗法与野蛮的发展时期以后，又出现了文明阶段，在此处，傅立叶主张文明阶段相当于资本主义社会。他将历史理解成一个上升式的发展进程，其中每一发展时期不但有它的上升期，也有它的下降期。于是，文明就只是一个自身矛盾着的暂时性的时期，这是由于其不只是同野蛮相比较体现为一种进步，并且文明干出来的罪行，"都采取了复杂的、暧昧的、两面的、虚伪的存在形式"③。傅立叶在其对文明的批判里认为，该文明除去它的一切弊端以外，不可能存在多少不完善的东西。傅立叶揭示出资本主义社会经济运动的那样一种恶性循环，而且叙述了文明时期不断创造出同时不

---

① 〔德〕克莱恩：《马克思主义哲学史——从马克思主义哲学的产生到巴黎公社之前》，熊子云译，北京：中国人民大学出版社 1983 年版，第 270 页。
② 《马克思恩格斯全集》第 42 卷，北京：人民出版社 1979 年版，第 356 页。
③ 《马克思恩格斯文集》第 3 卷，北京：人民出版社 2009 年版，第 532 页。

能克服的矛盾。这些恶性循环最终要导致同它所期待的不尽相同的另外一个结果,也就是"在文明时代,贫困是由过剩本身产生的"①。文明时期的弊病主要存在两种:一种是傅立叶斥为"在合法假面具遮掩下建立起来的、并且让强盗经济合法化的"商业活动的寄生性质,另一种是财产同劳动的彼此分离。这些相当混乱的生产——在此,傅立叶几乎出于本能地洞察到资本主义生产方式的那种无政府状态——是由生产资料的分离,同时也是由劳动的分离必然性地发展起来的。他还意识到同私人资本主义生产紧密联系的将劳动性质作为基础的劳动分工的发展,尽管他还不能对其进行科学阐释。一般而言,傅立叶比起那些只将劳动视为财富的源泉的古典经济学家们,更加理解什么是劳动。他将劳动作为财富的源泉、真正的生活需要以及人的自我锻炼。可是劳动的这个特性在文明阶段无法自由地发展,这是由于在这一时期体力劳动染上了一种使人厌恶的、并不是吸引人的意味。所以,应当建构一个未来的社会制度,要保证经过人的主观愿望可以自由地选择劳动方式。换句话说,必须建构一种符合人之社会本质的劳动制度。但是,傅立叶并没有从社会劳动视角来阐明人的社会本质,而是按照法国唯物主义者的、特别是爱尔维修的伦理思想,由在至今为止的社会状态里受到较大阻碍的欲望的一致性协调,阐明人的社会性本质。尽管此种在欲望真正协调的基石上建立一个新的社会制度的观念仍旧是一种空想,可它却孕育着某些合理因素。因为傅立叶将被理解为欲望的对幸福或者享乐的追逐与劳动联系起来,并且将它与社会关系统一起来,所以他超越了法国唯物主义伦理学有关人的概念。傅立叶洞察到的这个问题,事实上只能由唯物史观来正确回答。虽然傅立叶像圣西门那样无法认识到大工业的功能——"法郎吉"在较好的状态下是建构于以工场手工业的方式运营的农业与手工业的基石之上——可是他设计了若干相关的劳动组织,如自由地开展劳动的人们之间的竞赛活动、妇女的解放,并且还有教育理论与实践相结合的思想与

---

① 《马克思恩格斯文集》第9卷,北京:人民出版社2009年版,第277页。

主张，这一系列论点对于科学社会主义而言，当然是非常重要的。①

根据德国学者梅林的记述，《社会明镜》创刊之后的一年里，恩格斯在《傅立叶论商业的片段》中指出："德国人逐渐把共产主义运动也弄得庸俗起来了。在这里，那些后生之辈和庸庸碌碌的人总认为自己能够用轻视前辈和空谈哲理的办法来掩饰自己的落后。共产主义刚在德国出现，就被一大批投机分子视为奇货可居。这些人以为，他们把在法英两国已经不足为奇的论点翻译成黑格尔逻辑的语言，并把这种新的智慧当做某种前所未有的东西，当做'真正的德国理论'献之于世，以便将来可以尽情地诬蔑目光短浅的法国人和英国人的'拙劣的实践'和'可笑的'社会体系。"② 恩格斯借此向"这些聪明的先生"引介了傅立叶《论商业》中的篇幅较短的一章，原因是这一章节可以给他们树立一个榜样。确实，傅立叶并没有从黑格尔所创立的理论出发，所以可惜的是，他不会认识到什么绝对真理，甚至也不会得知所谓"绝对的社会主义"。正是因为这一缺点，傅立叶由此走进了一个歧途，采取了一种分类的方式来替换那种"绝对"的研究方式，便产生了海水变为柠檬汁，或是狮子转变为兽性、行星进行交配这样的怪诞想法。可是虽然这样，恩格斯还是甘愿与乐观的傅立叶一道认同这全部的奇迹，并且不认同那些根本没有什么柠檬汁的绝对性的精神式王国，不认同"有"与"无"能够同一。在此，法国人所吐出的无稽之谈仍旧是令人十分高兴的，但是德国人所言说的无稽之谈却是令人灰心丧气的。

恩格斯在引介了傅立叶论述商业的若干片断之后，继续在文章中指出："现在该是德国人真正停止夸耀自己做事切实认真的时候了。他们非但可以从几份贫乏的材料中给你作出随便什么样的结论，而且还可以把这种结论和世界史联系起来。他们可以根据最初从第三手材料中得到的事实向你证明，事情**必定**是这样，而不会是别的，虽然他们自己也不

---

① 〔德〕克莱恩：《马克思主义哲学史——从马克思主义哲学的产生到巴黎公社之前》，熊子云译，北京：中国人民大学出版社1983年版，第44—46页。

② 《马克思恩格斯全集》第42卷，北京：人民出版社1979年版，第318页。

知道事情是否就是这样。在德国,哪一个论述社会问题的人不对傅立叶评论几句从而最彻底地暴露了德国人做事切实认真啊!其中就有一个凯泽尔先生,他立刻利用'罗·施泰因的杰作'搞起世界史的构思,这种构思唯一令人感到遗憾的是它所依据的全部事实都是杜撰的。至于傅立叶,德国的理论至少已经有二十次确定了他在'绝对观念发展中的地位'——每一次确定的地位都不相同,而且德国的理论每一次实质上都以施泰因先生或其他不太可靠的文件为根据。也正因为这样,德国的'绝对的社会主义'内容贫乏透顶。稍微谈谈近来大家称为'人性'的东西,稍微谈谈这种人性或者不如说是兽性的'实现',按照蒲鲁东那样——而这是来自第三手或第四手材料——稍微谈谈财产,稍微为无产阶级悲叹几声,稍微谈谈劳动组织,多少组织几个改善下层阶级人民状况的可怜团体,而实际上对于政治经济学和现实的社会却茫然无知,这就是这种'社会主义'的全部内容。这种社会主义由于自己的理论没有党性、'思想绝对平静'而丧失了最后一滴血、最后一点精神和力量。可是有人却想用这些无聊的东西使德国走向革命、推动无产阶级并促使群众去思考和行动!"①

在最后的论述中,恩格斯劝告那些"绝对的"与"真正的"社会主义者,首先必须彻底了解在他们以前业已做了些什么之后,他们才可以表明自身应该做些什么。但是恩格斯不论用十分严肃的还是非常幽默的语气都无法撼动那些将全部看得见与看不见的现实世界限制在黑格尔概念体系里的哲学空谈者的顽固作风。梅林认为,从"哲学—纯文学"的这种社会主义内在固有的不明确性质就可以察觉它绝不是一种统一性的整体,但是通过若干年的时间,它便在德国社会有了较大的扩展。这一思潮在精神上的最为主要的代表人物是莫泽斯·赫斯,此人在马克思与恩格斯以前就转向了社会主义信仰,但是他从来也没有,或是顶多仅仅半心半意地与旧的哲学思想进行决裂。赫斯在马克思以前就被有的人断言是力图在详尽分解概念里获得必要自我满足的、空洞的烦琐哲人。

---

① 《马克思恩格斯全集》第42卷,北京:人民出版社1979年版,第356—357页。

也许他不至于是这种人，但是他的确有些狭隘与刻板，刁钻而非敏锐的思考方式虽不至于让他错误到这样一种程度，但也导致赫斯的心思不会再复归劳动阶级根本利益所存在的领域。不可否认，赫斯为了工人阶级的解放事业曾经贡献出十分艰苦的一生，他就算到了晚年也还是在德国社会民主党的革命队伍里战斗。德国社会民主党所经历的道路与赫斯年轻时候曾经力图主张的道路截然不同。他与马恩正是在居住于比利时布鲁塞尔的这个时间段里交往密切，而且曾经共同工作；赫斯也力图影响马恩的世界观和方法论，他觉得马克思绝对是一个十分优秀的人物，而自己甘拜下风。可是赫斯一直无法脱离那些反复引发新的摩擦与矛盾的唯心主义思想的残余。①

克莱恩、梅林等德国学者从经典文献出发，从思想史的梳理中洞悉马克思、恩格斯批判"真正的社会主义"的基本原因，这一研究路径对当代中国的马克思主义研究者具有一定启发意义。一方面，要进行文献研究的方法论反思，改变以往研究当中脱离文献整体、断章取义的解读方法；另一方面，多种解读模式综合运用，如个案解读、微观解读、整体解读和宏观解读等。总之，文献解读是阐发新理论、新观点的基础与根据，做好这项工作是深化研究的保障。

（二）傅立叶是现实主义者和幻想家

除了从马克思和恩格斯的视角解读《傅立叶论商业的片段》以外，也有德国学者从字里行间审视傅立叶的作品风格，对其写作特点进行评价。施托贝尔格认为，傅立叶是法国第二个重要的空想主义者，因而恩格斯在《傅立叶论商业的片段》中对其著作进行了摘录。傅立叶出身于一个富有的商人家庭，他的父亲遗留给他一笔可观的财产，然而这笔财产在法国革命混乱年代中丧失了。他靠当店员和经纪人为生。他利用很少的业余时间写下了他的思想，这些思想发表在许多书籍和杂

---

① 〔德〕弗·梅林：《德国社会民主党史 第1卷 现代科学共产主义 1830—1848》，青载繁译，北京：生活·读书·新知三联书店1963年版，第270—273页。

志中。傅立叶于1837年死于贫困。如果我们翻阅一下傅立叶的大量著作，马上就会看到，这些著作是另一个像圣西门一样的人写的，他的才智并不亚于圣西门；傅立叶也是一位出色的讽刺家。他与圣西门根本的区别之处是，他的批判不再如此强烈地针对封建主义而是明显地针对资本主义。傅立叶总结了资产阶级的思想家在革命前后所说的关于资本主义社会优点的话。他当面责问他们，他们的"自由、平等、博爱"的口号在今天的社会里实现了多少。什么都没有，一切都是空话，世界充满了矛盾与不公平。生产无政府式地发展着，引起了经济危机，导致了劳动与财物的浪费。消费的情况是，懒惰者和寄生者几乎可以消费一切，而工人却只能消费极少的一部分。财富的分配也是同样的不平等。商业，这一非生产的寄生物支配着流通。傅立叶特别憎恨商业。骗诈是商业的基础，商业是国民经济躯体上的一个有害的寄生虫。傅立叶所谈的他那时代的商人的欺骗投机行为是从自己的经验中得来的。1826年傅立叶总结资本主义社会的弊端时认为，难道以前看见过这种社会制度，称它为我们的文明倒不如称它为"颠倒是非的世界"，虽然它也是应该建立的。这一制度自1789年以后经历了20次不同程度的变化。但始终是正义和理性的对立面，这种制度代表着少数寄生者，他们常常嘲笑命运多舛的劳苦群众。劳苦群众通常同幸福无缘，八个家庭中就有七个生活得不幸。这一制度不得不实施压迫政策，武装一批雇佣奴隶，以控制大部分缺乏武装的奴隶。因此，"文明时代"的制度不得不同过去的统治妥协，以阻碍文明的进步。

这里表明傅立叶清楚地看到了资本主义的种种矛盾。他不仅仅观察经济方面，他还知道，国家在这个制度中起着重要的作用，国家不外是富人对穷人的压迫工具。傅立叶认为，统治阶级所宣传的道德负有同样的使命。这种道德维护着富人的利益，它误导说，穷人应该轻视金银，应该对自己被人用锁链套在脖子上拉去当兵感到骄傲。[1]

---

[1] 〔德〕施托贝尔格：《资产阶级政治经济学史》，吴康等译，北京：商务印书馆1963年版，第144—147页。

(三) 傅立叶所取得的成就

与施托贝尔格类似,德国学者比尔也对傅立叶作出了评价,他认为,在非常动荡的时代,在社会批评领域产生了一个代表性的人物,就是傅立叶。他这个人有横溢的想象、过度的乐观主义和自高自大,他有尖锐的理解力、敏锐的观察才能和伟大的勇敢,这一切都汇合在他的身上。这些特征集中体现在恩格斯所摘录的《傅立叶论商业的片段》当中。在比尔看来,傅立叶的性质是非常特殊的,最初他是一个商人和商店的助手,当他逗留于里昂之工业中心的时候,他备受鼓舞而从事于社会批评,这是因为当时经济生活的尖锐斗争和崩溃使很多小企业者——他也在其中——的生存归于没落。而胡格所设计的合作计划,似乎是当时的混乱环境中的一条生路。通过这一种背景,我们便可以看出傅立叶的整个面目了。他在社会批评方面攻击竞争和崩解;但当他是一个积极的改革者时,他便主张用合作的股份经营的方法,把劳动者团结组织起来。

下述基本思想贯穿着傅立叶平生的事业:(1)人类的动机及热情都是好的,如果有正当的活动场所,便可以引导人类到幸福的境地。所以我们的任务,在于创立适当的社会组织,给人类一个正当的活动场所。(2)商业,从道德及物质上看来,都是有害的,它败坏人类的德性,它是文明中的低下污浊的灵魂,所以必须结束商业,而在将来用合作经济和公营合作生活去替代商业。(3)婚姻是一种普遍的虚伪,而且婚姻把妇女变成奴隶;所以要用自由恋爱去替代它。(4)人类历史现阶段的文明是充满着罪恶的,然而它创造了为提高人类到合作和谐阶段所必需的各种力量,当人类的动机有了适当的活动场所的时候,人类的动机就会创造财富、快乐与和平。傅立叶是抱着这样的志愿出现的,他要最后认识上帝造化和自然的秘密。哥伦布、哥白尼和牛顿对物质世界的认识有所贡献,然而傅立叶要在关于有组织的、社会的运动规律的认识上,完成他的任务。

人类取得了很多科学成就,它们都十分重要。但傅立叶很自负地问道：难道我们不应该悲伤痛惜吗？柏拉图、辛尼加、卢梭及伏尔泰，和一些古代的及近代的不诚实的言论家——所有他们关于政治和道德哲学的著作——不会流于寂寂无闻吗？他又质问哲学家说，你们的意识形态究竟有什么用处呢？傅立叶称自己是不晓得那一套思想机器的，也没有读过洛克和孔狄拉克的书，所以他没有那么多的观念去发现一般运动的整个系统。然而其他人呢，也只找出了第四种，即是物质部分而已。而且，这不是在科学努力2500年以来的事实吗？现在的这一代及将来的后一代人类，都会感谢他的独创性，因为傅立叶着手从事于他们无暇顾及的研究。他首先抛出他所揭示的新真理，即是关于农业合作化的观点，这事实上脱胎于1793年朗格所设计的农业合作会社。朗格自信地认为已经找出了人类社会的全部数理秘密。人类社会之解放，关键在于是否能够过渡到合作化。傅立叶相信，这种过渡不久即将结束。人们将会亲眼看到这种世界上绝不会再次发生的奇观，也就是如何由一盘散沙式的社会关系演化至社会联合的社会关系。这是突发式的一种过渡，是世界所出现的成绩辉煌的运动；农业合作化之实现，将会消除人类的一切灾祸。

傅立叶的言论已经充分地表现了他无比特殊的性格。看看他的理论，傅立叶的自然观是属于17和18世纪的。一切自然现象，对于他来说，都是数学演奏的运动。他总结这些运动的数目，有四种：就是社会的、动物的、有机的和物质的。牛顿只发现了物质运动的规律，这就是万有引力的法则。现在呢，他要发现社会运动的规律。在社会生活中，个人的动机支配着运动的规律。这些动机和欲望是向着某一特定的目的的，这就是"社会命运"。由恋爱、教育儿童、每日七餐、歌剧和戏曲、生活的愉快——这一切都可以通过合作劳动制度成为可能，于是人类希望有144岁的平均年龄，其高度可以达到7尺。傅立叶不很关心政治，他憎恨革命及犹太人，崇拜拿破仑，而且常常想找一个伟大、富有、良好的人能够采用他的计划。他的著作，只有一部分是可以诵读的。把傅立叶主义系统地表现出来的人，就是孔西得朗，他的《社会的对象》一书出版于1837年，这年傅立叶死亡。这是马克思到达巴黎、翻阅法国社会批评著作中一部最重要的文献。一个傅立叶和圣西门的门徒，阿伯尔·登兰说道：我们平常都把英国看为一个模范。但是科学告诉我们什么东西？它告诉我们，建立大工业是基本原则，把土地和资本，都集中在少数又少数的人手里。而且经验又告诉我们什么？它不是大声疾呼吗？一切奇迹的结果是下层阶级受到压制，是工业封建主义的形成，而这种工业封建制度，比之中世纪的封建制度，更为可恨，更为无耻。经济主义是想通过利益的政策而杀害自由精神，这种政策诋毁自由精神，均为奢华和愚昧，这情形就好像骑士精神为自由主义所杀害，而且把它讥笑为"堂·吉诃德主义"。谁读过马克思的《神圣的家族》，那么他必然会注意到法国对马克思的影响了。①

德国学者施托贝尔格、比尔等人评价傅立叶是现实主义者和幻想家，具有一定的合理性。这两个头衔看似矛盾，但却是对傅立叶的最好注释。说傅立叶是一个现实主义者，原因在于他根据自己经商的亲身经历，阐释了商人的种种虚伪行径，这些行径是直接来源于现实世界的；而说傅立叶是一个幻想家，原因在于他构思了未来世界的宏伟蓝图，极富想象力，同时这张蓝图却缺乏实现的可靠路径，所以只能陷于幻想之中。但是值得注意的是，即使是这样的幻想，对于我们今天建设现实中的社会主义仍然是有借鉴价值的。

三　法国学者的研究状况

法国学者对于《傅立叶论商业的片段》的考察主要从两个方面着手：一是傅立叶学说的基本特点，二是傅立叶与圣西门学说的比较研究。

（一）傅立叶学说的特点从根本上说是爱和平的

部分法国学者从傅立叶的思想脉络出发，分析了其学说的基本特

---

① 〔德〕比尔：《社会主义通史》，嘉桃等译，北京：生活·读书·新知三联书店1958年版，第432—438页。

点。在维克多·孔西得朗看来，所有党派、所有政治的和哲学的学说（傅立叶的学说除外），都是建立在狭隘的理论基础上的；它们在理论上不接受、甚至是粗暴地反对或否定人类天性的各种欲望、发展和表现，因为就这些学说中的任何一种学说而言，要取得胜利的必不可少的前提，就是要消灭或压制不符合它的理论的要素。这些学说在思想方面的纷争，是一场彼此冲突的利益纷争，彼此互相否定，因此必然会随之形成一场事实上的斗争。也就是说，在理论纷争之后，紧接着就是实行镇压。迄今为止的各种理论、各个政党和宗教派别，都表现出这个特征并导致这种结果；这些事物包含有否定的因素，所以最后只好对过于狭隘的思想所否定的因素进行一场斗争，才能解决问题。

与以上流派相对，傅立叶的学说是真正提出利用天性的全面发展而建构完美的协作关系的，而且是可以实现这种关系的基本原则的，因此该学说的特征是：使人的全部利益得到满足，才能得到发展。其在实践过程中，不否定、不谴责、不压迫任何本质上合乎人情的事物；它与其他学说的思想斗争，并非一场反对全部特殊的（无论是物质的或精神的）利益的斗争。这场斗争所反对的，是那种狭隘的思想是其归根结底不起作用而且有害的荒谬的方法。由此可见，斗争主要是智力上的斗争，一定不会演变成真正的战争。在各党派之间，存在着相互矛盾的利益和根本冲突的做法；它们在彼此都能接受的社会现状中是互相抵触的；它们互相否定，再加上利益与思想上的斗争，所以必然要实行压迫与发动战争。傅立叶的那些对手必然会互相为敌的，但傅立叶对他们并无任何敌意，因为他拥有崭新的、更高的思想境界，他肯定他可以肯定的东西。傅立叶所反对的，只是对手们由于眼光狭隘而产生的错误认识：认为只有否定对方，才能满足他们各自的利益。他们彼此攻击，互相摧残其所代表的人的因素。与他们进行斗争，目的是为了启发他们，是为了向他们证明有一种方法能够和谐地发展全部因素，使之能同时获得充分的满足。一句话：他们每个人都在注意寻找别人理论上的缺陷；但是，他们大部分人在理论上是说不通的，而只有傅立叶的理论是可以自圆其说的，是能够满足他们的重大利益的。

只要对这些人的每一种观点、每一个派别和每一种主义的性质进行客观的考察，并进一步研究他们各自代表的那部分利益和思想，就能充分证明自身在这里用概括性的话语提出的观点是正确的。如此心平气和地概括并表达的一系列论点，本质上是傅立叶的理论；这样明确的表述方式，在全部讨论协作制度的著作中是很多的。孔西得朗认为，尽管在某些表达方式上有所不同，但傅立叶还是非常注意采取这种平心静气的方式，并反复运用了这种论战语气。傅立叶曾在一些文字中阐述过其对这个真理的理解，此后孔西得朗也一直不断地这样去理解它。这些文字引述如下：这个真理，在人的精神辛辛苦苦地扛了几千年的战争和政治与宗教仇恨的沉重的包袱中是不存在的，在人们扔在那些将要饿死的人的肩上的哲学和宗教教条的破衣服里也是没有的。这个真理是不会用这些破衣烂衫给自己增加麻烦的。它一贯是赤裸裸地呈现在人们的眼前，因为它是像古代的维纳斯那样美丽和白璧无瑕。在它发出的光辉使那些过惯了漫长的黑夜的日子的人感到一阵眼花缭乱之后，在那些在人民当中霸占了祭坛的虚伪的教士吵吵嚷嚷一阵之后，人民将崇奉和喜爱它！它给这个世界带来的是幸福，而不是战争和宗派分子的排斥异己的盲信。它不排斥异己，因为它是光明；它知道智慧就是光明，人们将在智慧的指引下来到它的身边；它不排斥异己，它要为人们带来爱和幸福；它知道人不是为了受苦而生的，所以人必然会屈服于强烈的引诱，屈服于它的力量的不可抗拒的吸引。①

法国学者孔西得朗是一个傅立叶主义者，他高度赞扬了傅立叶给思想史作出的贡献，他的评论是有道理的；但是，由于学派的偏见，孔西得朗把傅立叶学说看成是超越一切学派的理论体系，这显然给了傅立叶过高的评价。傅立叶学说作为空想社会主义思潮的一个分支，有其自身的理论缺陷，当代的研究者应当清醒地意识到这个问题。

---

① 〔法〕维克多·孔西得朗：《社会命运》（下），李平沤译，北京：商务印书馆1986年版，第349—354页。

（二）傅立叶与圣西门学说的比较研究

傅立叶与圣西门都是空想社会主义的代表性人物，部分法国学者对二人的思想进行了比较研究。维拉尔认为，与圣西门一样，傅立叶是一位丧失了社会地位的学者。他出身于法国贝桑松一个富裕的呢绒商家庭，一生都从事其所厌恶的商业活动，但他不是雇主，只是雇员。他也曾同圣西门一样，试图利用大革命来进行投机活动。后来，在获得一份可观的家产以后，傅立叶在21岁那年移居里昂，专门从事售卖殖民地食品的贸易。可是，他属下的装运咖啡、食糖、大米和棉花的商队从马赛抵达里昂途中，恰好赶上吉伦特派举行起义的高潮，起义者无情地没收了傅立叶的所有货物，强迫他当了兵、去同国民公会的军队作战。起义失败之后，他被当局抓捕，并且差点上了断头台。后虽然脱险，但他在经济上却已是部分破产，基于此，他对大革命十分敌视。

从此，傅立叶的经商能力变成了他的谋生手段，无论当推销员、经纪人还是商店职员，他都对商业活动又爱又恨。不过，对他说来，正是由于这些行当，才使他发现"工业机制"基本上处于一种"混乱状况"，由此构建了他的理论体系。著名的法国美食家布里亚-萨瓦兰由他陪同，在巴黎的一家饭馆里吃晚餐，他预订了一个苹果作甜食，并支付了14个苏。但是，在此前一天，傅立叶在里昂观察到，有人付出等额的金钱买到了100多个苹果。事隔22年之后，傅立叶以其独有的谦逊态度，描述了这个多少有些真实性的轶事，并得出结论：从此，我就发现将来可以列举出4个著名的苹果，其中有两个是因为它们带来的厄运而著称于世的，它们是亚当的苹果和巴黎的苹果；另外两个是因为它们为科学作出的贡献而著称于世的，它们是牛顿的苹果和我的苹果。这4个著名的苹果，难道不值得在史册上写下一笔吗？

从发表的时间来看，傅立叶的论著是为圣西门的论著作注脚的。关于"法郎吉"问题的普遍哲学，是在傅立叶1808年写作的一部匿名著作《关于四种运动和普遍运动的理论》中加以阐述的；但他著作中的主要内容却是在王朝复辟时期，甚至是在七月王朝时代开始发表的。他比圣西门多活了 12 年,是 1825—1826 年和 1828—1832 年先后两次爆发的严重的经济危机的历史见证人。

在傅立叶的作品中,最"有建设性"的部分实质上也是"有破坏性"的部分,即对资本主义的批判。其中,对资本主义商业的批判被恩格斯摘录于《傅立叶论商业的片段》当中。在傅立叶看来,"这一被颠倒过来的世界"无疑存在着"两种根本的弊端":土地本身的分割和商业活动的寄生性,小块土地状况阻碍了农业生产的发展,并且不断进行自我破坏。"商业的无政府主义或自由竞争"造成投机倒把和哄抬物价现象,导致社会财富集中到某一社会阶级手中。傅立叶愈发愤世嫉俗,批判劳动者少消费、寄生虫多消费这种社会反常现象,生产的进步反而造成劳动者贫困和失业。这样的社会制度之所以能够维持下来,主要的原因是国家的权力掌握在唯利是图的金融贵族手中,整个社会的伦理道德让穷人相信逆来顺受和"自我牺牲"是美德。

傅立叶主张用"社团秩序"和"大和谐"来反对混乱。拥有所有权的人们把财产、劳动和才能组合起来,在大约 4 平方公里的土地上组建了一个 1600—2000 人的联合体。这一体制通过所有制的改革消除了雇佣劳动,但它却保护了生产资料私有制。种植业和畜牧业是这个联合体的两大经济来源,而工业领域收入不如种植业和畜牧业那样吸引人,其主要功能是使"法伦斯泰尔"维持其冬季生活。

由此,大城市、大工业逐步消失了。由于这种经济领域的倒退,傅立叶的主张变得同 18 世纪末的道德学说颇为相似。他提出的这种"社团制度"是否可能是从他故乡汝拉的农民身上得到了启示呢?也许他从 1793 年里昂工人初次表现出来的联合精神那里也得到了启示。

傅立叶为劳动生产恢复了荣誉。既然每个人的喜好,或更确切地说,每个人的喜好都得到满足,劳动生产就会从讨厌或者厌恶变为快乐和可爱。如同世界被万有引力推动一样,人类受到"原始的情欲"的诱导,其中五类是与五种感官的活动相连的所谓"肉体情欲",四类是所谓"友爱的情欲"(友谊、爱情、父爱和雄心),三类是所谓"分配的情欲"("魔法"或是试图筹划阴谋的情欲,"混合型"的情欲或是感官与灵魂的快乐,"蝴蝶型"的情欲或是好动癖)。为了满足诸多情欲并由此达到和谐,个人必须通过"情欲系列"来加以组合,而整个联合体就是"法郎吉"。①

法国学者维拉尔在傅立叶与圣西门学说的比较研究中,对傅立叶的理论体系作了中肯的评价,既指出了其中的精华,又指出了观点中的不足之处。最具代表性的评价是,认为傅立叶最有"有建设性"的部分本质上是最有"有破坏性"的部分,也就是对于资本主义的批判。我们也能在恩格斯那里看到类似的评价,这是相当一部分学者对于傅立叶空想社会主义理论所达成的思想共识。我们今天评价傅立叶的理论贡献与思想不足,也可以从这种共识中得到启发,正确地看待早期社会主义者。

四 美国学者的研究状况

美国学者对傅立叶与欧文的学说进行了比较研究,并描述了傅立叶学说在美国的实验,认为傅立叶是社会主义制度最早的设计大师。

(一) 傅立叶与欧文学说的比较研究

美国有部分学者运用比较分析方法,研究了傅立叶学说与其他空想社会主义学说的联系与区别。威廉·邓宁指出,当19世纪后半叶马克思理论及其信徒在社会运动中势力最大的时候,早年的各个社会主义流派获得了一个表示区别的名称,就是"乌托邦社会主义"。欧文、圣西门和傅立叶等人的计划与学说,都包含在这个名称之中。他们都主张一种理想的社会,并且与他们的信徒都尝试过那种理想的社会,称他们"乌托邦社会主义者"自然也有相当的理由。他们深信,他们的计划在不久的将来一定可以完全改变社会,不像柏拉图、摩尔、康帕内拉诸人

---

① 〔法〕维拉尔:《法国社会主义简史》,曹松豪译,北京:中共中央党校出版社1992年版,第11—14页。

只想象一种理想国而毫不望其能够实现。对于当时甚嚣尘上的各种政治改革问题，他们很少注意，甚至毫不注意。他们认为，只要根据正确的原理改造一个社会，政治的弊害自然要随社会的弊害同时消灭。这些思想家从历史上找到了证据，觉得人类之所以不能照常进步是因为不清楚或曲解了社会运行的基本原则。他们都认为只要能科学地认识那些原则就自然可使人类复归于进步的正途。社会弊害的一个重大的——虽然不是最重大的——泉源，就是贫穷及其所产生的影响。贫穷之所以普遍，大半是——虽然不是完全是——由于人类行为过于看重自己的利益。现在这种以自利为原则而从事无限制的竞争的工商业，将无止境地增加人类的痛苦，恩格斯摘录的《傅立叶论商业的片段》就是典型的著作。空想社会主义者均诅咒不劳而获的财产为不公平，他们都感叹穷人的痛苦为冤枉，并反对现行资本主义制度。但傅立叶认为资本是不可缺少的，不过要遵守他所"发现"的规律；欧文认为只要实行他那为人类谋幸福的理念与原则，就不会有无用的私有财产；只有圣西门觉得，要推进社会正义，最重要的就是消灭不劳而获的私有财产权——遗产权。据一般乌托邦式的社会主义者的理论，使人们走入歧途的偏见，就是认定个人是社会的天然基础，而不是指明团体是社会的天然基础。社会并不是众多素不相识的人为谋私利而有意造成的；社会系统诞生于人类的感情关系，而非来源于人类的理智。同情（或称"同类意识"）使人类必然趋于结合；仁爱（或称"愿大家好"）是社会结合的自然原理。这种根本的动机在社会生活的理论与实践中已经完全消失，而对抗、竞争、力量角逐、战斗以及强者对于弱者的长期剥夺，成了个人与个人间、民族与民族间的公认关系。乌托邦社会主义者所宣称的目标，就在于改变这种情况，使人类恢复到自然的秩序与和平。各个学派为这种目标而立下的计划颇有相似之处。欧文及欧文主义者着重在工厂情况的改良。他们从事理论的鼓吹，并且以身作则，想使英国各家工厂的冷酷无情的厂主以慈善事业为途径来改善工人的生活状况。

英国国会不顾放任主义经济学者的激烈反对，通过了关于劳动的立法，欧文主义支持者曾大力予以声援。但他们最具特色的贡献还是在工人群体中创立了许多满足工人需要的合作社。这种以生产、交换为目的而构成的的结合体，在18世纪二三十年代曾风行一时。人们纷纷庆幸，以为合作制度就是化解劳资冲突的最好途径。由于合作制度曾在一定程度上很有成效，欧文于是深信自己解答了时代的重大问题，进而更兴奋地拟定改造世界的重要计划。欧文主张建立新的生活秩序，其基本单位是由许多家庭结成的团体。每一团体的人数应在500—3000之间，每一团体所占有的土地应足够维持生活所需。团体内部的事情应由团体中全数34—40岁的人所组成的议事会（Council）处决，对外的事情应由团体中全体40—60岁的人所组成的议事会决定。在大的区域内，许多这种基本团体应该结成联合，以同样的议事会处决各种事务。各议事会的行动，欧文认为应按照他所定下的那种法律。这种法律的根据，是一个所谓基本的自然法则：人们的品格不是自己生成，乃是他所处的环境及他所受的教育的产品。法律的重要规定，就是在使出生后即由社会抚养的全体男女儿童受"同样方法的教育，同样方法的家事训练，同样方法的职业教育"。团体中的人，倘若发生不合理的行动，即使已经受过教育，也要送去治疗精神病与身体病的医院，用极温和的手段医治。议事会如果违反人性的基本法则，则应解散而代之以全体60岁以上的人所组成的新议事会，或全体由20—30岁的人所组成的新议事会。[①]

美国学者威廉·邓宁的研究找到了傅立叶、欧文等空想社会主义学说的共同之处，这些共同之处包括对理想的社会的设计、试图进行社会主义的实验、对资本主义的批判等方面。同时，邓宁的研究还描述了空想社会主义在政治改革方面取得的一些实践成果，指出了这些成果对于人类历史的意义。可以说，该研究所得出的结论还是相当客观的，可以让我们从美国学界的视角来观察傅立叶的理论与观点。

---

① 〔美〕威廉·邓宁：《政治学说史》（下），谢义伟译，长春：吉林出版集团有限责任公司2009年版，第208—212页。

(二) 傅立叶学说在美国的实验

空想社会主义尽管被赋予了"空想"之名，但并不意味着它未作任何实践的努力，傅立叶的学说曾在其后继者的支持下，在美国进行了若干实验。美国学者斯坦利 L. 布鲁认为，沙利·傅立叶是一位偏执的空想社会主义者，恩格斯在《傅立叶论商业的片段》当中摘录了他批判资本主义商业活动的大量言论，而在傅立叶晚年及其过世以后，他逐渐拥有了大批忠实的追随者。傅立叶绝不是一个改革者，他总是向富有阶层或者国王提出请求。他出生于一个中产阶级的商人家庭，在法国大革命时期丧失了大部分家产，在几家织布厂与其他一些行业做过职员。他一生都是一个可怜的劳动者，不得不利用业余时间在图书馆的阅览室里自学。他的书表达了他与众不同的思想个性，分别是：《关于四种运动和普遍命运的理论》（1808 年）、《宇宙统一论》（1882 年）与《经济的和协作的新世界》（1829 年）。

傅立叶是一位资本主义的批评家。与圣西门不同的是，他不认同大规模的工业生产、机械化与集中化。他认为，商业竞争加剧了销售过程中的浪费，商人保留或者破坏其所售卖的商品以抬高商品的价格。商业对傅立叶而言是有害的、不道德的，他揭露了资产阶级世界中精神的贫乏。他指责一个社会"对导致饥荒与瘟疫的因素给予高度保护"，还批评了"以欺诈作为手段开展的金融活动、非法勒索的方式、不诚实的破产、预先进行税收以及支付将来财富的阴谋"，所有这一切都是他在资本主义世界里观察到的。对于"商业意识的进步"这个术语，傅立叶赋予其商业掠夺与虚假的要素。证券投机业拥有了巨大的权力，它可以蔑视法律、侵占工业的所有所得、分享政府权力，以及在公益基金中四处传扬赌徒的狂热。

傅立叶对于社会问题的解决办法，是要消除对 12 种热情的和谐产生影响的障碍。这 12 种热情是 5 种感觉、4 种热情（友谊、爱情、家庭感、雄心壮志）和 3 种分配的热情（计划、变化与统一）。这可以通过组成被称做"法伦斯泰尔"或"法郎吉"的合作社的方式实现。他热爱秩序、调和与精确,这驱使他为这些合作社描绘了一幅精美的蓝图,甚至考虑到了最微不足道的细节设计。每个合作社可以集合300个家庭,每个人都将居住在像宫殿般的三层楼高的寓所里。同时,农业与手工生产占主要地位,生产出来的财富将比混乱的私人工业时期增加10倍。一个大谷仓将比300个小谷仓建造成本更少,防火也更为容易。人们生活在一起,既有尊严又感到惬意,这会消除偷窃行为以及节省为预防偷窃而需要的费用。集体工作将改善气候条件,从而只需要很少的衣服即可。大家共同拥有一个厨房与公寓而不是独立的寓所,也可以节省很多费用。

"法郎吉"要解决的主要问题不是财富的不平等,而是财富的不充足。在这个空想社会里,谁来做"脏活"?是孩子!孩子们爱脏,他们喜欢成群结伙。成年人并不反对他们的这些自然倾向,而是让他们从事一些有用的社会劳动,比如让他们做成年人最不愿意做的工作。同时,孩子们还可以学到各种技能,以便将来他们长大了不至于因过分专业化而仅能从事一种工作。

傅立叶主张,不同性别之间应该完全平等。他断言,倘若将妇女束缚在家务劳动中,就会妨碍她们自然才能的适当发展。无论"法郎吉"的成员有没有对它作出贡献,它都会为他们提供满足最低生活水平的生活资料。此外,还有人要求资本家对这样的计划提供资金,因为这个计划能够为资本家的投资带来丰厚的回报。历史上,傅立叶曾向通过报刊宣告,他每天中午都会在家中等候愿意出钱支持"法郎吉"的资本家。但直到他去世,也没有等到一个愿意投资的资本家。不过,在傅立叶去世后,他的追随者们在世界范围内开始了一些"法郎吉"的尝试。

在美国南北战争之前,布里斯班、葛瑞利和里普利等人将这一运动在美国进行推广。用这种方式组织的40个傅立叶"法郎吉"最终都失败了,其中最著名的有位于新泽西红堤附近的北美"法郎吉"、1841年发起的位于波士顿附近的布鲁克农场。布鲁克农场的成员及参观过该农场的人有戴纳、霍桑、爱默生、奥尔科特、富勒、帕克、布朗森和钱宁。1846年的一次毁灭性的火灾终结了这次尝试。

即便傅立叶很少被世人认为探索出了一些新的、未知的领域，但他还是有过许多创意，他的观点还是非常有影响力的。合作生活无疑是傅立叶理论的核心，他将此作为改善环境，培养一种崭新的、高尚的人的途径。"法郎吉"给其成员提供了从摇篮到坟墓的社会保障。傅立叶在其理想社会蓝图中提出了"保证主义"——保证每个人都能被给予最低水平的生活资料。傅立叶不认同过细的专业性分工，认为虽然传统的流水线生产可以极大地提高产量，但是它也会扭曲与挫伤工人。傅立叶的"法郎吉"设想虽然最终失败了，但是它影响了其后的工人运动，催生了众多关于减少私人企业浪费、优化经济体系的思想的产生。合作运动在一定意义上是纪念傅立叶的一座活的纪念碑。①

美国学者斯坦利·L.布鲁对傅立叶学说在美国进行实验的情况进行了描述，事实上，这种实验注定会同其他空想社会主义实验一样终于失败，对此，布鲁毫不讳言。我们应当看到，傅立叶后继者们的实验是有价值的，它至少证明了这样一个事实，不依靠工人阶级的力量，不通过暴力革命夺取国家政权，是难以实现社会主义的。这些实验为后来马克思和恩格斯探索科学社会主义的实现道路提供了很好的反面材料，同时也可以供当代的社会主义建设者以历史参考。

（三）傅立叶是社会主义制度最早的设计大师

也有美国学者对傅立叶关于未来社会的设计进行了详尽研究。在霍尔索夫斯基看来，150年前空想社会主义者所开辟的道路，正是当代许多激进派和革命党人一直追随的道路。令他难以理解的是，许多"马克思主义者"无论其言词如何，在今天仍束缚于早期马克思主义关于社会变革的思想框架里。而另一方面，早期的社会主义与准社会主义思想家的重要理论，即使无声无息地融入了马克思主义思想体系，也没有得到

---

① 〔美〕斯坦利L.布鲁：《经济思想史》，焦国华、韩红译，北京：机械工业出版社2003年版，第118—119页。

应有的评价。

傅立叶不仅讽刺了资本主义商业的种种罪行，体现在恩格斯所摘录的《傅立叶论商业的片段》当中，他还是社会主义制度最早的设计大师。人们既可以称他是奇特的傻子，也可以称他为非凡的天才。在傅立叶的著作中，有充分的资料证明他是两种特性兼备的人。他那种认为情感使宇宙规律充满生机的怪念头，成了丢人的笑料；他发明创造的那些个人专用的术语，也常被当做荒唐的怪事；他对没有结果的细节问题迂腐地进行探讨，使他成了一个十足的怪人。我们撇开他个人的种种怪癖，努力从他的著作中吸取永恒的精华，也许会更为有益。傅立叶的重要功绩在于，他主张社会科学有权将社会制度作为对某一理想标准的偏离，社会科学有义务探讨社会的"命运"以及"普遍和谐"的可能性。一些资产阶级革命者，在推翻封建王朝和教会专制统治后认为，他们的世界——资产阶级的社会与经济结构，是绝对合法的世界，是不可触犯的。社会主义思想家把"永恒的社会"看成历史的一个阶段，对它展开批判，并且要对它公开地进行变革。傅立叶在他的著作中，尚未对当时的资本主义社会进行系统的批判，也未涉及如何从现有社会向理想化社会转变的实践问题。他的主要贡献是对人们所期盼的理想社会作形式主义的描绘，也就是详细描述了社会内部的基层组织以及他们居住与工作的布局。根据所有制的关系来判断，这应该算一种合股的生产集体。社会内部的基层组织是协调一切社会功能（不仅是社会生产活动）的机构。因此可以说，一个社会基层组织应具备集体生产单位所具有的全部特征；认购股份，收入用于支付股息和支付工资并对有额外贡献者给予奖励。实际上，傅立叶希望贯彻这样一个指导原则，即全部计划应当适应自然环境和人们心理上的需要。换句话说，人类的"活动组织"并不是这一体制的目标，满足人类的需要本身才是目的。这不仅体现在人们消费的终端，而且也体现在生产环节当中。这一原则过去是，现在仍然是革命的进步思想。从事工作的每一个体，并非工艺流程中的技术元件，而是从事社会活动的主体——人，应该通过人际交往，使人获得尊严和权利。因此，人道主义成为解决技术问题的关键。这样，傅立叶就将注意力主要集中在探讨微观社会学和工作班组成员的心理学上：例如注重劳动多样化与专业化的平衡，减少工作中的厌倦与疲劳；班组成员年龄与性别的合理构成；合作精神与竞争精神的平衡以及物质刺激与社会心理刺激相结合等。傅立叶解决社会问题的路径，显示了心理直觉作用的惊人威力，特别是能够吸引一个过惯了隐居生活的人。他将基层组织的人数限定为1800人，这是为了促进直接的社会交往，这与个人在庞大的社会组织中销声匿迹形成了鲜明的对比。

另一方面，傅立叶又提出要以个体生活和群体生活的平衡，来预防暴君的出现。由于这些规定较为详细，傅立叶的模式无疑成为一张形式主义的设计蓝图。傅立叶有关人类本性的观点和他的动机理论是多么生动逼真，使模式的预想色彩与现实的个人主义之间出现了前所未有的摩擦。傅立叶的社会处方曾在19世纪40年代的美国得以检验，结果证明基本可行，至少在特定阶段是可行的。这不但是激励以色列早期集体农庄运动的动力，而且也是在当时铤而走险的、带有孤立性行动。

傅立叶主义如果想要普遍地加以应用，就必须与已确立的社会、经济基础彻底决裂，利用现有的社会资源向无底的模具中倾泻，以浇铸新的社会模型，而且根本不必过渡而一举成功。这是地地道道的空想社会主义。出现这种结果，是由于傅立叶主义者根本没有认真地思考过现实问题，对于他们来说，积极的社会改良计划不过是以迂回方式表示对消极社会的批评。还有一部分人，总是充满幻想，把问题看得过于简单，因而机械地对待现实环境，他们认为：我的模式，一旦显示出效果，任何人都会争相效仿。空想社会主义的改良计划，并没有按其定义渗透到社会发展的现实中去。谁要做这种尝试，必然产生致命的后果。因为他们将实现改良计划当做可以自由选择的事，从而盲目采取行动。倘若现实社会进行抵抗，那么这种尝试的结果只能有两种：一是以个别小型试验的逃避主义失败而告终，二是集中政治力量强行实现构想。在后一种情况下，空想社会主义中隐藏的极权主义思想便显露出来，社会将被迫服从预先设计的空想模式。①

美国学者霍尔索夫斯基等人对于傅立叶关于社会主义理想形态的思想进行了系统研究,其中很多观点是值得肯定的,但是,也有部分观点有失偏颇。例如,霍尔索夫斯基认为傅立叶只是规划和设计出了社会主义的蓝图,而没有对当时的资本主义制度进行批判,这种观点值得商榷。事实上,傅立叶思想的一个闪光点就是对资本主义制度的批判,对于这个闪光点,《傅立叶论商业的片段》就是一个很好的例子,在这篇文献中,傅立叶深刻批判了资本主义商业中的种种虚伪、欺诈和自私的行为,这是对资本主义制度的最为生动的讽刺。因此,对于霍尔索夫斯基等学者的研究,我们应当辩证地看待。

五　日本学者的研究状况

在研究过程中,日本学者着重考察了傅立叶的密教教义以及他的教育思想。

(一) 傅立叶的密教教义

日本学者对傅立叶的研究可谓独具特色,采用了很多新概念和新范畴。猪木武德认为,傅立叶是对自由放任经济模式的最早批评者,这体现在恩格斯所摘录的《傅立叶论商业的片段》等一系列著作和文章当中,此外,他还创建了将生产与社会生活构筑在合作社基础上的理论。傅立叶在马尔歇尔贸易公司担任职员时,经历了饥荒时期商人把米投入大海的事情。他强烈地感觉到自由主义经济模式背后的无政府性、垄断特征以及"反社会性",而为了解释这样的现实情况,他认为首先需要用形而上学来把握人类。他将牛顿的宇宙秩序与社会秩序一一对应,构建密教理论,认为"在自然界能够成立的,在社会中同样能够成立",

---

① 〔美〕霍尔索夫斯基:《经济体制分析和比较》,俞品根等译,北京:经济科学出版社1988年版,第140—145页。

并认为决定人类行动的法则是"感情引力"。这里所谓的"感情",是指人类所独有的各种冲动与欲望。傅立叶的著作,总体而言,有许多创新范畴,充满了奇异和幻想、夸张及神秘,正如他本人也承认的那样,具有"只读一遍则无法理解"的特征。傅立叶所描绘的秩序之最终目标是,由完全自由且知识成熟的、高度组织化的人来支配物质。因此,他不但指出了教育的重要价值,甚至批判了家族制度,试图排斥对感情的抑制,追逐性爱解放,同时,傅立叶设计了作为基本社会单位的"法郎吉"。傅立叶指出,在"法郎吉"中,依据人们的能力与兴趣有计划地分配工作,并通过调整工作内容(工作的内容 1 天要变换 8 次),实现精神劳动与肉体劳动的平衡。傅立叶还设想了都市与乡村新的结合。在所有权领域,只限制财产的继承权,而对于生产资料私有制则基本上予以认同。正因为如此,傅立叶认为,对于劳动者的积极性来讲私有制是必要的。很显然,傅立叶在进行理论构建的时候,所描绘的社会与其说是产业社会不如说是以农业及商业为基本要素的社会,因此与考虑了产业及技术等新问题的圣西门相比,傅立叶的构想属于比较古老的社会计划论。可是,对傅立叶的理论,从其后相当长的时间里在法国及美国(或者,现代以色列的集体农庄)持续被实践的情况来看,我们都很难否定其宗教的因素所形成的影响与作用。①

　　日本学者猪木武德的研究探讨了傅立叶空想社会主义学说中的宗教因素,这在一定意义上填补了该研究领域的一个空白。以往国外学者的研究多集中于傅立叶文献基本观点的解读,主要从中挖掘社会主义思想资源,而对其中的宗教情节研究不多。因此,日本学者的研究拓宽了傅立叶研究的视野与领域,进一步延伸了研究的深度与广度。同时,既然傅立叶的学说存在宗教情节,那么在马克思所留下的经典著作中是否有宗教因素呢?如果有,又如何看待这种因素?这是在未来的研究中值得继续探讨的问题。

---

① 〔日〕猪木武德:《经济思想》,金洪云、洪振义译,北京:生活·读书·新知三联书店 2005 年版,第 184—185 页。

(二) 傅立叶的儿童教育思想

一些日本学者在研究傅立叶密教教义的基础上，探讨了其儿童思想。日本世界教育史研究会认为，作为法国空想社会主义的代表人物，傅立叶在诸多方面批判了资本主义商业的罪恶，后被恩格斯摘录于《傅立叶论商业的片段》当中。在法国七月革命前夕，傅立叶还发表了《家庭的、农业的组合论》（别名：《产业的吸引力》，共4卷，1822年）和《新的工业世界和社会世界》（1829年）。在这些著作中，他把当时的现实社会作为"文明社会"进行了猛烈的抨击。与此相对应，作为实现人类，特别是穷人、工人和妇女幸福的理想社会，他提出了"和谐社会"的设想，并为这一社会的实现而奋斗。傅立叶的论著就教育，特别是幼儿教育作了相当详细的论述，这种幼儿教育模式可以看做是代表了19世纪上半期空想社会主义思潮的幼儿教育模式。"法郎吉"是"和谐社会"的基本单位，是劳动、娱乐和教育由大家共有的共同社会。在那里，全体儿童享有普遍的、平等的、而且无偿的教育原则应占统治地位。全部教育都应结合儿童的自然倾向，通过积极运用孩子的荣誉心和利益进行教育，改变填鸭式的教育、整齐划一的教育、体罚式的教育。孩子出生后送进保育院，这里具备合理育儿的现代化条件。孩子们在保姆和医生的身边，由共同集体组织进行培养。

在此，傅立叶主张实行公共集体保育的理由之一是：道德原则所要求的是，在家里，即使小孩没完没了地吵闹，妨碍了父亲的休息和工作，但听到吵闹声，父亲必须心情平稳。与道德的要求相反，不管穷富，没有人不为那吵闹声所烦恼。按照保证父母和孩子安宁的共同体模式，恢复人的尊严，就要使吵闹的儿童远远离开，在适当的场所，使儿童受到健康而愉快的教育。在以所谓心地良好的家庭生活为名的文明体制下，谁都会感到烦恼，但对于那些没有专门婴儿的房间，又缺少零用钱的民众来说，这种体制就是地狱。首先，在适合进入育儿院的"婴儿"阶段（从出生到9个月），重点是身体的保护和感觉的训练。在儿童学会走路之后，就离开育儿院而进入"幼儿"的阶段（从9个月到1

岁9个月),在这个阶段,孩子们由男女教师指导,带到附近的工厂和劳动现场去参观。不久,在"幼童阶段"(1岁9个月到3岁),指导孩子们参加挑青豆、剥豆荚、收获和搬运蔬菜、照料花圃等集体生产劳动。这种劳动的教育,在这之后是有一贯性的,所以在这时并不宜推广程度较高的教育。到了"小孩"阶段(从3岁到4岁半),他们可以用自己的生产劳动支付自己的教育费用,还学习歌剧、唱歌、管弦等综合艺术。这种学习的内容是:第一,音调正确的唱歌或声乐;第二,音调正确的乐器或拟声;第三,规则正确的诗或者语言;第四,哑剧或精炼的动作;第五,规则正确的舞蹈或动作;第六,井然有序的体操或训练;第七,有和谐感的绘画或衣服、规则正确的音调以及整齐的演奏等。此外,还有按照各自担当的角色学习协作的动作,因而是包括体育、美育和德育几个方面,是"把孩子培养成和谐发展的人"的持续学习。当成长到"儿童"阶段(从4岁半到6岁半),孩子们组成"儿童团"和"儿童队"这样两种儿童组织,通过这种集体化学习的方式进行社会服务活动。前者是从事"法郎吉"的街道清扫、清除废物、除草和有害动植物的废弃物等比较脏的社会服务劳动;后者从事照料"法郎吉"的花卉、公共建筑的装饰、衣服的美化、语言的纯正等社会服务活动,以保障生活的优雅与美好。这样,孩子们从幼儿阶段起,就通过集体的劳动,并且通过儿童组织参加了整个社会的发展进程,学会对集体的荣誉感、集体精神和热爱"法郎吉"等伦理道德。

从"小学生"阶段(从9岁到12岁)开始,进行正式的知识教育。在过去的幼年期,劳动与学习是生活的中心,是逐渐学习科学知识的基石,这就是根据傅立叶的一个重要教育原则,即教育的自然顺序是由实践学习到理论学习来进行的。他主张,在幼儿期只有让孩子通过充满劳动实践的集体生活,才能激发他们"自发地研究事物的兴趣",以便自觉地进行理论学习。这样,在社会责任领域,傅立叶主张公共的集体保育,保育内容就以劳动教育和社会道德教育为核心。在这里,贯穿着由社会的观点出发,教育儿童支持和发展"法郎吉"的思想;同时,也贯穿着以儿童的自然倾向为基础,解放和有效发挥这一倾向的、尊重人的思想理念。傅立叶的教育论就是在"调和"这两种观点的基础上形成的。傅立叶的社会理论是在"法郎吉"内排除全部依靠政治权力的专制。他认为维持和发展"法郎吉",必须依靠"法郎吉"成员的自主的集体精神。因此,尊重人的观点可以解释为,鼓励参加劳动,即便是较多要求孩子开展一些无视他们发展的过量劳动;作为原则,劳动教育要根据孩子的自然习气灵活地进行,儿童集体要考虑每个孩子的自然倾向而加以组织。傅立叶认为,"作为所有的孩子固有的重要习性"是探求性、好动性与模仿性、喜欢小规模劳动以及对强者的羡慕等。人们为了考虑这些习气,在幼儿期劳动教育的基础上,探索加以应用的方法。这样,通过"法郎吉",傅立叶描绘了使全体人民幸福的理想社会。他力图根据孩子们的自然倾向和要求,建立保持和发展这个社会的教育。这方面,倘若就幼儿教育来说,就是把幸福社会的实现和孩子的自然性统一起来的公共集体保育论。他的这一思想是受了文艺复兴时期人道主义思想家,尤其是康帕内拉和卢梭的影响。同时,他的这种思想又给以后的社会主义的幼儿教育研究打上了深刻的烙印。

但值得注意的是,傅立叶在实现其所构想的理想社会时,所期望的是依靠当时的统治者和大资产阶级、上流社会的教养阶层,希望得到他们的资助、提供才能和知识等方面的援助。他在论述儿童团和儿童队的区别等奇特的想法和对孩子要求过分的劳动的同时,大胆地讲述了他的思想的空想性。他的幼儿教育论具有很大的局限性,是一种建筑在这种空想性之上的理论。①

日本世界教育史研究会的相关学者在研究傅立叶儿童教育思想的过程中,阐述了这一思想的基本内容与思路,并从当代社会主义思想的发展视角客观评价了这一伟大思想。其中,日本学者既认为傅立叶儿童教育思想对后继者影响深远,又认为其存在巨大空想性,难以在现实社会

---

① 日本世界教育史研究会:《世界幼儿教育史》(上),刘翠荣译,长春:吉林人民出版社1986年版,第57—63页。

中得以实现。由此可见,这些评价坚持了马克思主义辩证法的基本原则,是较为合理和中肯的。

六 波兰和英国学者的研究状况

波兰和英国学者主要认为,傅立叶学说是在危机、投机、剥削等现象的启发下产生的,而其考虑问题的立场常常是从个人出发的。

(一)阐述恩格斯对黑格尔学说思辨性的批判

一些波兰学者在前人关注恩格斯、傅立叶的基础上,把目光投向了黑格尔。在波兰学者沙夫看来,恩格斯强调指出了黑格尔及其学派所构造的规律的思辨性。在其长文《傅立叶论商业的片段》的前言中,他写道:"傅立叶是在正确地认识了过去和现在之后才有了对未来的构思,德国的理论却是首先随意地整理一下过去的历史,然后又随意地指点未来应该走向何方。例如,可以把傅立叶所提出的社会发展的几个时代(蒙昧时代、宗法时代、野蛮时代、文明时代)及其特征同黑格尔的绝对观念作一番比较。黑格尔的绝对观念历尽千辛万苦才为自己开辟了一条穿过历史迷宫的道路,终于不顾有四个世界帝国这一事实而勉强建立起一个三分法的外貌;至于黑格尔之后的那些构思,就更不必谈了。因为黑格尔的构思毕竟还有某种内容,虽然是被颠倒了的,黑格尔之后的一些体系的发明家的构思就没有任何内容了。"[①]

马克思与恩格斯二人强调指出黑格尔哲学的结构思辨性,认为其主要缺陷在于固有的唯心主义本质。黑格尔曾经设想,"思维的运动创造着世界",根据他的哲学体系,事实上仅仅是人类的思维安排了全部世界。在这里,抽象而空洞的思想观念转变为历史的发展动力。致使黑格尔哲学体系趋于神秘化的根本原因就在这里。在他的著作及文章里,尤其在《历史哲学》与《百科全书》里,研究者很容易就能找到这个原

---

① 《马克思恩格斯全集》第42卷,北京:人民出版社1979年版,第356页。

因。黑格尔的根本历史哲学思想是如此论断的:"历史是世界精神自我发展的表现,这说明了历史过程的规律性。"①

(二) 傅立叶学说是在危机、投机、剥削等现象的启发下产生的

与日本学者的创新性研究不同,许多波兰学者还是回到思想史中来探讨傅立叶学说的思想背景和来源。波兰学者科拉柯夫斯基认为,傅立叶被后世喻为"当之无愧的第一流空想家怪人",在恩格斯撰写了前言与结束语的《傅立叶论商业的片段》当中,傅立叶对资产阶级商人的讽刺也是怪味十足。他所描写的未来社会主义天堂,比他之前全部历史上的任何乌托邦思想家都写得详尽。然而,他是最早提出一些观点,并为社会主义思想的发展证实有重要意义的人。他是法国大革命及拿破仑时代的经济危机、贫困和投机活动的见证人,当然也是那个时代的牺牲者。复杂的经历形成傅立叶思想体系的背景,他把这体系的出现看成人类历史上头等重要的大事。

1791年,傅立叶在里昂做了一名商务代理人,以这个身份走遍法国、德国及荷兰。他终于在法国开设了一家自有的商行,可是在大革命的事件中被焚毁,从此以后他对大革命的埋论深恶痛绝。后来,傅立叶应征入伍,并于1796年退役,回到里昂做代理商,后来成为经纪人。若干年后迁居巴黎,然后又回到里昂当银行出纳员,最后在巴黎定居下来,先做商务官员,后来成为一个不太大的食利者。在这一过程中,他详尽阐述并宣扬他完美社会的理想,差不多把全部空闲时间都花在写书上,每天只花一小部分时间读书,如此度过他一生最后四十年。傅立叶不断地寻找一位赞助者投资几百万法郎搞第一个"法伦斯泰尔",即新社会的基层组织,一旦建成,他确信多则不出四年,这个榜样就会表现出势不可挡的领导力。尽管失败使他感到苦恼,他还是继续努力,设法

---

① 〔波〕沙夫:《历史规律的客观性(马克思主义史学方法论的若干问题)》,郑开其等译,北京:生活·读书·新知三联书店1963年版,第167—168页。

召集了一小帮门徒，为首的是孔西得朗。傅立叶 1800 年开始著述，1808 年在无作者署名的《四种运动与普遍命运论》一书中阐述了他的理论体系。1822 年出版《论家务—农业协作社》，1829 年发表《工业的和社会的新世界》。他留下很多手稿，有些由他的追随者出版了，而有些到很晚才问世。

傅立叶曾记录他偶然想到的理论观点的情况，这一记录充分显示出他不同寻常的气质。1798 年他由里昂赴巴黎，在旅途中发现，虽然气候相似，但各地苹果的价格却相差很多。这使他彻底洞察经纪人有害的破坏作用，启发他想出整个新社会观。傅立叶指出，在以往几乎一切时代，例如在伯里克利时代，世人本来可以按他们的方式来组织，那就会避免许多苦难和不幸。傅立叶并非当时唯一以救世主的角色自视的理论家，但是关于这一点他比大多数人表现得更坦率。

傅立叶的理论是在危机、投机、残酷剥削和无产阶级的悲惨等现象的启发下产生的。他认为，这一切现象并不是人性的必然后果，而是由特定不公正的劳动和交换制度造成的。作为主体的人的需要和激情是不能被根除的，可是因为社会存在组织恶劣的现象，才造成不幸。所以关键是要对事态加以整顿，整顿后的事态不催生对抗而是促进全体人的利益。文明时代违反神建立的自然秩序，我们必须重新理解大自然的要求，相应地组织社会生活。未来的社会必须由名叫"法伦斯泰尔"的机构组成，在那里，全部激情都会得到满足，而且符合社会进步的目标。总共存在 12 种激情是人人共通的激情，虽然占的比例不同，但 4 种和情操有关，5 种与官能有关，其余 3 种是带有分配性的激情，其要求变化的欲望、对阴谋的喜好以及联合成互相竞争的集团的倾向。傅立叶依据精心计算，证明这些激情组合起来构成 810 个性格类型。他的社会的基本单位，即他所说的"法郎吉"，为了有最大变化，应当共包含两倍于此的人数，总计 2000 人。生产要按一定方式来组织，使得每个人都有一个适合自己性格的职业。劳动将不是一种苦工，而是一种充满乐趣的刺激，是乐趣的源泉。没有人会被迫死守着同一种工作：每个人将至少有 40 种不同本事，如果想要改行，可以一天改换几回职业。不愉快的杂活儿，像宰杀牲畜或清除阴沟和排水管等，可以由孩子们干，因为小孩喜欢在污泥里玩耍。①

波兰学者科拉柯夫斯基等人从傅立叶思考社会问题的背景出发，系统研究了其向世人展现出的宏大蓝图，这是对傅立叶的最好纪念。只不过，这些论述当中缺少一些现代视角的批判，没有指明傅立叶学说的"空想性"。论述的目的是为了为"我"所用，而要为"我"所用，就必须要有批判的眼光与借鉴的心态，这是社会主义研究者在研究中所必须注意的。

（三）从巴伯夫和傅立叶到马克思和恩格斯

部分波兰学者把空想社会主义思想同科学社会主义思想联系起来考察。波兰学者明兹认为，共产主义学说很早就在历史上出现了。这一学说在法国空想社会主义的代表人物中表现得尤为显著。马克思和恩格斯正是在空想社会主义、德国的哲学和英国的古典政治经济学的基础上建立起科学社会主义的思想体系的。以巴伯夫和傅立叶的观点作为例，可以十分简要地说明作为一种空想而出现的共产主义思想。根据巴伯夫的理论：（1）自然界赋予每一个主体以利用全部财富的平等权利。（2）社会的目标是捍卫平等及其在各种共同活动中延伸普遍的福利。（3）劳动和消费对人类是共同的。（4）所有人都无法占有土地和工业，否则无疑就是犯罪。（5）在所谓"真正的社会"里，既不应该存在富人，也不应该存在穷人。（6）革命的目标就是消灭不平等和恢复普遍的幸福。傅立叶对资本主义商业有着深刻的批判，这一点被恩格斯摘录和评论于《傅立叶论商业的片段》当中，而且根据傅立叶的想法，在未来的社会中将出现被称为"法郎吉"的独立自主的经济单位。每一个"法郎吉"有400户，由所谓"法郎吉斯特"居住其中。"法郎吉"中的生产劳动将是最重要的生活需求；这类劳动将是吸引人的，而且将由"法郎吉"

---

① 〔波〕科拉柯夫斯基：《马克思主义的主流》，马元德译，台北：远流出版事业股份有限公司1992年版，第229—235页。

的成员根据喜好来选择。对于一些大型工程（土壤改良、造林等），则由"法郎吉"根据自愿原则召集生产大军。空想共产主义理论的特征在于，把平等看做是人的自然的不可分割的正当权利，关于实现这种平等的途径和方法的观点无疑是不现实的，将共产主义历史阶段想象成若干独立的经济组织的松散的结合，最后还存在一定禁欲主义的倾向。科学社会主义的创立者并没有把介绍共产主义社会活动的经济机构作为自己的目的。但是他们却在自己的著作里，特别是在《共产党宣言》《共产主义原理》《反杜林论》和《哥达纲领批判》中，阐述了未来社会活动与发展的某些基本原则：（1）只有通过革命、人民政权的确立、私人资本主义所有制的消灭和社会所有制的确立，才能建立起共产主义的基础。（2）未来的社会有两个发展阶段——低级阶段（这个阶段的口号是按劳分配）和高级阶段（其口号是按需分配）。（3）只有导致物质财富丰富的生产力的发展，才可能为共产主义的低级阶段向高级阶段过渡创造条件。（4）共产主义社会将是没有阶级的、在经济上完全平等的社会。（5）共产主义社会经济将由整个社会进行民主监督，并且将按照统一的计划来进行管理。（6）在共产主义社会中将不存在商品货币关系。共产主义将确保每一个人获得自由而全面的发展，这是使整个社会获得全面发展的条件。①

波兰学者明兹的研究将社会主义思想史从巴伯夫、傅立叶到马克思和恩格斯重新捋了一遍，让人们看到了空想社会主义与科学社会主义两种理论体系之间的区别与联系。这样，可以进一步看清社会主义的本质属性，认识到社会主义的发展趋势与发展方向。当然，明兹的这本20世纪的专著也有其历史局限性，处于当代社会的社会主义研究者必须清醒地看到这一点。

（四）傅立叶研究问题以"个人"为出发点

部分学者从美国学者那里得到启发，他们把圣西门与傅立叶放在一

---

① 〔波〕明兹：《社会主义政治经济学》，谢孟纲等译，北京：生活·读书·新知三联书店1963年版，第538—540页。

起进行比较研究。H. 柯尔指出，圣西门和傅立叶尽管都被推举为社会主义思想的先驱者，但是就他们所主张的解决社会问题的途径而言，差异极大。圣西门更倾向于统观全局，在他的全部思想中占主导地位的是统一的观念。他采用的是历史的方法，其应用的范围是整个世界。他认为即将到来的工业时代，是以人类知识的发展与统一为基础的人类进化伟大过程中的一个阶段。与此不同，傅立叶考虑问题往往从个人出发，从个人的爱憎好恶、追求幸福、能从创造活动中得到乐趣以及易于厌倦等情感出发，恩格斯所摘录的《傅立叶论商业的片段》中就有很多关于"个人"的描述。在傅立叶看来，人的根本需要不仅仅是使劳动的结果有益于全人类，而且还在于把维持人类所必需的劳动本身变得愉快而引人入胜。同时，还必须创造各种手段使人们——更确切地说，使家庭——能共同过社群生活，而社群的组织方式则应能适合各个成员各式各样的性格和爱好。圣西门与他的信徒总是能制定规模宏大的计划，强调高产量与有效率的生产，强调大规模的组织，全面地规划和充分利用科学与技术知识等。而傅立叶对科学技术则丝毫不感兴趣，他厌恶大规模生产、机械化以及各种形式的集中化。他认为，最能满足普通人的实际需求的社会组织是最小规模的公社。圣西门的许多最为热诚的信徒都是综合技术学校的学生和校友，而傅立叶的信徒则大都鄙视大规模工业的最新发展而笃信简朴生活之可取，这种情况绝不是偶然的。傅立叶本人对以安凡丹为首时期的圣西门信徒极其轻视。谈及他们时，傅立叶曾经这样说过：扮演圣职的家伙居然可以左右这么多的信从者，简直令人难以想象。他们的教义使人无法接受，他们都是些令人耸眉侧目的怪物。不妨想一想：19 世纪的今天，竟然要求废除财产权和继承权。

傅立叶认为他懂得如何解决财产问题而无需废除财产权和继承权。在他那里，这些都是天赋的权利，也符合人类本性根深蒂固的愿望。傅立叶的家庭在大革命时代丧失了大部分财产，因此，他不得不当店员并四处经商以谋生，只能利用业余时间从事创作。他的一整套思想全是自己摸索出来的，几乎没有受过任何前辈思想家的影响。他从分析人性，尤其是从分析影响人类幸福的各种情欲出发,所形成的基本理论是:一个合理的社会组织不应是建筑在压制人类自然欲望的基础上,而应当以一种足以导致和谐和避免倾轧的方式来设法满足这些欲望。部分伦理学家以"理性"同"情欲"的冲突作为立论的基础,或者是把社会组织看做是压迫人勉强为善的工具,凡是持这种观点的论著,傅立叶都表示反对。在他看来,人性本质上不会随着时代的推移而变化,从而彻底否定了许多同时代的空想社会主义者(特别是欧文和葛德文)的学说,这些人主张环境几乎可以把人的性格塑造成任何形态。当然,这并不是说傅立叶不像其他学者那样强调环境在创造或破坏人类幸福方面的重要性,而是说在他看来,关键在于应当创立某种适合,而不是企图改变人类固有本性的社会环境。这是因为,就事物的实际情况来看,绝大多数人都不得不将大部分精力浪费在做某事或制某物上,而这些事和物不但不能使他们获得幸福,反而使他们感到厌倦,或者是只能满足虚幻的需求,而当所制之物确能满足实际需要时,其供应方式又是极其浪费的。

  在竞争中,尤其是在傅立叶最了解的分配过程中所浪费的劳动,更使他惊讶不已。他希望人们取消这一切浪费生命的买卖过程,设法以尽可能简单的方式只生产和消费人们真正感到称心如意的东西。傅立叶绝不是苦行主义者,而是希望人人都能过美好的生活。根据他的人性学说,他承认追求快乐是完全正当的旨趣。就傅立叶本人来说,他是非常爱好精美的饮食的,这一点对他学说的形成产生了很大的影响。他认为,人们既然喜欢口腹之乐,自然也就会认为从事一切能获致这种乐趣的工作也是一种享受,例如种植和制备精美可口的食物或饮料就是这样的工作。他对衣着和住所很少注意,认为只要足够温暖和不虑风雨就行了。因此,在对待工业生产这一问题上,他的主导思想是:住宅、衣着和家具之类的东西应该坚固耐用、手工精致、无需经常更换,从而避免把本来可以过得更加愉快的时光消耗在讨厌的劳动上。他憎恨粗劣的商品,因为制造起来既没有乐趣,又浪费人力。他认为商品之所以这样快就损坏,主要是因为在竞争制度下,制造者希望它们很快就损坏，以保证持续不断的需求。如果制造出来的商品精美到制造者和使用者都感到满意的程度，自然就能经久耐用。因此，他看不到有雇用大量人力进行工业生产的必要，认为人们可以把大部分劳动时间更好地用来生产和制备令人愉快的饮食。在傅立叶看来，人类的主要事务是经营农业，而他心目中的农业主要只是园艺活动和小规模的家畜家禽饲养工作。傅立叶所向往的是一种主要利用熟练劳动力从事各种单一产品生产的高度集约的耕作体系。他不大考虑主要作物和用以交换的产品的生产。他希望他理想中的公社生产本身所食用的精美食物——特别是水果和蔬菜。他本人就非常爱吃凉拌菜。他相信这种集约耕作制能够生产出大量食物，足够所有生产者（包括那些不从事耕作的劳动者）的食用。

傅立叶学说的一个主要部分是：任何劳动者都不应该只从事一种工作。他认为，人人都应该从事多种工作，而且每一种工作都不应当持续过久。每个居民的日常工作应该不断变换，以避免单调的工作使人产生厌烦之感。他们可以在供他们挑选的多种工作中自由选择，而且可以根据自己的爱好自愿参加各种专业小组——他称之为"谢利叶"（séries）。正是因为工作是他们自己选择的，而且不会持续很长时间，同时他们又完全明白劳动果实归自己享用，所以他们会从工作中得到乐趣。在傅立叶看来，提供多种多样的工作任人选择是符合爱好多样化的人类本性的。那么，在这样一个以自愿为原则的社会中，"肮脏的工作"由谁来干呢，这是自由主义的社会主义者经常碰到的问题。傅立叶自有其答案。他说，只要看一看儿童游戏的情况，就会明白儿童都喜欢摆弄脏东西，并且天生有"成群结队"的倾向。既然如此，只要承认这种自然倾向，让儿童自由地结成一伙，然后把虽经适当安排而仍然无法避免的肮脏工作交给这些儿童队去做就行了。难道还有比这更简单的事情吗，不让儿童成群结队是完全错误的，因为这是天生的欲望；正确的途径是引导他们从事有益于社会的工作。傅立叶的教育观同上述看法是不可分割的。他主张让儿童按照他们的自然倾向发展，让他们以一种多面手的学徒身份自由地跟随长辈学习各种技能。

在这方面，傅立叶是现代教育思想——特别是关于职业教育——的一位重要先驱者。他认为最好的学习方法就是实践，诱导儿童产生学习要求的方法就是给他们实践的机会。他说，给儿童以选择的自由，他们就会相当容易地学到那些他们天生喜欢的知识。他认为，儿童具有制作东西和模仿长者行动的天然爱好，而这种爱好就为推行正确的生活技能教育提供了天然基础。傅立叶的上述各种论点都以他对人性所作的基本分析为基础，他孜孜不倦地致力于这种分析。他自以为已经发现了一条使人们的各种倾向各得其所的完全实用的法则，并且着手设计一种同这一法则相符合的社会组织。他所设计的公社在规模和结构上都满足这样的要求：既不过大，也不过小，让每个社员恰好都有选择工作的余地。他想象中的公社的理想人数约为1600人，耕种5000英亩左右的土地。这些数字并不是固定不变的；在他的后期著作中，他把人数增加到1800人。在他看来，这个数字足以使人们的各种不同的性格和爱好各得其所，从而可以保证自由选择的原则不致造成不同工种之间劳力分配的不平衡。这种规模的公社也将使成员有足够的选择范围，从而使意气相投的人和睦结合，避免性情不合的人由于日常接触过多而发生冲突。傅立叶所设计的公社称做"法伦斯泰尔"（Phalanstéres），这个名词衍生自希腊文的"Phalanx"（密集队）。这些公社都将拥有一座巨大的公共建筑物或建筑群，拥有一切公共服务设施——包括公社教养幼儿的托儿所（crèches）。但是，公社居民的共同生活完全是出于自愿的。每个家庭都将有自己的一套住所，并将按照自己的愿望或是独家过日子，或是利用公共食堂和公共厅室。公社成员住所的大小并不相等，占用这些住所的人的收入也不一样。住所将适应不同的爱好、需要和收入水平。[①]

从英国学者柯尔等人的研究中，我们可以看出，傅立叶考虑问题往往从"个人"出发，以"个人"作为思考问题的关注点。例如，他关

[①] 〔英〕H. 柯尔：《社会主义思想史 第1卷 社会主义思想的先驱者 1789—1850年》，何瑞丰译，北京：商务印书馆1977年版，第65—75页。

于未来社会生产状态、生活状态的描述,都是以"个人"为单位的,并且充分考虑到"个人"的内心感受与情感需求,这是傅立叶理论的一大特点。柯尔的研究深刻地揭示出这一理论现象,与那种主张"从整体上界定社会主义社会"的思想流派进行对比,这些研究均可成为我们考察社会主义问题的重要视角。

第五章 国内学者关于该文献的研究状况

在《傅立叶论商业的片段》中译文的传播过程中,国内学者针对文献里不同层面的问题展开了系统研究,主要包括揭示马恩对"真正的社会主义"的剖析、阐释恩格斯对各种非科学的社会主义思潮的批判、论述恩格斯对黑格尔关于思维与存在同质性观点的批判、记述马君武向国人介绍早期社会主义学说、指明恩格斯将傅立叶主义誉为"社会哲学"等五个方面的内容。

一 揭示马恩对"真正的社会主义"的剖析

国内学者重点论述了马克思与恩格斯对于"真正的社会主义"的剖析。一些学者揭示了马恩二人对"真正的社会主义"理论思路的梳理,这股思潮以德国古典哲学的思想原则来阐述英法空想社会主义学说,不符合科学社会主义的思想方法。在李红军看来,在19世纪30—40年代,无产阶级已经成为一支初步独立的政治力量,他们登上了世界历史舞台,但与此同时,各种各样的资产阶级与小资产阶级的非科学的社会主义流派也陆续产生,他们对共产主义运动产生了不良影响。为了使德国同其他国家工人阶级都能够走上革命的正确道路,争取与改造当时的正义者同盟,使之成为国际工人阶级政党,马克思同恩格斯对"真正的社会主义"以及施蒂纳的无政府主义开展了深刻的批判。在1845年秋,恩格斯于《〈傅立叶论商业的片断〉的前言和结束语》里首次公开批评了所谓"真正的社会主义"。之后,马克思同恩格斯于《真正的社会主义者》和《共产党宣言》等一系列著作里阐明,"真正的社会主义"是将英国与法国的若干共产主义观点同德国的部分哲学思想混为一团的产物,它试图拿黑格尔与费尔巴哈的思想观点来论述英国和法国的社会主义著作。马恩指出,这样一种迷梦就像试图将全部人化为帝王或教皇一样,是没有办法实现的,当然不符合共产主义的方法,这一做法是小资产阶级的,同时是反动的错误做法。① 李红军的观点对理清恩格斯《傅立叶论商业的片段》的写作意图提供了较为可靠的依据,也为姚顺良等学者对文献进行版本考证展现了生动的理论背景。

关于《傅立叶论商业的片段》的版本考证,国内学界的研究并不系统,姚顺良是较为详尽地考证与分析文献版本的学者之一,他指出,在恩格斯公开剖析"真正的社会主义"的著述里,首篇文章是《傅立叶论商业的片断》,而第二篇文章则是《在伦敦举行的各族人民庆祝大会》,它们分别刊登在 1846 年夏天发行的《德国公民手册》年鉴(1846 年卷)以及 1846 年年底发行的《莱茵社会改革年鉴》(第 2 卷)中,俄文第 2 版的编写人将它们推断为"写于 1845 年底"(之后改为"1845 年下半年")以及"写于 1845 年年底"。姚顺良认为这是不对的,推断此两篇文章都只会写在 1846 年 2—3 月马克思与赫斯决裂之后。历史上存在着一种证据,亦即恩格斯拿"德国状况"作为总标题,并采取书信方式连续刊登在伦敦《北极星报》上的若干篇文章的中止。恩格斯在前两封信里阐明了从"神圣罗马帝国"肇始,直至 1815 年拿破仑被推翻、获得"光荣复兴"的德国历史及社会情况的变化,自"第三封信"开端,恩格斯转而探讨"'革命'是如何进入德国的"问题。"第三封信"撰写于 1846 年的 2 月 20 日,刊登于 1846 年 4 月 4 日《北极星报》第 438 号。在这里,恩格斯阐释了 1815—1840 年期间德国资产阶级革命的情况,并且于结束处宣告"将在下一封信里谈论近六年以来运动的状况"。可是,恩格斯答应撰写的最末一封信没有刊登在

---

① 李红军:《对划清马克思主义与反马克思主义界限的几点思考》,载《学校党建与思想教育》2010 年第 32 期,第 18—20 页。

《北极星报》以下各期，他的写作骤然中止了。因为原先计划撰写的"第四封信"的对象正是那些"青年黑格尔派"以及"真正的社会主义"思潮，考虑到马克思1846年1月撰写的《声明》以及1846年的2—3月份马克思与赫斯的争论，这里的缘由就已经明了了。① 由此可见，姚顺良对《傅立叶论商业的片段》写作时间的推断并非空穴来风，而是有历史依据的学术观点，可供后来的研究者参考借鉴。

在版本考证的基础上，部分学者对《傅立叶论商业的片段》中批判"真正的社会主义"思潮的内容进行了深入研究。朱进东认为，德国国内的"真正的社会主义"事实上是一拨文学色调较为浓郁的、隶属于小资产阶级的、对于那种"粗暴的"共产主义采取盲目恐惧态度的社会思潮。这个"德国的社会哲学"在1845—1847年的德国社会中获得迅速发展。这一思潮的重要代表者是莫斯泽·赫斯、卡尔·格律恩、奥托·吕宁、海尔曼·皮特曼以及海尔曼·克利盖等学者。以上人物自诩是"真正的社会主义者"，他们开办了若干期刊，比如《威斯特伐利亚汽船》《紫罗兰》《普罗米修斯》等刊物，并将其作为该流派的思想平台。

在德国，"真正的社会主义"思潮的重要代表者格律恩等人对于赫斯的主张大量转摘，在他们那里，赫斯的学术地位处于费尔巴哈之上。他们指出，费尔巴哈实际上仅仅是着手探讨人类学，凭借人回复其异化的本质，力图消除宗教领域的幻想；但赫斯却在事实上消除了政治领域的幻想。因为赫斯所完成的研究，人类抛掉了其最后的、外在的力量，同时开始培育道德行为的力量。赫斯关于"真正的社会主义"的主张组成了格律恩对于傅立叶的探讨的思想根源。格律恩没有看到傅立叶曾经构思的将"诱人的劳动"作为"使人厌恶的劳动"的替代品，而是把它们之间的彼此对立全部放置在十分次要的位置，意在完成赫斯在其"二十一印张"中"所提供的关于法国社会运动的那张结构图"。而海

---

① 姚顺良：《论马克思在〈德意志意识形态〉写作中的主导作用——析广松涉"恩格斯主导论"的文献学依据》，载《马克思主义研究》2007年第5期，第46—52页。

尔曼在阐释法国人将"幸福的本能"作为"科学工作"的替代品时同样也是在复述赫斯的观点。

德国的"真正的社会主义"始作俑者赫斯，用德国思想史作为复写法国社会主义与共产主义思潮的基石。这种做法同时被其他"真正的社会主义者"所模仿。马克思与恩格斯指出，赫斯将法国社会主义的思想同德国哲学的思想杂合于一体。换句话说，将圣西门同谢林、傅立叶同黑格尔、蒲鲁东同费尔巴哈杂合于一处。需要注意的是，在赫斯以前的海涅就曾经把法国的政治事件同德国思想史作过对比。但是同海涅不一样的地方在于，赫斯试图在德国哲学同法国共产主义二者之间架起一个具有唯心史观色调的桥梁。

那些以政治理论为形式存在的所谓"外国的共产主义文献"，比如傅立叶和圣西门等人的著作，因为其历史条件的限制，终究不能抛掉幻想，而"真正的社会主义者"正是将幻想作为基点。所以，这些人一定视合乎"人的本质"的所谓原则为社会主义的基本原则，而哲学的任务也就是将这些哲学的、伦理式的社会主义作为道德的论释与辩护。

被称为"数学的社会主义者"的傅立叶由于将人类的各种欲望"划分为"12个类型而遭到"真正的社会主义"代表人物格律恩的责难。格律恩指出，傅立叶实际上可以仅分离出5个类型的感觉。在这5种感觉里包含着全部的人，只要可以阐明这些，只要可以解释这些就完全说得通了。可以看出，格律恩是以费尔巴哈为基础来批判傅立叶奉行的心理学的。格律恩所阐释的"整个的人"只可以寄居在"人自体"里，而人类的感觉却存在着自己的真正涵义。在马克思和恩格斯那里，"人的内容"全部依赖在生产的各个阶段以及人们的相互交往之中。①

在笔者看来，朱进东的研究揭示了马克思和恩格斯关于"真正的社会主义"思潮的一个理论发现，那就是这股思潮的代表人物事实上误读

---

① 朱进东：《论马克思恩格斯对"真正的社会主义"哲学基础批判》，载《江苏教育学院学报（社会科学版）》1997年第4期，第40—45页。

了傅立叶的空想社会主义学说,并站在德国古典哲学的立场上极力贬低傅立叶的理论贡献。恩格斯为了批评这种刻意的误解、为傅立叶正名,并进而批判这种误解的深层根源,所以才摘录了傅立叶关于商业问题的观点与言论,并加以评论。

国内学者不仅在理论上考察了《傅立叶论商业的片段》的批判性内容,而且在实践层面上洞察了该文献所指向的"真正的社会主义"的空洞性。

葛斯指出,1848年的5月17日《汽船》公开宣布停刊。在其最后一期刊物上,吕宁撰写了《告别读者》一文,他将杂志停刊的缘由归结为经济原因,尤其是因为《汽船》本身的印数太少;又因为是月刊,无法让读者很快读到新闻,倘若改其为一周出版两期,又会有各种困难;同时,出版的方式也存在若干问题。可吕宁为《汽船》所作的这一系列解释是不合乎史实的。在"真正的社会主义"产生的时期,正当科学社会主义形成并且与工人运动相结合、开创工人阶级政党的时期。当时,西里西亚起义本质上标志着工人阶级业已登上世界历史舞台,而德国也正处在1848年欧洲革命的前夜。在此状况下,那些"真正的社会主义"的空洞研究已经与社会革命的现状产生冲突,其已经成为了一个绕不开的藩篱。自1845年开始,马克思和恩格斯相继写作了《〈傅立叶论商业的片断〉的前言和结束语》《在伦敦举行的各民族人民庆祝大会》《反克利盖的通告》和《德意志意识形态》等文章及著作,针对赫斯等人展开了深刻批驳;特别是后两本著作,事实上是马克思与恩格斯同"真正的社会主义"决裂的标志物。至1846年,部分"真正的社会主义"代表人物,比如魏德迈等学者已经相继转化至科学社会主义的立场上来了。之后,马克思同恩格斯仍旧在其文章里深刻剖析"真正的社会主义"思潮,此时已将其作为反动思潮来看待,就连德国的警察也对其很难有更多挑剔。于是,这些状况可以证明"真正的社会主义"并不是德国理论界进步和革命的力量,而是一种守旧与反动的力量了。因此,应当无比坚定地同以上这一批空洞文人清算了。事实上,爆发于1848年3月的资产阶级民主革命完全打垮了这个流派,其所宣传的"人类之爱"无法经受住革命风暴的侵袭。马克思同恩格斯二人在《共产党宣言》里探讨了其与各种社会主义思潮的争论,这里面也包含着与"真正的社会主义"的坚决斗争。他们科学地指出,1848年欧洲革命的风暴已经将这一可恶的思潮清扫干净,而且让这个流派的代表者们再也无法找到兴趣借社会主义进行投机活动了。因而可以说,这才是《汽船》遭到停刊的真正原因。① 葛斯对"真正的社会主义"本质内容的理解是较为到位的,他由此出发阐释了那个时期马克思和恩格斯理论创造的心境和思路。

二 阐释恩格斯对各种非科学的社会主义思潮的批判

从社会主义思想史来看,"真正的社会主义"思潮只是众多非科学社会主义思潮中的一种,除此以外,布朗基主义者、巴枯宁、杜林、拉萨尔、俄国民粹派等思潮也属于非科学社会主义思潮的一种,因而国内部分学者从批判"真正的社会主义"延伸开来,分别阐释了恩格斯对其他思潮的批判。李杰和张蕾指出,普法战争里德国最终成为战胜国以后,其资本主义经济获得高速发展。这样一种状况带来了无产阶级的迅速壮大,欧洲工人阶级革命的政治中心,从1870年开始由法国转变为德国。当时德国仍然是一个农业人口占总人口2/3的国家,所以小资产阶级是整个国家的主体性阶级,工人阶级要想夺得革命胜利就不得不联合那些小资产阶级。可与此同时,各种小资产阶级的思潮也喜欢打着社会主义的大旗去争夺自身的利益,于是在工人运动里便形成了各种各样的非科学的社会主义流派。为了确保工人运动的持续健康发展,恩格斯根据唯物史观原理对此展开了一系列严肃的、深刻的批判。对此,恩格斯撰写的主要著作与文章有:《共产主义者和卡尔·海因岑》《论住宅问题》《流亡者文献》《反杜林论》

---

① 葛斯:《"真正的社会主义"和〈威斯特伐利亚汽船〉杂志》,载《国际共运史研究资料》1983年第1期,第144—160页。

《傅立叶论商业的片断》《对蒲鲁东〈十九世纪革命总观点〉一书的批判分析》《俾斯麦先生的社会主义》《普鲁士宪法》《德国的制宪问题》以及《德意志帝国国会中的普鲁士烧酒》等。在这些论著当中，针对海因岑所宣称的君主是全部贫困与灾难的原因，并号召通过发动农民暴动来消灭私有制的主张，恩格斯认为，海因岑并不了解历史进步的联系与工业领域里的必然性，让农民来承担革命的领导使命是无法做到的，这是由于小农是最不能产生革命首创精神的群体，而唯有城市无产阶级才可以成为革命力量的中心。对于蒲鲁东那样的小资产阶级学者试图在保存资本主义制度的前提下，经过游说资本家消除资本主义制度弊病从而赢得无产阶级解放的论调，恩格斯认为："谁宣称资本主义生产方式即现代资产阶级社会的'铁的规律'不可侵犯，同时又想消除它的种种令人不快的但却是必然的后果，他就别无他法，只好向资本家作道德说教。"[①] 对于布朗基主义者力图倚靠少数者，尤其是某些领袖人物的个人能力开展革命的想法，恩格斯认为其错误是觉得革命是主观创造出来的，而非自行成熟的，他们无法从历史的相互关系里发现导致革命失败的缘由，总是将责任归结于个人。对于巴枯宁试图消灭国家、再消除阶级对立的所谓"无政府主义"流派，恩格斯认为不是国家决定着阶级的存在，而应是阶级决定着国家的存在，在阶级对立仍未消除之时，国家无法被消灭，所以国家的消亡应当是一个历史性的过程，它会伴随阶级对立的消灭而实现自行消亡。对于杜林所主张的抽象的人类平等、自由、真理以及道德等论点，恩格斯认为这一系列范畴都是历史性的范畴，每一个时期都会存在自己特有的平等、自由、真理以及道德理念。而在资本主义社会里，无产阶级与资产阶级的那些观念是不同的。对于拉萨尔所宣布的除去无产阶级之外，其他全部阶级都是反动的一帮，并企图用消灭全部社会的与政治的不平等来取代消灭全部阶级差别的论点，恩格斯认

[①] 《马克思恩格斯文集》第3卷，北京：人民出版社2009年版，第276页。

为，其"从历史的观点来看是错误的"①。对于俄国民粹派所主张的在残留的原始公社的基石之上建构社会主义的论点，恩格斯认为，俄国现有的公社只是不发达的形式，它是人类早期历史进程的遗留产物，而在资本主义迅速于全世界扩张的时期，它一定会走向解体并且不会变成社会革命的条件。在这些批判里，恩格斯还阐述了空想社会主义的理论和实践，并对这些思想观点展开了分析与评价，不但明确了空想社会主义的各种功绩，也探讨了其自身局限，指出圣西门、傅立叶及欧文并不是想解放工人阶级，而是力图解放全人类。这样一个论点是超历史性的。②

不仅李杰和张蕾对各种非科学社会主义思潮有所论述，陆梅林的研究也对此问题有所涉及，认为为了让科学社会主义理论同无产阶级革命结合起来，同时也为了创建工人阶级政党，马克思与恩格斯同各种各样非科学的社会主义思潮开展了持续的斗争。二人在创建科学社会主义理论的早期，就着手批驳"伦理社会主义"与"真正的社会主义"流派。恩格斯于1845年末撰写的《〈傅立叶论商业的片断〉的前言和结束语》一文，是对所谓"真正的社会主义"思潮的首次公开批驳。之后，标志着此次论争功绩的，还有著作《德意志意识形态》《反克利盖的通告》《德国的制宪问题》《共产党宣言》和《路德维希·费尔巴哈和德国古典哲学的终结》等若干著作及文章。③

李杰、张蕾、陆梅林等学者的研究拓展了学界关于《傅立叶论商业的片段》的研究视野，具有一定学术意义与价值。需要指出的是，"真正的社会主义"与其他非科学社会主义思潮既有联系，也有区别，因而拓展视野只是深化研究的第一步，未来的研究应注重厘定各种思潮之间的异同，以及弄清马克思和恩格斯针对这些思潮的批判路径有何联系与区别。

---

① 《马克思恩格斯文集》第3卷，北京：人民出版社2009年版，第411页。
② 李杰、张蕾：《恩格斯中期的史学思想》，载《四川教育学院学报》2009年第10期，第14—17页。
③ 陆梅林：《马克思主义与人道主义》，载《文艺研究》1981年第3期，第40—51页。

三　论述恩格斯对黑格尔关于思维与存在同质性观点的批判

对于《傅立叶论商业的片段》，国内学界除了"对非科学社会主义进行批判"这个关注点之外，另一个关注点即是"恩格斯对黑格尔的批判"。部分学者论述了恩格斯对黑格尔关于思维与存在同质性观点的批判。于乐军指出，在1845年，恩格斯于《〈傅立叶论商业的片断〉的前言和结束语》里分析与批判了黑格尔关于思维与存在同质性的唯心主义思想。他认为：不应认同黑格尔的"绝对的精神王国，不相信有和无的同一以及永恒范畴的交配"①。在1876年，恩格斯于《反杜林论》里首先赞颂了黑格尔的突出功绩，那就是逐步恢复了辩证法这个处于最高地位的思维方式。黑格尔首次——这是他所创造的最伟大的功绩——将全部自然界的、历史的以及精神的世界看做是一个过程，也就是将它阐述为处在不断运动、变化、转移以及发展的过程当中，黑格尔还试图论述此种运动与发展的固有关联。恩格斯还借此批判了黑格尔辩证法研究的唯心主义性质。黑格尔是典型的唯心主义者，或者说，在他那里，头脑里的观念并不是实际事物与过程的反映；与此相对，事物与它的发展是在整个世界之前就业已在特定地方存在着的"思想"的、已经实现了的反映。于是，全部都变成了头足倒置，整个世界的现实关系就被全部颠倒过来了。并且，恩格斯也反对那种把意识、思维和存在彼此对立起来的论点。倘若完全自然主义式地将"意识"和"思维"看做是特定的、现成的东西，看做是一开始就同存在、同自然界相对立的事物，意识同自然、思维同存在、思维规律同自然规律这样密切地相切合，那就十分奇怪了。因此，要克服这样一种奇怪的现象就一定要坚持辩证唯物主义，也就是坚持思维反映存在而不是与之相反。倘若要进一步追问：究竟何为思维与意识？二者是由哪里产生的？我们就会得出结论，二者都是人脑中的事物，人本身则是自然界

---

① 《马克思恩格斯全集》第42卷，北京：人民出版社1979年版，第320页。

的产物,也是在人自身所处于的环境里而且同该环境共同发展起来的。①

从于乐军的研究延伸出来,祝大征将恩格斯对整个德国唯心主义哲学流派的批判纳入研究视野,认为在1845年底,恩格斯深刻批判了德国"真正的社会主义"代表人物玩弄黑格尔唯心主义思想的那些永恒范畴,指出他们用目空一切的眼光对待来自英法两国的社会主义学说里的优秀思想。在《〈傅立叶论商业的片断〉的前言和结束语》里,恩格斯认为,德国的思辨哲学家们讽刺傅立叶的"海水变柠檬汁、北极和南极发出灵光、狮子改变兽性、行星交配。但是尽管如此,我还是宁愿同乐观的傅立叶一起相信所有这些描述,而不相信那根本没有柠檬汁的绝对的精神王国,不相信有和无的同一以及永恒范畴的交配"②。恩格斯在此处反对德国思辨哲学家们所创造的绝对唯心主义思想结构,反对经过"永恒范畴的交配"而组成的绝对精神王国,反对那种"有"与"无"的同一。在黑格尔哲学里的"有"实际上是指逻辑范畴里的"有",而"无"则是指逻辑范畴里的"无"。③

事实上,于乐军、祝大征等学者的研究在整个解读《傅立叶论商业的片段》的研究当中具有十分独特的地位,因为"真正的社会主义"思潮企图模仿黑格尔学说的唯心主义部分,但最终的结果是只结成了一个"拙劣的果实",所以刨出唯心主义哲学的本体论基础,是更好地揭示"真正的社会主义"实质的需要。

四 记述马君武向国人介绍早期社会主义学说

国内学者不仅从国外研究者的视野讨论《傅立叶论商业的片段》,而且对该文献的传播史也进行了探讨。例如,关于马君武对早期社会主义

---

① 于乐军:《恩格斯思维与存在同一性观点辨析——兼与俞吾金教授商榷》,载《北京行政学院学报》2007年第5期,第51—53页。
② 《马克思恩格斯全集》第42卷,北京:人民出版社1979年版,第320页。
③ 祝大征:《恩格斯论思维和存在的同一性》,载《陕西师大学报(哲学社会科学版)》1986年第1期,第15—20页。

学说的引介，是国内学者的又一个研究取向。陈启源认为，关于欧洲社会主义学说的思想脉络，马君武是如此评价和介绍的：社会主义 Socialism，发源在法兰西人圣西门 Saint-Simon 和佛礼儿 Feurier（现在翻译为傅立叶），中途兴盛在法兰西人鲁意伯龙 Leuls Blane（现在翻译为路易·勃朗）、布鲁东 Proudion（现在翻译为蒲鲁东），集大成在德意志人拉沙勒 Ferdinand Lassalle（现在翻译为拉萨尔）、马克司 Karl Marx（现在翻译为马克思）。应该说，马君武的这一评价是较为客观与清楚的，他大致理清了社会主义思想的根源与发展脉络，概括性地指明了社会主义思想发展过程里的重要代表学者。其中，马君武侧重于评介早期社会主义思想的代表者以及他们的理论观点。圣西门与傅立叶的理论谁先谁后？在马君武看来，佛礼儿宣扬社会主义学说，是在圣西门以前，那时他已经著述有名为《四动力论》（现在翻译为《四种运动论》）的著作，但是刚开始时他的著作几乎没有人读过，到了圣西门和侯盈（现在翻译为欧文）那里，社会主义的学说才有所流行，佛礼儿的主张才开始有所传播。所以说法兰西社会主义的创始人物，一定要首推圣西门，同时将佛礼儿放在次要的位置。马君武的这些研究是合乎恩格斯有关19世纪早期"相继出现三大空想社会主义学者圣西门、傅立叶与欧文"这个论断的。

针对社会主义思想的流派问题，马君武指出，圣西门与傅立叶的观点是"很不相同"的。圣西门力主中央集权，但是傅立叶则认为应由地方与个人自由分治。马君武认为，傅立叶的思想有它的合理之处。这是由于阅读佛礼儿著作的人，一定知晓专制政府的罪行，所以地方和个人的自由一定要得以发挥，这也是傅立叶思想"为世所重"的原因。马君武的这些研究，同恩格斯对于傅立叶的相关评价有着类似的地方。恩格斯认为："傅立叶对现存的社会关系作了非常尖锐、非常生动和非常明睿的批评"，在马克思主义学说出现以前，对于资本主义社会"能够进行这种批评的只有傅立叶一人。"[1]

---

[1] 陈启源：《论马君武对社会主义学说的初步评介》，载《广西大学学报（哲学社会科学版）》1995年第2期，第61—66页。

谈敏指出，马君武的《社会主义与进化论比较》一文将"君武"作为署名，于1903年2月15日发表在《译书汇编》第2年第11号上。该杂志的基础，是中国留日学生1900年在东京创立的首个译书机构亦即译书汇编社，主要运用转译日文书刊的办法，向国人引介西方社会科学书籍。这一路径翻译了很多具有启蒙意义的西方书籍，它对于推动中国青年的民权思想功劳很大。译书汇编社里的成员很多是政法专业的留学生，所翻译的书也多是政法方面的内容。马君武此时对工科很感兴趣，并且也关心政治经济话题，所以在这个刊物上留下《社会主义与进化论比较》这篇名作。关于全部"社会党人"的信仰问题，文中提到，从圣西门以来，社会党人就认为，"人群生计"也就是社会经济的发展，从古代到现代经历过从"家奴"转变成"农仆"，再从"农仆"转变成"雇工"的三个不同阶段；就此而言，社会经济不会停步在"今日之雇工"的阶段，将会继续向前发展。一定有那么一天，打破今日之资本家同劳动者之阶级对立，全社会都转变成共和资本、共和营业，从而形成一切平等的状态，这就是社会党人的"公信"，也就是共同信仰。所谓"共和"资本或者营业，说的是破除现存的阶级差别，实现所谓"公有制"，达到"一切平等"的理想状态。这段话语表明，社会党人的精神信仰是建立在社会为"发达不息之有机体"观念的基石之上的。之后，马君武的文章以马克思与拉萨尔作为例子，指出二人均是黑格尔的弟子，黑格尔阐述社会问题，具有"发达不息之说"，整个社会的经济"随社会之历史而亦发达不息"。文章认为拉萨尔将黑格尔的论述推而广之，说经济问题是"进化"问题，并以此联系达尔文所创立的"天择物竞"的生物进化理论。这个理论，阐发出"世界事物发达之源"。就此而言，马克思指出了社会主义与达尔文主义的相同之点，认为两个主义存在着密切联系。怎样解释二者的关系，根据该文的说法，二者都是唯物论的信奉人：达尔文尽管不是唯物论者，"然其学说实唯物论 Materialism 之类"；而"马克司者，以唯物论解历史学之人也"。因为马克思"尝谓阶级竞争为历史之钥"，所以，"马氏之徒，遂谓是实与达尔文言物竞之旨合"。按照这样的解释，马克思关于人类社会发展史的阶级斗争学说，十分符合达尔文关于生物界进化的"物竞之旨"。文章就根据这种似是而非的解释，断言马克思的社会主义同达尔文的进化论具有"相同"之点。与此同时，文章又认为，二者对于"发达"即发展或者进步的观点，存在着不同的地方。首先，在达尔文看来，"物种竞争，最宜者存"；而社会党人则认为，"人群当共同和亲，利益均享"。一方推崇"竞争"，另一方则推崇"和亲"与"均享"，二者"其异甚矣"。马克思的思想，属于"华严界之类"。所谓"华严界"，也就是佛教徒的幻想境地。这就是用空想之义类推马克思的思想，批评马克思认为理想里的世界，"经一大革命之后，即可一蹴而至"，实在是"大不可必之事"。事实上，真正"大不可必"的，倒是作者对于马克思思想的曲解。其次，社会党人向来反对"争利"，抨击这种行为是"人间之黑兽"；根据达尔文的学说，"争利为社会竞争以致进步之鞭"。文章认为，社会主义者主张社会进化，而不争利的同时实现进化甚不易，这就是"自相矛盾之论"。事实上，这里真正"自相矛盾"的，是作者自身的混乱思想。该文所指出的社会主义同达尔文主义之间的上述"反对不可通"的地方，其立足点是比较二者的"相通"之处。比如，马尔萨斯的"民数论"亦即人口论，是达尔文主义的基础，文章认为该论发现了两个"事实"：一是人口繁衍"其数可增至无量数"；二是人类生存的星球及其产物，将来"必不能随人数而并增以供养人群之生活"。达尔文所主张的"争自存论"，是从历史上"人群之竞争"而获得的社会进步里得而观之。在此，竞争的后果是，人类从最初杀食俘囚的野蛮阶段，转变成奴役俘囚的"家奴之制"，后又转变成"更为良便"的"农仆之制"，现代再转变成缺乏资财者靠"服社会中劳动之役，以得酬金，而争其生存"的"自由做工之制"。自由做工制也就是"各争自存于社会之中"的"争利之制"，它"善于"之前的农仆制。但是，该制度兴起于近百年前，并没有解决"人群之数增加如故"的人口问题。所以，社会主义的"独一捷法"就应运而生了。社会主义者觉得，人口的增加最终不可避免，只有在道德与知识方面的大力进步，才可以战胜所有自然灾难。但是，依赖有限的个人力量来战胜自然灾难，其势甚难，所以，"莫若合大群以谋公利"，这就可以解决人口上的困难以及其他困难问题。这就是"社会主义之奇想"。针对这些问题，作者站在达尔文主义的立场上提出了一个问题："今日欧洲之世界社会党人之势力，可谓极大"，倘若它同达尔文主义相对立，那么在达尔文主义昌盛时，"社会主义当摧破而无复余"，也就是不复存在。但是，社会主义"犹能腾万丈之光照耀一世，岂非其主义固有真价值存焉，故不灭而益明"？对此，作者自问自答说：达尔文的"争自存说"，尽管可以在人类社会的历史现象里得到验证，可社会进步不单是"争自存"的"单纯之原理"，社会主义者应主张"平均""和亲"之类的理念，也就是社会进步的原理。于是，"社会主义者，不惟不与达尔文主义相反对，且益广其界而补其偏；虽谓达氏主义得社会主义，而其义乃完可"。换言之，社会主义既然能够在欧洲社会得到巨大发展，自有其"真价值"，所以应以社会主义补充达尔文主义，方能让达尔文主义具有相对完整的涵义。①

陈启源、谈敏等学者在记述马君武向国人介绍早期社会主义学说的过程中，不但对传播史进行了详尽梳理，而且对于社会主义经典著作的传播规律也进行了深入研究。通过这些研究，人们既可以看到经典著作的传播历程，也可以看到当代版本较之历史版本的差异之处。进行这样的研究对于改进经典著作的翻译工作，进一步厘定经典作家的理论观点具有十分重要的意义。

五　指明恩格斯将傅立叶主义誉为"社会哲学"

除了传播史方面的研究，《傅立叶论商业的片段》中恩格斯对傅立

---

① 谈敏：《回溯历史　马克思主义经济学在中国的传播前史》（上），上海：上海财经大学出版社2008年版，第165—167页。

叶的评价也是国内学者的一个重要研究方向。叶卫平在其研究中指出，恩格斯将傅立叶主义誉为"社会哲学"，其有着圣西门主义所没有的科学研究及不存偏见的整体思考；他同时敏锐地认为，傅立叶主义存在一个十分重要的不尽彻底的地方，那就是它并不主张废除现存的私有制。在其"法伦斯泰尔"里，既有富人，也有穷人；既有资本家，也有工人；劳动所得除去用于对劳动、技艺以及才能的报酬之外，还要用于抵偿资本的利润。恩格斯在此明确认为，在有关协作与自由劳动的全部漂亮辞藻背后，在众多激情满满地反对经商、反对自私以及反对竞争的学说背后，本质上还是通过改良的旧有竞争制度，还有以较为自由的原则作为根据的济贫法——巴士底狱！因此，傅立叶主义与圣西门主义类似，丝毫没有触及资产阶级的政治领域，因而二人的计划只成为了某些人的闲谈资料，无法转化为全国人民的共识。

恩格斯在1844年末—1845年初赶回德国探亲期间，在与赫斯等人开展的共产主义传播活动里，曾体现出三大空想社会主义的若干痕迹。1845年2月，恩格斯在为英国《新道德世界》写作的文章里曾提及，当时业已有人受托，参考欧文和傅立叶等人的计划，同时利用美洲各移民区以及"和谐"移民区的经验来制定若干组织与管理共产主义移民区的详细计划。该计划将会发放到各个地方去加以讨论，并且会同各个地方所提出的修正主张共同发表。可是该言论并不是恩格斯固有的观点，就在同年3月完成的《英国工人阶级状况》里，恩格斯阐述了伴随阶级斗争与工人运动的延伸，共产主义革命是不可避免的观点。列宁在后来的评价中认为："工人阶级的政治运动必然会使工人认识到，除了社会主义，他们没有别的出路。另一方面，社会主义只有成为工人阶级的政治斗争的目标时，才会成为一种力量。这就是恩格斯论英国工人阶级状况的一书的基本思想。"① 更加显著的还有1845年春季恩格斯前往布鲁塞尔之后，与马克思所合写的著作《德意志意识形态》。此书不仅阐述了唯物史观的各个基本规律，并且进行了对于科学社会主义的一

---

① 《列宁专题文集（论马克思主义）》，北京：人民出版社2009年版，第55页。

系列哲学论证，同时初步厘清了科学社会主义的若干基本原理。这部著作将无产阶级革命与从前的全部革命显著地区分开来，论证了无产阶级革命一定要夺得政权才可能改变社会的主张。

毫无疑问，恩格斯同马克思在以上时间段里，对于傅立叶的理论评价总体上是较高的。恩格斯在文章《在爱北斐特的演说》里指出，到目前为止，在全部有价值的方案里，唯一具有非共产主义性质的就是傅立叶所做的方案。马恩二人计划将傅立叶的学说首先引介至德国，于是1845年2月恩格斯由德国向马克思写信指出，他在德国计划翻译傅立叶的若干著作，如果还有余力，计划发行一部《外国杰出的社会主义者文丛》，首先是由傅立叶的著述开始。同时，负责翻译的人也寻找到了。他想向马克思要求，迅速帮他打听法国最近发行的《傅立叶词典》的状况，如果有可能，就向自己寄来一本。这项计划的翻译工作一直进行到年末，最后由于无法找到文丛的出版商才宣告中止。为了补偿这个损失，恩格斯将其所翻译的《傅立叶论商业的片断》刊登在1846年的《德国公民手册》年鉴上，并且为这个片段撰写了前言与结束语。他评价指出："这个片断绝对不是傅立叶著作中最有天才的作品，也不是他论述商业的最好的文章，但是，除魏特林外，德国还没有一个社会主义者或共产主义者写出一篇哪怕能稍微和这篇草稿相提并论的文章。"①

可是，恩格斯和马克思在以上时间段内相当重视傅立叶的缘由，最重要的是傅立叶对现存社会关系进行了十分尖锐、十分生动以及十分明睿的批判，他无情地揭示资产阶级上层人物的虚伪本质，揭露其在理论与实践中的矛盾，甚至是全部生活方式的虚无。傅立叶嘲笑资产阶级的哲学，嘲笑资产阶级的"纯洁道德"，嘲笑资产阶级的商业制度以及婚姻制度。恩格斯指出，德国的那些所谓"共产主义的教授"倘若看一下先驱傅立叶的几本著作，马上就可以寻找到有关当代社会的丰富资料以及新观点。此外，恩格斯将傅立叶对于社会历史时期的划分方法与黑

---

① 《马克思恩格斯全集》第42卷，北京：人民出版社1979年版，第320页。

格尔的方法进行了比较,认为黑格尔的绝对理念经过千辛万苦才得以开辟出一条走出历史迷宫的道路,并且不顾具有四个世界帝国的真实史实而勉强地建构出一种三分法的理论体系,于是大大落后于同时代的傅立叶了。

在撰写《资本论》的时候,马克思曾若干次引用傅立叶以及欧文的言论来揭示资本主义制度中存在的罪行。例如他指出,机器大工业对于工人劳动时间的节省,在资本家那里却同时变成了对于工人自身安全以及健康条件的剥削,成为对工人福利条件的剥削,所以"傅立叶称工厂为'温和的监狱'难道不对吗?"①

就这个意义而言,首先,傅立叶和欧文直接由法国唯物主义思想出发来分析宗教神学以及资本主义制度,并以此来构建自身的社会主义方案,这个经验让马克思和恩格斯进一步相信科学社会主义的思想基石只可以是唯物主义。其次,傅立叶最为伟大之处是对社会历史阶段的划分及其每一历史阶段都存在上升与下降时代的观点,这一观点不仅具备唯物主义元素并且放射着辩证法的光芒,对于马克思和恩格斯探讨社会发展规律有一定借鉴功能。再次,三大空想家尤其是傅立叶,其对于"现存社会的一切基础"的驳斥,以及对资本主义制度各个方面的考察,为马克思及恩格斯分析资本主义制度的实质提供了众多较有价值的资料。最后,三大空想社会主义学者有关未来社会的、较为积极的想法,比如消除城市同乡村的彼此对立、消除家庭、消除个人经营、消除雇佣性劳动、促进社会和谐、将国家转化为单纯的生产经营组织等,为马克思与恩格斯摸索社会主义社会的根本特征作了先行的尝试。②

杭州大学政治系《科学社会主义讲话》编写组提出,科学社会主义的理论根源是什么?马克思同恩格斯、列宁都主张,19世纪早期,圣西门、傅立叶及欧文所代表的空想社会主义学说无疑是科学社会主义的直接理论来源。圣西门同傅立叶、欧文,共同继承了16—17世纪英

---

① 《马克思恩格斯文集》第5卷,北京:人民出版社2009年版,第491页。
② 叶卫平:《科学社会主义的创立和全面论证同三大空想社会主义没有必然的联系》,载《世界历史》1987年第2期,第106—111页。

国学者莫尔、意大利学者康帕内拉，18世纪法国学者摩莱里与马布利的空想社会主义理论传统，将空想社会主义思潮发展至它的最高阶段。三人在众多作品里严厉批驳了资本主义制度的所有基础，并且构思了若干针对未来社会的积极蓝图，这为唤起工人觉悟及创建科学社会主义理论提供了丰富的前期资料。傅立叶生在法国东部地区贝占桑的一个商人家庭，同圣西门类似，傅立叶在其青年时期也曾经历法国大革命的洗礼。傅立叶曾频繁地更换职业，在商业活动中做过会计员、出纳员、推销员以及交易所经纪人等职业。丰富的职业经历对于傅立叶的理论观点都具有深刻的作用，他观察到封建专制的没落只是一些寄生商人坐享其成，同时群众遭受到劫掠，而革命所主张的"自由""博爱"只不过是空谈。傅立叶亲身观察到当时法国整个社会的深刻矛盾，意识到工人们的苦难，这让他对资本主义社会采取了积极批判的做法，并力图构建新的、较为合理的社会蓝图。恩格斯在评判傅立叶时指出："傅立叶对现存的社会关系作了非常尖锐、非常机智和非常幽默的批判。"[①] 同时，傅立叶不但是批评家，并且还是杰出的讽刺家。他以较为敏锐的洞察力观察到资本主义社会中的一个不可医治的毒瘤，那就是在该社会中，贫困伴随财富的增多而增多，贫困由富足里产生。傅立叶深刻抨击资本主义社会所造成的贫富差别状况，认为资产阶级的雇佣性劳动本质上是恢复以往的奴隶制度，而资本家的工厂则是"温和的监狱"及"贫困的温床"。他指出，在贫富深刻对立的社会结构里，一定会导致个人将幸福与享乐建构于其他人的不幸与痛苦上面，每一个人都因为个人利益而同群众处于不可调和的对立中。傅立叶无比辛辣地嘲讽指出，在资本主义制度下，医生期待疾病尽可能广地蔓延，律师期待每个家庭都打官司，建筑者希望一把火将城市毁掉1/4，玻璃匠期待一次大冰雹破坏全部的玻璃，而裁缝与鞋匠期待人们都获得质地低下的布匹及皮革，让衣服及鞋子较快用坏。傅立叶在其著作中详尽开列了商业活动的36项罪行，揭示了商人大力巧取豪夺、尔虞我诈，同时哄抬物价，导致大量毁

---

① 《马克思恩格斯全集》第42卷，北京：人民出版社1979年版，第320页。

坏物质财富的罪恶。他愤慨地责备商人，指出他们烧掉粮食来引发恐慌，依靠饥荒以发国难财。因为傅立叶一辈子都在资产阶级商界中度过，他对于资本主义商业活动的内幕就通晓得相当透彻，将商人的蛮横、商人的罪行刻画得十分生动。

　　傅立叶看到法国大革命的胜利成果落到少数大资产阶级手中，又察觉长期资本主义经济活动的丑陋以及社会道德的沦丧，并深刻地指出，文明制度以往是、未来也会是全部罪恶的源头。所以他宣布，对于文明制度，其目标是力图消灭它，而非改良它。傅立叶一生所追求的社会理想便是要用所谓的"和谐制度"替换当时的资本主义制度。在傅立叶的理论里，尽管存在较多的合理内容，可他一生都反对暴力革命。其认为，文明制度中存在两个难题，一是折磨人们的贫困，二是折磨整个国家的革命。傅立叶幻想通过和平改造的方式来实现未来社会的构建，他不是想融入工人群众，而是试图到资本家及社会统治者中间寻求同情及支持者。傅立叶曾经在媒体上刊登广告，公开表明他准备每天中午12点钟于家中接见那些出钱创办协作社的人。此后，傅立叶无论去何处，总是准时在中午12点之前赶回家中，准备接待来访人。但是，他等待了一生，却无法等到一个资本家的前来。傅立叶同其他空想社会主义学者类似，在资本主义社会中，尽管必须解除工人阶级与广大劳动群众的切身痛苦，可他却无法将自身的蓝图付诸实施。傅立叶所构思的协作社存在一个不彻底之处，亦即保存私有制。协作社的劳动收益以劳动、资本、知识的5/12、4/12及3/12展开分配。如此分配的后果是让协作社里的资本家与土地占有者无不成为了食利者，尽管资本家与土地占有者两类人也进行劳动，可却较少从事那些体力劳动。本质上，傅立叶的这种观点是试图协调资本同劳动的尖锐矛盾，幻想让阶级矛盾在所谓"协作社"里和平地消除。

　　圣西门、傅立叶以及欧文所著述的空想社会主义思想是在工人阶级同资产阶级二者之间的矛盾斗争并未激化的早期产生的。当时，资本主义社会中的各个矛盾还没有得以充分暴露，工人阶级刚刚自无财产的民众里分离出来。在此状况下，三大空想社会主义学者圣西门、傅立叶及欧文能够洞察到资本主义社会的阶级对立与社会弊病,并运用异常辛辣的笔调对其展开无情驳斥,这是非常可贵的。这些批判尽管没有触及到资本主义剥削的实质以及社会基本矛盾,可它构建了能够启迪工人思想的十分宝贵的资料。空想社会主义者还对以后的社会状况作了想象性的描写,并提出了一系列较为积极的想法和措施。空想社会主义者"处处突破幻想的外壳而显露出来的天才的思想萌芽和天才的思想"①,比如消除私人经营,消除雇佣劳动,消除三大差别,实施有计划的生产等措施,这些想法为科学社会主义的创立提供了前提资料。对于空想社会主义的历史性功绩,我们应当给予肯定。恩格斯曾经指出,尽管圣西门、傅立叶和欧文这几位学者的思想仍包含着非常虚幻与空想的成分,可他们无疑是可以进入全部时代中最伟大思想家之列的,三人天才地揭示了现代社会中业已科学证明了的各种真理。②

叶卫平等国内学者对于"恩格斯评价傅立叶"的研究具有一定理论价值与意义,这些研究可以解答两个问题:其一,被"真正的社会主义"思潮所误读、贬低的早期社会主义者有多位,但恩格斯单独把傅立叶拎出来进行摘录、评论,原因何在?这是源于傅立叶在社会主义思想史上的独特地位。其二,傅立叶没有接受过系统的高等教育,因而从专业学者的角度来看,他所构建的概念体系在严谨性方面存在不足之处,那么,这些概念的理论价值在哪里?恩格斯认为其理论价值主要体现在对资本主义社会的深刻批判上。

---

① 《马克思恩格斯文集》第3卷,人民出版社2009年版,第529页。
② 杭州大学政治系《科学社会主义讲话》编写组:《科学社会主义讲话》,载《杭州大学学报(哲学社会科学版)》1977年第3期,第45—56页。

第三部分　当代解读

第六章 经典著作结构、框架及内容

在论述了国内外学者对于《傅立叶论商业的片段》的研究状况以后，本章着重阐述该经典文献的结构、框架和内容。阐述的方式主要是根据文献所蕴含的各个观点，将其划分为若干组成部分和段落，并分别概括这些组成部分和段落的内涵，以方便读者熟悉、读懂《傅立叶论商业的片段》。

一 前 言

《前言》主要论述摘录傅立叶著作的原因与目的，共 6 个自然段。

1. 摘录傅立叶著作的目的在于批判"真正的社会主义"思潮。（第1 2段）

在恩格斯看来，德国"真正的社会主义者"逐渐把共产主义运动弄得庸俗起来了。在这些地方，他们总认为自己可以用轻视前辈和空谈理论的办式来掩饰自己的落后。"真正的社会主义者"创作"真正的德国理论"并献之于世，他们尽情地诬蔑目光短浅的法国人和英国人的"拙劣的实践"和"可笑的"理论体系。他们自以为完备的德国理论体系，非常幸运地有那么一点黑格尔的历史哲学的味道，而且被柏林的某一些学者列入了永恒范畴的模式，"真正的社会主义思潮"可能参考过费尔巴哈的著作、关于德国共产主义的文章以及施泰因关于法国社会主义运动的著作。恩格斯认为，"真正的社会主义者"应当去看一下傅立叶、圣西门、欧文以及法国共产主义者的著作。针对"真正的社会主义者"这种滑稽可笑的高傲态度，有必要向其指出他们从研究社会问题以来所应当感谢外国研究者的地方。法国学者或英国学者在十年、二十年、甚至四十年前就说过的话,"真正的社会主义者"直到最近一年来才终于了解了皮毛,并把这些话语黑格尔化了。但其中最为精华的一面,即对现存社会的批判——对社会问题进行研究的真正基础与主要任务,他们却统统抛弃了。

2. 所摘录的傅立叶著作的特点、缺陷、出处以及摘录方法。(第3—4段)

恩格斯向"真正的社会主义者"推荐傅立叶著作中不很长的文章,认为他们能够把它作为榜样。傅立叶没有从黑格尔的理论出发,他走入了与黑格尔不同的道路,采用了谢利叶方法来代替"绝对"的方法,因而形成了这样一些观点:海水变柠檬汁、北极和南极发出灵光、狮子改变兽性、行星进行交配。但尽管如此,恩格斯还是愿意同乐观的傅立叶一起相信这些描述,而不相信那些根本没有柠檬汁的"绝对"的精神王国,不相信"有"和"无"的同一以及永恒范畴的交配。傅立叶对现存的社会关系作了十分尖锐、十分机智和十分幽默的批判,所以他那些建立在天才的宇宙观之上的关于宇宙的幻想是完全可以被谅解的。傅立叶论述商业的片断是从傅立叶的遗著中挖掘出来的,曾刊载于傅立叶派在1845年初发行的《法郎吉》杂志第1册。恩格斯从中删去了有关傅立叶正面提出来的体系以及根本不会引起任何兴趣的部分。

3.《法郎吉》杂志纯粹是傅立叶派的投机把戏,这本杂志所刊载的傅立叶手稿,其价值并不相同。(第5段)

4. 后面将开始介绍《关于四种运动的理论》一书所发表的一个题目。(第6段)

二 傅立叶手稿中的导言(《问题的提法》)和第一章《商业方法的顺序》

1. 评析关于商业问题的争论。(第1—5段)

傅立叶接触到文明世界最为敏感的部分,在他看来,反对商业中的欺诈行为就像在12世纪反对教皇和领主的专横一样，意味着要被开除教籍。资本主义的商业活动正在腐蚀和破坏着文明时代。商业组织是直接违背常识而建立起来的。它使整个社会从属于一个寄生的和不进行生产的代理人阶级，也就是商人。

2. 商业制度是与真理和正义对立的东西，但它却最能得到资产阶级学者的庇护。（第6—8段）

当时受人盲目崇拜的商业活动是与真理和正义相对立的东西。商业活动导致的后果是：海上贸易的垄断、国债发行的增加、由纸币导致的接连不断的破产以及在一切贸易关系中增长着的欺诈行为。曾经声称鄙视肮脏财富的资产阶级学者，却全力吹捧不择手段追逐财富的阶级，即证券投机商和囤积居奇者阶级。

3. 商业在不同社会阶段具有不同形式，在蒙昧时代和原始商业中，商人既不是证券投机商，也不是囤积居奇者，因而此时的商业制度是公平的。（第9—15段）

商业在不同的社会阶段具有不同的形式；既然商业是全部社会生活的中介，只要存在着社会的运行状态，就有商业。一个人打猎如果碰到了好运气，他就拿一块兽肉去交换另外一个人制造的弓箭，后者不打猎，但需要获取食物。这种交换还不是商业活动。第二种形式即间接交换，即是原始的商业活动，它要通过中介人来进行。中介人的商品不是他所生产的，也不是他享有的，它只在下述情况下是有用的：（1）在只有农业而尚无工业的新开发地区，全部的殖民地在初期都处于这种状况。（2）在人烟稀少的地区，如在西伯利亚和非洲的沙漠，商人冒着酷暑严寒把商品运到那里，这时商人就是有益的人。傅立叶认为，对于那些置危险于不顾而把商品运到远方去的商人，政府应给予一切保护。如果这样的商人发了财，那也是他应得的。商人们在当地的商场或者公共集市上把货物公开卖给消费者，他们是工业发展的促进者。他们希望获利，这在文明世界是再公平不过的事情了；但是，商人很少满足于这样起作用，他们单独或者合伙施展诡计，以便阻碍商品流通，伺机抬高物价。

4. 当商人用投机手段盘剥生产者和消费者,而不是充当这两者的简单的、公开的中介人的时候,商业就腐败了。(第16—17段)

5. 资产阶级经济学为商业的腐败行为辩护。(第18—24段)

傅立叶讽刺说,资产阶级的经济科学教导人们,应该给予人们充分的自由权利。但是"神啊!请防止这种情况吧"。对商业活动的蔑视——所有的人生来就有的蔑视,除了若干从商业的勒索和诈骗中得到好处的海边经商部族以外,在所有值得尊敬的民族中都是很普遍的。实际上,无论是对于古代人还是对于现代人而言,所有"可敬"的阶级都把商业当做嘲笑的对象。然而一个世纪以来,一门被称为经济学的资产阶级科学把人、证券投机商、囤积居奇者、高利贷者和破产者抬到至高的地位。当时的政府就像这些败家子一样,满怀鄙视同商业签订了一个停战协定,而商业呢,它愈是善于同被它掠夺的工场主结合在一起,它就愈得势。在这种商业混合体中,资产阶级的经济学家把道德连同他们对真理的梦想全部抛弃了,以便将他们的宠儿,证券投机商和破产者扶上经济宝座。任凭资产阶级经济学的体系怎样赞颂商业的金牛犊,都不能消除各民族对商业的天生的鄙视。

6. 接下来将系统地分析一下文明时代商业的罪行(36种)。(第25段)

7. 在这36种特征中,傅立叶只准备详细地分析一种特征,即破产。(第26段)

三 关于流通的经济原则的虚伪性

1. 资产阶级经济学把间歇的流通和连续的流通、简单的流通和复杂的流通混为一谈。让我们撇开这些枯燥的差别,让事实说话,这将成为我们与经济学原则截然相反的原则基础。(第1段)

2. 为什么商业拥有制造赝币的权利,而别人这样做就会被送上绞刑架?(第2—10段)

商人们所签发的每张期票都包含有赝币的萌芽,因为很难确定这张期票是否真会得到支付。人们往往会反驳说,任何其他人都享有这样的特权,一个所有者也能像商人那样把期票投入流通。但傅立叶认为事实并不是这样。一个所有者无法做到这一点。让所有者发行期票就是这种情况。政府被大大地嘲弄了,它自己不去运用这种能力,却支持商人去运用!欺骗和掠夺好心人的方法受到各种形式的保护,而且这种保护只给予商人,政府不得受惠。傅立叶并不主张允许商人和政府使用这种看起来高明的技巧,而是相反,他主张必须禁止商人和执政者这样做。商人具有发行期票形式的伪币的能力。

3. 一览表中被称为"反应"的特征(第11种特征)。(第11段)

商业确实具有这样的特性:如果社会机体表示反抗,它就会把人们的枷锁上得更紧。

4. 两种特征:供应源泉的人为阻塞、引起萧条的过剩。(第12—22段)

人们借口危险而常常奉行这样的原则:让商人们去干吧,他们的充分自由是顺畅流通的保证。这是一个十分错误的原则,因为恰恰是这一充分自由的权利导致了种种阻碍流通的诡计,并由此产生了供应来源的人为阻塞。具体表现为,商人并不满足于把商品从生产者手中交到消费者手中,他们阴谋通过囤积居奇和证券投机制造那些不太充裕的生活资料涨价。在过剩的情况下也会产生同样的效果,那时商人活动会人为地造成对过剩的恐慌,阻塞供应。傅立叶借商人之口说:当他预见到无利可图时,就不需要再进货。商业,只要它愿意,就可以摆脱为社会机体服务的义务。资本主义的商业制度加重了由于过剩而产生的压力,因而会造成破坏性的后果。商业组织只为它自己的利益服务,而不为整个社会的利益服务,所以,它所运用的大量资本是从整个生产中偷盗来的。傅立叶在一览表中把这种偷盗列为第五个特征:"资本的转移。"

5. 文明机构和经济学对于商业的态度是袒护和无原则的。(第23—24段)

傅立叶通过分析,得出如下结论:文明机构确保商人们在犯了制造赝币罪后不受任何处罚，而其他阶级犯了这种罪就被判处死刑；商人们不受处罚的原因是借口他们促进了流通，事实上，他们多半是利用供应来源的人为阻塞和引起萧条的过剩来拒斥对流通的促进。

6. 人民敢于谴责政府在金融方面滥用职权，却毫无勇气谴责商业滥用职权。（第25—27段）

商业运行在时断时续的痉挛状态、意外现象以及越轨行为中进行。这些混乱产生了非常可笑的结果：人民敢于批评政府在金融领域滥用职权，却毫无勇气谴责商人滥用职权。一些公众能平心静气地容忍商人发行伪币，却不允许政府这样做，哪怕政府十分谨慎地通过"缓慢贬值"这种使纸币持有者有可能脱身的办法来准备破产也不允许。

7. 在之后的论述中让我们比较详细地谈谈破产。（第28—29段）

后面的详细论述将证明，当时的政治家把商业交给完全享有自由权利的、不受任何义务约束的商人来管理，是把狼引入羊圈并引起了各种各样的偷盗。

四　破产的等级

1. 除了其他舞弊行为外，破产是比拦路抢劫还要可恶得多的抢劫。可是人们对此已经习以为常并且安之若素，以致只要投机者只偷盗一半，也会承认这是诚实的破产。（第1—5段）

傅立叶感叹道，当犯罪变得十分频繁时，人们就会习以为常，并且成为犯罪活动的麻木不仁的目击者。他难以相信，自称秩序井然的国家竟能容忍像破产这样可恨的事情存在。破产是前所未有的最巧妙的和最无耻的骗局。我们想在这里首先让社会实践来作出判断，暂时把到目前为止众所周知的事实作为我们论证的基础，并且考察由哲学体系与原则引起的混乱：让商人有充分的自由权利，却不要求他们每一个人对慎重、正直和支付能力作出任何保证。除了其他舞弊行为外，破产是比拦路抢劫还要可恶得多的抢劫行为。可是大部分人对此已经习以为常并且安之若素，以致只要投机者只偷盗一半，也会承认这是诚实的破产。

2. 破产的等级。(第6段)

傅立叶将破产比做一种在古代很少有人知道的英雄行为。这种英雄行为自那时以来已经发扬光大，它使分析者有可能考察一系列的发展阶段，这些发展阶段将为人们的完善化能力的提升提供证据。

五　破产者的上升翼

1. 破产是骗局。(第1—2段)

傅立叶在此将证明：破产无疑是一场骗局，是比它的帮凶和庇护者所认为的还要可笑得多的骗局，这些人认为破产这一商业上的掠夺行为无非是可笑的小事，而傅立叶打算把这一点作为他进行分类的依据。按照一般的规则，傅立叶将这些破产行为分成三类：第一类包含轻松的优雅的色调，第二类具有动人的崇高的性质，第三类是不太明显的平凡的一类。

2. 虚构的"无罪"破产。(第3—10段)

幼稚的破产是缺乏经验的年轻人的破产，其初次进入商业领域，不知深浅，没有准备好策略就轻举妄动，宣告破产。这类破产者敢于冒险干出很多卑鄙勾当，侵占商品，不光彩的借贷，盗窃亲属、朋友、邻人，这一切都被同伙洗刷得一干二净。这些幼稚的破产者获得强有力的支持——嘲笑。所谓冒险的破产，是一些凭运气来增加债务或减少债务，从而形成的初试身手者的破产。商人们任意行为，疯狂地投机经营，挥霍巨款，装扮成大人物，以便更快地获得更多的信贷并通过某些暗中的牺牲保全这笔信贷。他们最有把握的赌博便是这样来加速终局的到来，在他们栽跟头的时候，人们还以为他们的事业刚刚起步，每个为他们的生意提供信贷的人还以为：他在第一年不至于马上垮台呢。悄悄的破产，是指陷入困境的债务人建议达成所谓"小小的协议"，或者打25%的折扣，或者把商品提价25%来抵偿。在商业中，人们十分坚持这种比较计算法。有这样一批骗子，他们在窃取了人们30%的钱财之后，还要向这些人证明，这些人是占了许多便宜的，因为他们不是骗走了50%。另外一些骗子还声称不得不忍受严重的损失，因为他们在人们身上只赚取了40%，本来是应该赚取60%的。这种看来可笑的计算方法在商业中随处可见。它使暗中破产获得了完全的成功。死后的破产是在主人公死后宣布的破产，死亡成了为死者辩护的借口，说死者希望重振他的事业，倘若他还活着，他肯定会体面地做到这一点。因此，人们称颂他那高尚的品质，同情他那可怜的孤儿。

3. 可尊敬的破产。（第11—15段）

上述四类破产是虚构的无罪，接下来傅立叶开始阐述真正的无罪破产。倘若由于9/10的破产者都是无赖，就侮辱所有的破产者，这是不公平的。傅立叶举出三个真正可以原谅的类型。糊涂人的破产是不幸者的破产。破产者一文钱也没有拿到，把全部收入都交给债权人，老老实实地任凭债权人处置。狂想的破产是绝望者的破产，其认为自己受了侮辱，有时竟开枪自杀或投水自尽。谁都能预卜他们的命运，因为谁都知道，十个搞商业的骗子中九个会走运，而十个老实人通常有九个会破产。无原则的破产是头脑简单的人的破产，他听任司法干预，听任它作出欺侮自己以及把自己剥夺得一无所有的裁决，不像许多机灵的人那样善于体面地、有利地摆脱困境。

4. 诱惑性的破产。（第16—23段）

人们为何不能够像受到其他许多邪恶者的诱惑那样受到破产者的诱惑呢？友爱的破产、节约的破产是谄媚者的破产，他只希望他的债权人幸福，如果不得已而使他们破费，就会觉得难过，他迫使其同意打50%的折扣，以免司法干预的介入。体面的破产是那些在上流社会中深孚众望、直到最后一刻还能够保住家庭体面的人的破产。风流的破产是指漂亮女人的破产。对此抱怨是不体面的，对女性要有所照顾。善意的破产，这本质是使债权人得到更多金钱的破产。有情意的破产发生在这样一些人身上，他们向其他人说些动人心弦的话，对债权人大谈其同情心和美德，以致债权人如果不马上让步，承担义务，那就成为野蛮人了。好心的小伙子为了表示其敬意，在第一次交易中就利用期票掠夺他们，这是他给这些人的礼物和表示欢迎的心意。他拿走这笔钱是为了同他们结识，一个月后他破产了。对这些先生来说，用一万法郎换取他的尊敬是何等的快事啊！在所有这些真正友爱的破产者中间，看到的不外是友谊、善意以及温情。

六　中心。——宏伟的色调

1. 现在开始考察商业精神的所谓"伟大发展"，考察那些能证明当时在走向复兴和完善化方面取得巨大进步的大规模活动。破产在这里施展它的才能，并且按照广泛的计划进行活动。（第1段）

2. 战术家的破产。（第2—25段）

富裕的破产，这是具备商业天才的高级投机商所采用的破产模式。银行家多朗特拥有200万法郎，他希望尽快不择手段地弄到400万—500万法郎的财产。多朗特会采取什么手段呢？他倚仗自己那笔尽人皆知的资本，得到了价值800万法郎的期票、商品等信贷之后便破产了。破产者的另一种可能性是：多朗特在侵吞了400万后，不是作为幸运的骗子，而是作为不幸的商人，完全保持了自己的荣誉和社会的尊敬。多朗特在考虑自己的破产时，就已经控制了舆论。这样，多朗特和他的同伙窃取公众数百万钱财的活动，不到半年就结束了，许多家庭因此破落，其财产却到了多朗特等人手里，诚实的商人遭到了破产，破产把这些商人化为同样的骗子。破产是唯一像瘟疫一样蔓延并使诚实的人陷入骗子一样可耻境地的社会犯罪行为。所有破产的骗子中有9/10把自己说成是遭遇不幸的诚实的人，并且大声喊道：与其责备我们，还不如可怜我们。为此，自由贸易的拥护者提出的采用惩罚性的法律的方式在商业中是不适用的，于是，甚至最小的破产都可以在商人的保护下逃避司法追究。

所谓世界主义的破产，这是商业天才和哲学天才的天然联盟。一个破产者在掠夺了某个国家后，又在其他一些国家接连制造破产，他就成为一个真正的世界公民了。这是一种可靠的投机活动。充满希望的破产是在革命以后才出现的，只有不到半个世纪的历史。过去，年轻人进入商界通常比较晚，他们不到30岁根本到不了经理的位置。但是在破产频发的年代，他们18岁就经营管理一个商店，20岁就可以制造首次破产，这次破产使他们有理由对继续制造破产抱很大希望。先验的破产，需要有普遍的计划和宏伟的精神、30—40个伙计的办事处、大量的船只以及在世界各国有广泛的联系，然后是突然的垮台和可怕的崩溃，其反响遍及世界各地，出现倒闭频发的混乱现象，商人依靠这种混乱得到油水。渐进的破产是投机者的破产。他们机智地布置自己的活动，能够经历7—8次连续的破产。其原则是：第一次破产时只宜适度地掠夺，只需掠夺50%就够了。第二次破产时只宜掠夺更少，不超过20%，以便证明破产者已经学到了一些东西，其做法已经比较灵活和谨慎了，等他从第二次打击中恢复过来，他就会变成一个完美的商人，一个值得尊敬的"商业朋友"。在第三次破产时则要大量掠夺，至少掠夺80%，并且为自己表白：这不是寻常的亏空，而是由意外事件引起的亏空。在第四次破产时只掠夺50%，以便证明他是一个谨慎的人，如果不是环境所迫，他知道怎么安分守己。在第五次破产时可以掠夺到60%了，因为公众对此已经习惯了；在这一前提下，多10%或少10%是无损于这类投机的，因为人们知道，能制造四次破产的人，也会制造第五次和第六次破产。至于第六次和第七次破产那就任意而为了。这是一种崭新的艺术，就像它所由产生的资产阶级经济学一样，它还没有固定的原则，甚至缺乏一套系统的术语。完成第一次破产者只称"骑士"。第二次破产时称"王子"。第三次破产时封为"国王"。第四次破产时则称"皇帝"。第五、第六和第七级在商业界还没有命名。

3. 善于机动者的破产。（第26—44段）

傅立叶在这一部分开始阐述一些大规模的"机动行动"，其要求不同的破产商人为了商业的利益和崇高真理的胜利而协同行动。这些行动给我们提供了四种善于机动的商人类型。连续发射的破产，这种破产通常是由反击引起的，由一个波及一个的、一连串破产引起的。犹太人伊斯加里约带着10万法郎资本来到法国，这些钱是他在第一次破产时赚到的。他在一个城市里开业经商，在那里有6家受人尊敬和有信用的商号是他的对手。为了夺走他们的主顾和声誉，伊斯加里约马上开始按成本出售他的商品，这是招揽顾客的可靠手段。老商号们都说伊斯加里约是一个伪装的骗子，他早晚要暴露的，但是公众反而指责他们忌妒他和诽谤他，并且越来越倒向这个以色列人。伊斯加里约打的是这样的算盘：用按成本出售商品的办法，他损失的只是他的资本利息，就算每年1万法郎左右，但是给自己找到了一个重要的销售市场，在这些海港城市获得了大主顾的称号并且在如期付款的条件下得到了巨额信贷。当一切都成熟到可以展开活动的时候，伊斯加里约就利用他的全部信贷在各海港城市发出大批订货单，赊购了总数达50万—60万法郎的商品。他将自己的商品运往国外，同时廉价出售他的全部库存货物。当所有商品都被变成现金时，"善良"的伊斯加里约就带着他的公文包逃之夭夭，回到了德国。在那里，赊购的商品已经先期运到，他就赶快卖掉商品。结果，当他离开法国时比他刚到法国时富裕了3倍。现在虚伪的面纱一下子掉了下来，在遭到伊斯加里约突然打击的那个城市里，人们清醒过来了。他们认识到，让犹太人，让那些无所牵挂的流浪汉经营商业是多么危险。这个以色列人有6个竞争者。A长期以来陷入困境，他已经没有多少财产，只靠他的好名声支撑着。但是伊斯加里约夺走了他所有的顾客，这种竞争他只能对付一年。B经受这种打击的时间比较长；他早就看出伊斯加里约的骗局，他期待着这场风暴赶快过去，以便把被骗子夺走的顾客再夺回来。C同一家外国商号合伙，这家商号让第二个伊斯加里约（这种人每个城市都有）弄得破产了。D表面上老实，实际并不老实。E借给他的四个相继破产的伙伴巨额款项，他相信这些合作者都有支付能力，而在伊斯加里约的行为毁掉他们的事业之前，他们确实是有支付能力的。E被这四家商号的破产弄得十分狼狈。F拥有充足的资金，但是由于上述五个人的破产使人们推断他即将成为后继者，于是他在各海港城市失去了信用。由此可见，一个流浪汉或一个犹太人的经商活动足以使一个大城市的整个商业界解体，使最诚实的人去犯罪。有时连续发射的破产还会以跳射的方式在其他国家发生作用，同时在不同的国家席卷 12 家商号。密集队形的破产需要一个较为有利的环境来进行辩解，从而使大部分商人敢于作决定命运的跳跃。纵深队形的破产是指彼此相关的一系列破产，但是每隔三个月才爆发一次。散兵队形的破产是由一些小骗子开始的，他们发起一场大运动，而且就在自己的小商业中到处制造小型破产。

4. 捣乱家的破产。（第 45—51 段）

傅立叶讽刺说，他所列举的破产者都依据宏大的计划行动，但是忽视符合道德的方法，从而损害了当时的同业公会的声誉。大规模的破产波及社会上的全部阶级直至十足的小人物、仆人以及把自己有限的积蓄存放在伪善者那里的人。大型的破产是某个不知名的暴发户制造的破产，他既无资金又无信用，却成功地投身于所谓的"大事业"，并且在那里制造了类似身居高位和实力雄厚的银行家们所制造的那样巨大的破产。这种人同前一种人不同，他是从另一条道路达到了同样的目标，即唤起舆论来反对商人们的阴谋诡计，反对给这些生意人以充分自由的荒谬法律。阿梯拉式的破产把破产者的荣誉捧上了天，使一个国家被践踏得像遭到汪达尔人的整个军队洗劫一样，而科学是用它那给商人以绝对自由的理论来愚弄人们。

七　下降翼。——肮脏的色调

1. 在傅立叶看来，他还可以举出一批值得注意的色调温和的破产者，这些具有资产阶级的优点和缺点的人将使人们在看了这么多光彩夺目的丰功伟绩之后一饱眼福。人们还将看到若干使读者兴奋的种类，尤其是最后一类即败坏破产者团体声誉的伪善的伙伴。（第 1 段）

2. 狡猾的骗子手。（第 2—6 段）

有补偿的破产，进行这种破产活动，是为了使自己在各种不幸事件中的损失得到补偿。一个被夺去了存款的地主对此反驳说：倘若冰雹与洪水毁了我的庄稼，而我得不到任何人的支持，我就得不到补偿。傅立叶讽刺说:"真是妙论!难道地主不知道,在目前情况下他们是一个依赖他人的阶级即依赖于非生产者、依赖于被称为商人的阶级吗?"

别具一格的破产,这是所谓"聪明人"的破产,他预见到所有可能发生的情况,拿出一部分钱应付风暴和制服难对付的人。得寸进尺的破产,这种破产活动表演的是剧情发展越来越有趣的多幕滑稽戏。虔诚的破产,这是指从事各种宗教慈善事业、在举行宗教游行时手持华盖饰带的圣徒们的破产。他们能轻而易举地找到信贷者和存款人,并能秘密地组织大规模的破产。

3. 笨伯的破产。(第7—11段)

在每一种职业中,人们都可以发现一些无知的人,他们不按规章办事,用最好的材料做出最差的活。破产者当中也有这样一些愚笨的人,他们只会把黄金变成铜,在别人能进行出色交易的地方,他们却非常愚蠢地陷入破产。出于幻想的破产,是指上当受骗者的破产,这些人受花言巧语的引诱去从事商业,他们不懂商人的狡猾奸诈,当然像扑灯蛾一样,落得个自取灭亡的下场。衰朽者的破产,这是至死还想手持武器的不可救药者的破产。有不少本应退休的人,他们因年龄所累,办事糊涂,不熟悉最新的思想成果,在衰朽之年失去了过去积累起来的财产,并且顽固地坚持下下去,直到不断重复的失败造成无法避免的破产。受压抑的破产,这是激烈的竞争者的破产,他们故意走向破产,他们破产是为了从对手身上争夺一点利润。人们可以看到,这些人中间的许多人常常做亏本生意,希望对手先于他们而破产,于是自己便成为战场上的赢家。蠢猪似的破产,是没有经验的年轻人的破产。他不按原则进行活动,使妻子儿女和自己一起破产,而且还落入司法机关的魔爪,遭到"商业朋友"的鄙视。

4. 伪善的伙伴。(第12—18段)

傅立叶把那些使可尊敬的破产者团体遭到公众歧视的人称为伪善的伙伴。骗子手的破产,是指一些小无赖制造的破产,他们在破产时尽干一些令人十分讨厌的小偷小摸行为,以致邻人说应该对他们判处绞刑。恶棍的破产,这是指除了使用卑鄙的无赖手腕还运用巧妙诡计者的破产,例如他先自盗,然后再运用动之以情的策略。小商人斯嘉本制造了一次只有4万法郎的可怜的破产;他占有了3万法郎作为这一行动的利润,然后把余下的1万法郎交给债权人。溜之大吉的破产,这种破产多为大城市的一些小租赁人所采用,他们在付款期临近时便在夜幕的掩护下携带着自己的可怜的家当悄悄地溜走了。这种形式的破产是很可笑的,使团体遭受不良影响。令人发笑的破产,这是小零售商的破产,这种人也像那些地位高、势力大的银行家一样以最合适的形式来制造破产,而付给自己的债权人的数额不超过5%。

5. 在傅立叶看来,他已经约略阐述了所有这些破产的定义。但是他所列举的也是挂一漏万,只能把它看做一个轮廓,每个人都可以对遗漏的特征加以补充。(第19段)

八 傅立叶手稿的"结论"

1. 如果考虑到破产仅仅是商业的36种特征之一,那就很难解释为什么在这样一个毫不留情地对待社会一切阶级的罪行甚至还公布国王和教皇的罪行的世纪里,这个如此可怕的罪恶之源即商业机构还未得到剖析。(第1—2段)

人们在审视这本有关商人的劣迹恶行录时,通常会问道:在这个自称为崇高真理之友的世纪中,商人怎么能借口商业是不可或缺的而毫无愧疚地热衷于骗人的商业呢?

2. 把有关破产的话说完。(第3—7段)

破产,哪怕是最小的破产都可以在商人自己的保护下逃脱司法部门追究。要想举出几个狡猾的破产者受惩罚的例子,那是枉费心机;100人中有99个人都成功,如果第一百个人失败,那这个人一定是个不善于玩弄策略的傻瓜。傅立叶曾经指出,破产是唯一像瘟疫一样蔓延并硬把诚实的人拉上无赖汉道路的社会犯罪行为。关于破产者的上述内容简单说来就是这样。收税官之所以不效法这些榜样,是因为他们知道任何哲学或经济学学说都不能使他们免受惩罚,而破产者却能在各种所谓"原则"的庇护下逃避惩罚,这些原则可以概括为:给商人以充分自由,但不要求他们保证不搞阴谋诡计。

九 结束语

1. 傅立叶写的就是这些。《法郎吉》第 2 册刊载的这篇文章的续文包括证券交易、囤积居奇和寄生现象等三章,这几章大部分都已经在《关于四种运动的理论》一书中发表。(第 1 段)

2. 现在对德国人来说,最好是首先了解一下国外所获得的成就。他们只有知道了在他们之前已经做过些什么,才能表明他们自己能够做些什么。(第 2—6 段)

傅立叶是在正确地认识了过去和现在之后,才逐渐产生了对未来的构思,"真正的社会主义"理论却是首先随意地整理一下以往的历史,然后又随意地指点未来应该走向何方。"真正的社会主义"内容极其贫乏,只是喜欢谈谈当时人们称为"人性"的东西,而这种"人性"或者不如说是"兽性"的"实现",根据来自蒲鲁东的那些第三手或第四手材料,略微讨论财产,略微为无产阶级悲叹几声,略微讨论劳动组织,本质上对于政治经济学和现实的社会 无所知,这就是"真正的社会主义"的全部内容。

傅立叶,除了他的后期著作以外,几乎没有接触到"真正的社会主义"所讨论的问题。但是,他提出了这样的例子,一个人即使不接触这类问题,也可以承认现存社会完全应该受到批判,一个人仅仅通过批判资产阶级,也就是批判资产阶级内部的各种经济关系而不涉及它对无产阶级的态度,便能够得出必须改造社会的结论。在《傅立叶论商业的片段》发表的年代,用以上方式对资本主义社会进行批判的学者只有傅立叶一人而已。"真正的社会主义者"首先必须熟悉国外的社会运动,熟悉这个运动的实践与文献(包括近 80 年来英法两国的全部历史、英国的工业与法国的革命),然后他们一定要在实践领域与文献领域作出一系列的研究,只有在这之后,才能够略微讨论诸如各民族的功绩大小这种不太重要的问题。

第七章　重要理论观点阐述

要读懂、读透《傅立叶论商业的片段》，必须对文献中的重要理论观点进行提炼，这些理论观点包含三个方面：一是关于"真正的社会主义"思潮的理论观点；二是关于傅立叶空想社会主义学说的理论观点；三是对当代社会的理论启示。

一　关于"真正的社会主义"思潮的理论观点

恩格斯在理论上批判"真正的社会主义者"，认为他们是思想界中的投机者，是迷惑众人的庸俗社会主义的制造者，这一思潮本质上是将法国学者的空想社会主义同德国学者的哲学思想相糅合的大杂烩。

（一）"真正的社会主义者"是思想界的投机分子，是种种庸俗社会主义的始作俑者

马克思和恩格斯对于"真正的社会主义"的深刻批判，早在其撰写《德意志意识形态》之前就已经进行了，《傅立叶论商业的片断》就是这里面较为典型的一篇。这篇文章是恩格斯由英国回到比利时布鲁塞尔以后不久写作的，他在这篇文章里深刻分析了"真正的社会主义"的内涵与本质，认为"真正的社会主义者"无疑是一群思想领域的投机者，是种种庸俗社会主义学说的始作俑者："德国人逐渐把共产主义运动也弄得庸俗起来了。在这里，那些后生之辈和庸庸碌碌的人总认为自己能够用轻视前辈和空谈哲理的办法来掩饰自己的落后。共产主义刚在德国出现，就被一大批投机分子视为奇货可居。这些人以为，他们把

在法英两国已经不足为奇的论点翻译成黑格尔逻辑的语言,并把这种新的智慧当做某种前所未有的东西,当做'真正的德国理论'献之于世,以便将来可以尽情地诬蔑目光短浅的法国人和英国人的'拙劣的实践'和'可笑的'社会体系,就算是创造了奇迹。"① 马克思和恩格斯深刻地知晓,"真正的社会主义者"这些空谈者尽管无法断送社会主义运动,因为革命斗争的实践进程将会彻底揭露其欺骗与虚弱的本质,可是这个空洞思想浪潮的蔓延与泛滥,却在一定程度上可能弱化群众的斗志,危及当时德国社会正处于高涨时期的、反对封建制度的民主革命运动,会影响到真正科学的社会主义思想的宣传,阻碍工人阶级革命政党创立任务的完成。所以,马克思和恩格斯在批判德意志意识形态之时,就运用较大的篇章来对"真正的社会主义"思潮展开深入分析。二人一针见血地认为,"真正的社会主义"思潮不是从工人阶级的角度出发,而是由小资产阶级的视角出发来考察资本主义社会的。"真正的社会主义者"想尽各种办法美化小私有制,并且宣扬阶级调和,试图用那种中世纪田园诗般的想象来遮掩现代资本主义社会关系,这不但是无法自圆其说的,并且是极其反动的。那种维护德国人数较多的小资产阶级的做法,事实上是在维护德国现存的社会制度,同时排斥资产阶级的民主革命。

马克思和恩格斯认为,在经济及政治仍然较为落后的德国,此时社会的主要矛盾仍然不是工人阶级与资产阶级之间的矛盾,而是包含资产阶级在内的众多人民群众与封建专制制度之间的矛盾,所以工人阶级绝不能避开封建统治阶级而将斗争的矛头直接对准资产阶级,工人阶级应当积极投身到资产阶级民主主义革命当中去,将革命进一步引向深入。显然,倘若资产阶级是工人阶级的天然敌人,只有将这一敌人打败,工人阶级政党才可以夺取政权,那么德国的现实状况就是工人阶级更为强大的敌人,由于其挡在工人阶级同资产阶级之间,阻碍着工人阶级打败资产阶级。所以,改变德国的这种现状不但是广大劳动群众的迫切需

---

① 《马克思恩格斯全集》第42卷,北京:人民出版社1979年版,第318页。

要,也是工人阶级的当时利益所在。除去在世界观与政治观领域批判"真正的社会主义者"以外,马克思和恩格斯还毫不留情地批判了以狭隘的民族主义思想为基石的"虚假的普遍主义与世界主义",批判了"真正的社会主义者"自诩为"在梦的王国里"存在的"支配权",并且辛辣地讽刺了这一流派那种将德国市侩奉做神灵的日耳曼优越主义思想。马克思与恩格斯指出,倘若说普通的民族狭隘性比较讨厌的话,那么"真正的社会主义者"的这种德国特有的民族狭隘性就会讨厌到令人作呕。这些人总是用骄傲自满的方式将空洞的"人的本质"的领域与其他民族彼此对立起来,将一层超越于民族之上的狭隘性并且毫无现实利益关系的虚幻面纱掩盖住自身狭隘的本质,借之反对部分公开宣称自身民族狭隘性以及承认自身以现实利益为考虑的民族。正像陈林等人所说,对于"真正的社会主义"思潮的批判,就像对于费尔巴哈与青年黑格尔主义者的那些批判一样,其根本的目的是为了论述崭新的历史唯物主义与科学社会主义理论,也就是"论战"要为"正面阐述"进行服务。①

(二)"真正的社会主义"思潮是将法国空想社会主义同黑格尔与费尔巴哈的思想糅合在一起的大杂烩

《傅立叶论商业的片断》一文是恩格斯对于法国空想社会主义学者傅立叶的著作《论三种外在统一》的摘编。恩格斯高度评价了傅立叶的这样一部著作,指出它揭露了资产阶级在进行金融贸易活动时的贪婪、诡诈、伪善以及卑鄙。恩格斯在这篇长文里认为德国小资产阶级的"真正的社会主义"思潮,是将法国空想社会主义同黑格尔与费尔巴哈的哲学思想糅合在一起的大杂烩,是极其"劣等的德国理论",这一理论脱离当时革命斗争的实际,并且对政治经济学与现实的社会状况毫不知晓。②

---

① 陈林、袁霞:《恩格斯传》,北京:中共中央党校出版社1998年版,第125—127页。
② 《马克思恩格斯全集》第42卷,北京:人民出版社1979年版,第Ⅰ—Ⅶ页。

恩格斯在《傅立叶论商业的片段》一文里认为，傅立叶是批判的空想社会主义的一位杰出的代表者。此外，恩格斯在其文章《在伦敦举行的各族人民庆祝大会》里认为各个国家的工人阶级的利益是一致的，同时戳穿了资产阶级的所谓"世界主义"。这两篇文章，再加上马克思于 1846 年 1 月 18 日所写的《声明》一文都是十分重要的，这些都是马克思主义理论的两位创始者在报刊上首次发表的反对那些"真正的社会主义者"的论述。"真正的社会主义"思潮代表人物的那些庸俗的、冒牌的社会主义思想是德国工人阶级民主运动继续发展的重大阻碍。马克思与恩格斯为了奠定创建工人阶级政党的基石，于 1846 年 1 月在比利时布鲁塞尔创建了共产主义联络委员会，该委员会的目标是在思想上与组织上团结德国国内以及其他国家的、参与革命的共产主义者和先进工人，同时与工人运动里的各种非工人阶级思想流派作斗争。①

《傅立叶论商业的片断》的德文名称是"Ein Fragment Fourier's über den den Handel"，其翻译工作是涵盖于马克思与恩格斯为了在德国国内宣传英法两国空想社会主义的各种著作而计划进行的一项较为庞大的出版项目里面的。在当时，"真正的社会主义"思潮对于英法两国空想社会主义学说的杰出代表人物的那种骄傲自满、目空一切的情绪，及其力图赞颂"真正的、德国的社会主义"的想法，尤其显著地体现于 1845 年 8 月在达姆斯塔德出版的、由格律恩撰写的著作《法兰西和比利时的社会运动》里。②"真正的社会主义"这个名称的来源，是由于该流派的代表者自吹自擂其主张是一种"真正的社会主义"，马克思与恩格斯带有讽刺意味地借用了这一提法。"真正的社会主义"思潮存在的时间大约是 1844—1848 年，无疑，这一思潮是当时德国较为落后的社会历史条件所催生的产物。

首先，"真正的社会主义"思潮是德国国内小资产阶级政治动摇性的思想体现。19 世纪 40 年代中叶的德国社会，正处在矛盾日益累积的

---

① 《马克思恩格斯全集》第 2 卷，北京：人民出版社 1957 年版，第 XI 页。
② 《马克思恩格斯全集》第 2 卷，北京：人民出版社 1957 年版，第 703—704 页。

资产阶级革命的前夜。但是在当时,德国仍旧是一个奉行君主专制的国度,全国土地被划分成 36 个大小不一的邦。广大的农村地区,仍是封建土地所有制居于统治地位的区域。尽管贵族们在经济上已经非常孱弱,但其在政治上还是手握特权,在各个地方担任着各级政府的高官,并掌控着军队。普鲁士国王弗里德里希·威廉四世 1840 年上台之后,试图恢复贵族阶级在社会里的统治地位,所以在政治与经济生活中对资产阶级进行各种限制。于是,这些政策措施都成为了资本主义继续发展的阻碍。对于以工业资本家为主体的资产阶级而言,进入 19 世纪 40 年代之后,伴随关税同盟的日益扩大和交通工具的蒸汽化,资本主义市场竞争实力不断提高,已经很快发展起来。为了继续发展资本主义,身处各邦的资产阶级开始进行合作,成为反抗专制政府的自由民主运动的领导力量。这样,资产阶级夺取国家统治权的革命就被提上了历史日程。恩格斯对于此时的阶级状况做了若干总结,他认为,贵族业已衰败不堪,而小资产者与农民的日常生活让他们形成软弱无力的状况,工人们则还远远不够成熟,因而他们仍旧无法在德国变成统治阶级。于是,这时剩下来的就唯有资产阶级了。换句话说,在此次推翻专制制度的民主革命里,唯有资产阶级可以充当领导者的角色,将贵族之外的各种阶级力量团结在自身的周围。需要指出的是,在此次即将到来的革命里面,小资产阶级有其特殊性。这是一个较为广大的阶级,其主要成分是小手工业者与小商人。恩格斯说:"这个阶级在所有现代国家和现代革命中,都居于极重要的地位,而在德国则尤其重要,在最近德国的各次斗争中,它常常起着决定性的作用。"① 因为他们居于资产阶级与工人阶级之间,这就决定了其自身特性。他们一门心思试图爬上资产阶级的位置,可一遇到风浪便会被扔进工人阶级行列;他们平日的生存要依靠宫廷与贵族的照顾,如果丢失这些主顾,该阶级的大多数人就得破产。于是,这样的经济地位决定了小资产阶级在政治与思想上的动摇性质。

---

① 《马克思恩格斯文集》第 2 卷,北京:人民出版社 2009 年版,第 355 页。

小资产阶级永远摇摆在两个对立面之间：他们既期待跻身于较富有的阶级之列，又恐惧落到无产阶级甚至乞丐的局面；既期待参与到对公共事务的领导当中以维护自身的利益，又害怕不合时宜的抗争活动会激怒政府。所以，这一阶级的思想状况是十分摇摆的。其在具有力量的封建专制政权面前显示出卑躬屈膝、百依百顺的状态，可当资产阶级取得优势时，它又会转移到自由主义这里来；如果资产阶级夺取了政权，它就会因为十分强烈的自由主义想象而癫狂起来，可当低于自身的那一阶级——工人阶级试图进行独立的革命运动时，它又会马上变成意气消沉、忧心忡忡的状态。"真正的社会主义"思潮就是在这一阶级背景里生长出来的一棵莠草。"真正的社会主义"思潮明确地成为一个理论流派，是在1844年。在这一年的9月，莫泽斯·赫斯与卡尔·格律恩等学者在科恩成立了一个所谓共产主义俱乐部，并由此形成了"真正的社会主义"理论流派。参与这一流派的成员，一般是某些知识分子，涵盖期刊编辑、出版者、哲学与政论作者、作家以及诗人等。这些人办过《社会明镜》《莱茵年鉴》《德国公民手册》《威斯特伐利亚汽船》《特利尔日报》等报纸和杂志。19世纪40年代早期，流派成员大多是民主主义者，之后伴随阶级斗争的尖锐发展，其对革命运动感到惧怕，同时对宗法制度却非常怀恋，他们对于专制政府给予逢迎，并且在政治上迅速蜕变成为十分保守的、充满鄙俗气息的那种德国小市民了。正像马克思与恩格斯在揭露这个派别的阶级属性时所指出的，德国人并没有英法两国那样的较为发达的阶级关系。因此，德国共产主义者只能在其出身的那一等级的生活环境里获得自身体系的基础。所以，唯一存在着的所谓德国共产主义体系，是那些法国思想在接受小手工业关系限制的一种世界观范围里的复制。①

其次，"真正的社会主义"是一种脱离德国现状的主观想象的产物。"真正的社会主义"思潮的内容是非常混乱的，甚至是一种剽窃的

---

① 彭治平等编著：《马克思、恩格斯、列宁、斯大林文艺思想讲解》，长春：时代文艺出版社1986年版，第141—149页。

大杂烩。圣西门与谢林、傅立叶与黑格尔、蒲鲁东与费尔巴哈都是这种杂烩里的原料。"真正的社会主义者"运用德国唯心主义思辨哲学来理解、阐释法国与英国,尤其是法国的空想社会主义与共产主义文献,这样就阉割了法国文献里的革命精神,将里面积极、合理的事物作为法国人的所谓"片面性"抛弃掉了,同时将空想社会主义的那些消极因素,也就是通过向统治阶级呼吁,向那些资产阶级的善心与钱袋乞讨,从而力图改变现存社会的改良主义路线作为较为积极的事物加以接受,将它与黑格尔的唯心主义思想,尤其是费尔巴哈的人道主义糅合在一起。由此决定了"真正的社会主义者"的思想,只能是漂浮在德国精神天空里的一片流云。对于这样一种特征,马克思与恩格斯指出,这些所谓"社会主义者"——或是像他们自诩的那样——"真正的社会主义者"——觉得外国的共产主义思想并不是特定现实运动的体现与产物,而单纯是一些理论性的文献。这些文献完全像其所想象的德国哲学体系一样,是从那种所谓"纯粹的思想"里产生的,其企图运用德国的尤其是黑格尔与费尔巴哈的意识形态来论述社会主义与共产主义文献的观点。原先这些共产主义体系及其批判性与论战性的共产主义著作无非是特定现实运动的体现,但他们却将这些体系与著作同特定的现实运动分离开来,之后,又十分任意地将它们与德国哲学关联起来。于是,将法国人的哲学翻译成为德国哲学家的语言,就任意制造出共产主义与德意志意识形态之间的关系,从而形成了所谓"真正的社会主义"思潮。

再次,"真正的社会主义"学说是披着美文学外衣的反动理论。这是基于它的外在形式的特征。19世纪40年代早期的德国社会,资产阶级与工人阶级的斗争还没有充分发展,现实的党派斗争也没有凸显出来。恩格斯指出:"由于德国没有现实的、激烈的、实际的党派斗争,社会运动在开始时也就变成了纯粹文学的运动。'真正的社会主义'就是最完备的社会文学运动。"[①] 这主要体现于,在哲学、政论之类的文章里,以美文学的华丽词汇替换那种基于科学的研究;在文学创作里

---

① 《马克思恩格斯文集》第1卷,北京:人民出版社2009年版,第590页。

面,用图解式的那种政治、道德说教来替换真实的艺术描绘。这样一种特征,与19世纪30年代的所谓"青年德意志"流派是类似的。同时,"真正的社会主义"思潮的某些代表者,比如格律恩、卡尔·倍克都曾经参与过所谓"青年德意志"流派。所以,马克思与恩格斯在批判卡尔·格律恩时指出,格律恩先生的理论展示出"真正的社会主义"思潮与青年德意志流派的低级文学糅合的可笑现象。在"真正的社会主义"思潮里,那些自诩为深谋远虑的神人是头戴"青年文学"桂冠显现出来的。至于"真正的社会主义者"这样行事的目的,正像《共产党宣言》所论述的那样,德国的所谓"社会主义者"给自身那几条干瘪的"永恒真理"披上了一件用思辨蛛丝织成的、绣满华丽辞藻的花朵与浸透甜情蜜意的甘露的外衣,而这件光彩夺目的外衣只是让他们的货物在这些顾客里面增加销路罢了。根据彭治平等人的研究,"真正的社会主义"思潮在1844年开始传播,到1847年一跃而成为文坛中具有一定影响力的派别。于是,马克思与恩格斯就必须对其进行严谨批判。1848年《共产党宣言》得以发表,让"真正的社会主义"思潮在理论上得到致命打击,伴随1848年德国资产阶级革命运动的失败,反动政治力量不断加强,更让"真正的社会主义"流派在实践中信誉扫地。1848年之后,这一喧嚷一时的反动理论流派也就此消解了。①

"真正的社会主义"作为一派社会学说,恩格斯对其做过这样的总结:"德国的'绝对的社会主义'内容贫乏透顶。稍微谈谈近来大家称为'人性'的东西,稍微谈谈这种人性或者不如说是兽性的'实现',按照蒲鲁东那样——而这是来自第三手或第四手材料——稍微谈谈财产,稍微为无产阶级悲叹几声,稍微谈谈劳动组织,多少组织几个改善下层阶级人民状况的可怜团体,而实际上对于政治经济学和现实的社会却茫然无知,这就是这种'社会主义'的全部内容。"② 具体而言,该学说的思想基础主要是费尔巴哈所主张的人本主义,其社会内容主要是

---

① 彭治平等编著:《马克思、恩格斯、列宁、斯大林文艺思想讲解》,长春:时代文艺出版社1986年版,第141—149页。

② 《马克思恩格斯全集》第42卷,北京:人民出版社1979年版,第357页。

被曲解了的圣西门、傅立叶的空想社会主义同蒲鲁东主义的混合物。这个学说的主要特征，可以用马克思与恩格斯讽刺地描述卡尔·格律恩的一篇文章的言论来总结，那就是"闪烁着人道主义的火光，放射着社会主义的光辉的焰火"。换句话说，"真正的社会主义"思潮的社会学说，是挂着社会主义的牌子，售卖着人道主义的私货。以下是他们的若干代表性的观点：无论国家的经济状况与当前的政治局势会导致什么样的结果，在全部情况下，只有人道主义的世界观才会开辟出通向人类未来生活的路径。在人道主义里全部关于名称的争论都已经解决。为什么要划分出什么共产主义者或是社会主义者呢？我们都是人。比如，法国人通过政治领域走向共产主义……德国人通过最后变成人类学的形而上学而走向社会主义……共产主义与社会主义归根到底都必须消融在人道主义里。一定要实现共产主义，以便可以实现人道主义。诚然，人道主义是其社会学说的真正的核心。

最后，"真正的社会主义"思潮的人道主义究竟是一个什么样子的货色呢？他们空洞地论述人的平等、自由与权利，试图建构一个"以对内在人类本性的意识亦即理性为基础"的理想社会。"真正的社会主义"思潮的社会学说，以它的领袖莫·赫斯作为代表人物。赫斯并不是由现存的社会物质生活条件以及社会关系去探索改变资本主义社会的道路，而是将超阶级与超历史的、抽象的所谓"真正的人"作为出发点，想象着通过改善人的精神世界与道德的途径推进改造社会的目标。他指出，就"人的本性"而言，人应该是自由与平等的。人的解放，也就是实现"自由的活动"亦即人"按照自己的本性去生活与活动"。现代社会因为存在着金钱的统治，所以也就存在着掠夺与专横，存在着奴隶化的强制性劳动。一个理想化的社会应该是根据"人的本性以及它的需要规律"来建构的，在如此的社会中，每一个人都是劳动和享乐的统一：一方面从事着"自由的活动"，另一方面从社会中公平地分享到自己应该获得的一份财富。在这里，进入这个理想社会的路径应当是通过"教育"。这里的教育，一是对体力进行发展；二是在公共教育机构中进行普遍教育，在这一系列的教育机构里，人类的全部美德与能力的萌芽都能够获得栽植与培养。这种观点迅速成为"真正的社会主义"流派的信条。例如，卡尔·格律恩曾责备法国的社会主义者没有由赫斯的这个"真正的人"出发。海尔曼·泽米希也批评法国的社会主义者在思想层面"没有上升到关于自由活动的程度"。鲁道夫·马特伊也指出，承认人类彼此平等，承认每一个人的生存权利，是以那种对人的本性的意识为基础的，正如爱、友谊、正义和其他一切社会美德是以对人类自然联系与一致的感觉为基础的一样。他所提出的理想社会就是"不是将外界的强制作为基础的，而是将对内在人类本性的意识即理性作为基础"的社会。

马克思与恩格斯对这些观点展开了若干批判。他们认为，将自由、平等、博爱、正义与理性等看做是人类的天性、人类的美德的这些观点，是将统治阶级的理论与统治阶级本身割裂开来，让理论脱离它赖以存在的社会条件的体现。其后果是，觉得一定历史时代占统治地位的是某些思想，比如贵族统治时代就是忠诚信义，资产阶级统治时代就是自由平等。实际上，"占统治地位的将是越来越抽象的思想，即越来越具有普遍性形式的思想。因为每一个企图取代旧统治阶级的新阶级，为了达到自己的目的不得不把自己的利益说成是社会全体成员的共同利益，就是说，这在观念上的表达就是：赋予自己的思想以普遍性的形式，把它们描绘成唯一合乎理性的、有普遍意义的思想"①。自由、平等、博爱与正义、理性等口号，事实上也就是资产阶级在反对封建统治的革命时代赋予这些口号以普遍性的形式，将其说成是人类天赋与人类本性的体现。当资产阶级迅速上升为统治阶级之后，这些口号就已然成为统治工人阶级的意识形态工具了。所以，这些口号体现的并不是社会主义的思想理论，而是资产阶级的思想理论。所谓"人权"只不过是占有和处置私有财产的权利、凭借财产参与选举的权利，这是资产阶级的特权。之后，马克思在《资本论》里进一步认为，那种平等地剥削劳动力的权利，就是资本的首要人权。所以，现代国家承认人权与古代国家

---

① 《马克思恩格斯文集》第1卷，北京：人民出版社2009年版，第552页。

承认奴隶制应当是同一个意思。这里的"自由"、只不过是资产阶级"占有财产的自由""经营的自由"等。在现代的资本主义生产关系中,所谓自由也就是贸易自由、买卖自由,同时是剥削的自由;而所谓"平等",实际上是在富人与穷人不平等的条件下的平等……并且简直是将不平等称做平等。在经济学的研究手稿里,马克思对这些状况更是进行了深入揭示:关于交换价值的交换是全部平等与自由的生产的、现实的基石,作为纯粹的观念,平等与自由只能是交换价值的交换的一种理想性的体现。这必须从资本主义的特定社会关系、尤其是生产关系里揭示出所谓自由、平等的阶级本质。"真正的社会主义者"并不是从那种现实的社会经济关系着手的,他们没有具体地考察自由、平等、人权的内容与实质,而是将这一切作为空洞的人的天性与本性提出来,于是,他们所谓的自由、平等与人权,就只能是一片片无可依附的浮云,他们的所谓理想化社会也只能是"以意识的意识、思维的思维为基石"的空中楼阁。①

余其铨认为,恩格斯在长文《〈傅立叶论商业的片断〉的前言和结束语》中首次对"真正的社会主义"的人性论思想展开公开批判。在恩格斯那里,这种将抽象的人性论、人道主义作为基础的社会主义,其"内容贫乏透顶"。"稍微谈谈近来大家称为'人性'的东西,稍微谈谈这种人性或者不如说是兽性的'实现',按照蒲鲁东那样——而这是来自第三手或第四手材料——稍微谈谈财产,稍微为无产阶级悲叹几声,稍微谈谈劳动组织,多少组织几个改善下层阶级人民状况的可怜团体,而实际上对于政治经济学和现实的社会却茫然无知,这就是这种'社会主义'的全部内容。这种社会主义由于自己的理论没有党性、'思想绝对平静'而丧失了最后一滴血、最后一点精神和力量。"②

---

① 彭治平等编著:《马克思、恩格斯、列宁、斯大林文艺思想讲解》,长春:时代文艺出版社1986年版,第141—149页。
② 余其铨:《恩格斯哲学思想新探》,北京:北京大学出版社1992年版,第114—115页。

二　关于傅立叶空想社会主义学说的理论观点

《傅立叶论商业的片段》的主体部分是恩格斯对傅立叶著作的摘录，因而阐述文献中傅立叶空想社会主义学说的理论观点具有一定必要性。在傅立叶批判资本主义社会的所有文字中，最为杰出的理论精华是对资本主义商业活动中各种欺诈罪行的洞察。对这些罪行的批判，傅立叶是从思想与道德两个层面分别展开的。同时，对于资产阶级经济学这门当时的新兴科学，傅立叶认为它已经退变为一种庸俗化的工具，这种工具的主要用途是为商人的罪行进行辩护。从总体上说，傅立叶所秉持的社会历史观尽管含有若干辩证法与唯物主义的理论元素，但本质上仍然是建立于唯心主义之上的。

（一）傅立叶批判资本主义制度最杰出的部分，是对资本主义商业各种罪行的揭露

傅立叶对资本主义制度展开批判最为杰出的部分，是对于资本主义商业的各种罪行的分析与揭示。恩格斯说："他以巧妙而诙谐的笔调描绘了随着革命的低落而盛行起来的投机欺诈和当时法国商业中普遍的小商贩习气。"[①] 傅立叶指出，商业活动是资本主义社会全部罪行与灾难的直接来源及最集中的体现。资产阶级在一开始的时候就将商业作为对殖民地群众进行经济劫掠的手段，用商业的垄断行为替换武器的优势，给殖民地群众造成很多灾难。傅立叶观察到了资本主义开展经济侵略的反动性质。他举例指出，比如英国的印度公司运用商业掠夺的方式，让成千的人在饥饿中死去；英国的荷兰公司以抬高价格为目的，在荷兰阿姆斯特丹焚毁粮食与商品，在丰收的时候制造饥荒。[②] 而在国内，商业活动则对生产者阶层进行欺骗、盗窃以及掠夺。按照傅立叶的计算，商人这一"吸血鬼阶级"制造出的罪行存在 36 种之多。傅立叶重点揭示

[①] 《马克思恩格斯文集》第 9 卷，北京：人民出版社 2009 年版，第 276 页。
[②] 北京大学哲学系：《欧洲哲学史（讨论稿）》（下），1972 年，第 224—226 页。

与分析了"破产""囤积居奇""证券投机"以及"寄生现象"等罪恶。比如"囤积居奇",它是最令人讨厌的一个罪行。商人们以发财为目的,将粮食进行囤积,并且为了抬高价格,烧掉或者使若干粮食腐烂并倒入海里。傅立叶说:"我作为商店店员曾亲自领着干过这种可耻的勾当,有一次曾逼着人把二百万公斤大米倒到海里去。"① 这些勾当让民众在死亡的胁迫下付出相当于谷价自身的3倍甚至更高的价钱,并让工厂纷纷倒闭,损害着生产劳动。

傅立叶觉得商业的罪恶,让"文明社会"的经济生活产生了两个特征:一个是人为因素导致的停滞,另一个是引发萧条的丰足。商业束缚着生产的发展,让人民群众陷入灾难的深谷。傅立叶十分深刻地认为,在"文明制度"之下,"如果不在价格方面遭受欺骗,不在品质方面忍受劣货,甚至你就不可能买到一点东西。……纵使同意偿付好的价钱,使卖者有优厚利润,但却不能买到合乎你需要的东西"②。所以,商业只不过是具有组织的、合法性质的抢劫行为罢了。商业之所以能够这样猖獗,傅立叶认为其原因是它获得了资产阶级政府以及资产阶级学者的保护与支持。政府事实上是商人——"吸血鬼阶级"的后台支持者与代理人,学者只不过是崇尚金钱的奴才。需要指出的是,政府与学者之所以昧着良心干这事,原因在于商业是文明之痛处,只要对它稍加考察就可以证明,社会上的全部罪恶都是由"文明制度"自身催生的,只要"文明制度"仍然存在,这些罪行就不会自行消失。按照这些分析,傅立叶总结出革命的结论,并且给自己提出了较为艰巨的任务,那就是不但要揭示资本主义社会的罪行,还要寻找到克服罪行的办法,以彻底消除这一制度。他说:"我的目的不在于改善文明制度,而在于消灭这个制度,并引起发明更完善的社会机构的愿望。"③ 傅立叶对资本主义社会的批判总体而言仍然停留在道德层面,就是对资本主义商业的批判,也具有显著的缺陷。因为他并不知晓商业活动是经济发展到一定

---

① 《傅立叶选集》第1卷,北京:商务印书馆1982年版,第202页。
② 《傅立叶选集》第2卷,北京:商务印书馆1982年版,第125页。
③ 《傅立叶选集》第1卷,北京:商务印书馆1982年版,第231页。

程度的必然产物，不知晓在资本主义社会中，商业资本是工业资本分离出来的组成部分，所以将商业与工业对立起来，并将资本主义的全部罪恶都归结到商业身上，所以他也就不知道社会上的各种罪行与灾祸同私有制的联系，不清楚资产阶级与工人阶级的对立是资本主义社会的最根本矛盾。傅立叶对于资本主义社会的批判尽管有着这些缺陷，可还是非常深刻的，尤其是对商业的批判具有十分重要的价值。恩格斯指出：傅立叶证明了"一个人即使不接触这个问题（指的是无产阶级的处境），也可以承认当前的社会完全不中用，而且仅仅根据对资产阶级的批评，也就是对资产阶级内部的相互关系的批评而不涉及它和无产阶级之间的关系，就可以得出必须改造社会的结论"①。

傅立叶对资本主义社会既有批判，也有讽刺。恩格斯说："傅立叶不仅是批评家，他的永远开朗的性格还使他成为一个讽刺家，而且是自古以来最伟大的讽刺家之一。"② 在傅立叶的著述里，几乎每一行文字都放射出对于备受称赞的文明制度所造成灾祸的讽刺火花。傅立叶认为，文明制度是人的幸运的对立者，它是颠倒了的世界，是社会里的地狱。他将资本主义统治称做"反对大众的个人所有制的暴政"，并指出其是建构在个人利益与集体利益的对立上面的。在这一制度之下，每一个人的幸福与享乐都是建立于其他人的不幸与痛苦之上，人们因为个人利益的不同而同群众处于斗争状态。资本主义制度里浸透着个人利益同社会利益之间深刻的矛盾与对立，文明制度结构本质上是个人反对大众的普遍战争。傅立叶还猛烈批评了资本主义制度所造成的贫富差距现象，他认为，资本主义的雇佣体制只不过是用新的更加完善的集体奴役制替换了野蛮时期的个人奴役制。在该社会中，资本都集中于少数寄生者的手里，而大部分劳动者都陷于贫困。雇佣劳动制度不但摧残着劳动群众的身体，而且压抑着他们的感情、愿望以及思想。所以，所谓"文明制度"本质上是一种"复活的奴隶制"。傅立叶认为，在文明制度

---

① 北京大学哲学系：《欧洲哲学史（讨论稿）》（下），1972年，第224—226页。
② 《马克思恩格斯文集》第9卷，北京：人民出版社2009年版，第276页。

中，社会财富是依据0、2、8、32、128……这样呈几何级数增长的，可贫苦阶层却无法得到财富增长后应当得到的部分，其后果是，社会财富只能由一方面增长，而贫苦阶层却永远停滞在"0"这一数字上面。工业越发达，劳动者就越贫困。当时的英国是一个"一切国家都羡慕与仿效"的国度，可是，工业最为发达的英国却又是工人们最为不幸的国家。英国社会的工人没有办法摆脱贫困的困扰，甚至是在食物过剩的国度等待饿死。

傅立叶不但深刻揭示与抨击了资本主义制度的丑恶现实，而且用这些现实与资产阶级辩护者的华丽辞藻进行对比，进一步揭露与嘲讽"社会契约""天赋人权"等理论的虚伪与欺骗本质。在他那里，劳动权是人类的第一个权利，并且是"最为主要的天赋人权"。可是，在资本主义社会中，人权被作为一个"空中楼阁"，并成为一个笑柄。劳动人民事实上被剥夺了劳动的权利，束缚在贫困、饥饿与绝望里。他们在失业以后会受到房东与债主的无情逼迫，会沦落为乞丐，并流浪在街头，他们凄凉的怨声萦绕于整个城市。统治阶级将他们抓捕起来，送上断头台，只是由于他们拒绝饥饿，寻求享受劳动的权利。傅立叶认为，根据哲学家们的讲法，社会契约的签署，只是为了确保劳动群众比其在自然状态里能获得更多好处。可是，直到傅立叶的时代，他们所得到的却是比野蛮人更为悲惨的境地。野蛮人具有不被剥夺的劳动权利，并且劳动所得的果实是为他们自身所享用的。资本主义制度将劳动与享受分割开来，劳动果实只是提供给一小撮富人去享受，但广大劳动者却遭受到贫困、奴役与绝望。就连狩猎与捕鱼这些与野蛮人相似的普通生活方式，也被达官贵人们占为己有，成为一种进行剥削与享乐的手段。在"文明制度"中，"富者对贫者进行着战争"，这一制度的原则为："为了要有富人，就必须要有穷人。"所以，在资本主义社会里，彻底铲除贫困是无法实现的，所谓的"社会契约"与"天赋人权"，只不过是纯粹的欺骗行为。[①]

---

① 安徽劳动大学《西欧近代哲学史》编写组编：《西欧近代哲学史》，北京：商务印书馆1974年版，第462—468页。

傅立叶深刻揭示了资产阶级的寄生性质。他将过着寄生生活的人划分为几种："家庭寄生虫"（涵盖不从事生产劳动的妇女、儿童和奴仆）、"社会寄生虫"（涵盖军队、官吏、商人等）、"补充寄生虫"（涵盖懒汉、法律家、骗子手、妓女、乞丐、投机者与形形色色的作恶者等）。他认为，在资本主义社会中，寄生现象随处可见，导致大量的劳动力与物质财富浪费，提升了劳动者的贫困程度。傅立叶尤其出色地抨击了资本主义商业活动，并罗列种种罪行。在傅立叶那里，封建专制制度的崩溃与法国大革命的胜利，只能让"商人精神"取得巨大胜利。革命以后，商业活动变成社会经济的核心，商人则成为了"社会机构的砥柱"。可以说，"商人精神"渗透于整个社会。政府越来越服从商人，科学家与哲学家也都被黄金迷住了心灵，他们对商业活动大唱颂歌。经济学家则更为卖力气，拼命地歌颂自由竞争。商业是资产阶级进行对外侵略与对内掠夺的手段，那些寻求投机的奸商与冒险家主宰着整个国家的命运。傅立叶认为文明制度的全部弊端都来源于"商业垄断"或者"商业统治"。资本主义社会之所以弊病百出，是由于商业这个核心浸进了毒素。商业本来应当是一种消费手段，商人应当作为消费者的公仆。可是，在资本主义社会中，商业逐渐成为一个新的社会权力，致使整个社会都被商业所统治。资产阶级的商业场所，是一个充满谎言与欺骗的地方，商人们是一帮抢劫犯与强盗，而经纪人则是出卖别人谎言并添油加醋的人。商人们利用其在商品流通进程里的中介位置，进行尔虞我诈与投机取巧，无比贪婪地劫掠生产者与消费者的劳动成果。文明制度的各级机构在全部方面都只能是狡猾地掠夺穷人及让富人发财的组织。傅立叶用他诙谐的笔调，描绘出当时法国社会兴旺的商业骗术与小商贩气息。在他那里，破产、囤积居奇、证券投机与寄生现象，是资本主义商业活动所引发的重要社会恶果。作为席卷资本主义世界首次经济危机的见证者，傅立叶敏锐地观察到，这一危机是由过剩引发的，是资本主义的所谓"无联系经营"的必然后果。

总之，傅立叶认为，商业活动集中了资本主义社会的一切基本缺点，由此，他非常憎恨商业，试图彻底铲除商人阶层的"中介所有制与欺骗自由",彻底改造资产阶级商业,让它成为"人民的同盟者与支柱"。傅立叶认为,资本主义经济的混乱以及无政府状态,一定会引发政治上的纷乱与道德上的败坏,而"商人精神"早已渗入了资本主义的全部社会道德。他强烈地抨击资本主义道德的虚伪性与欺骗性,认为资产阶级的道德理论是"一种对阴谋家最合适的科学",而这里的道德只不过是阴谋家与罪犯的"假面具"。傅立叶说:"道德!这个词会产生多么忧郁的思想啊!道德!一提到这个词,小孩子就以为他看见以戒尺为武器的老师,年轻的妇女就想到拿苦恼事麻烦人的嫉妒心强的人;一提到道德,老实人就想到那许多常常拿道德作假面具的阴谋家和罪犯。"[①] 傅立叶将那些资本主义道德学家看做是"无赖骗子",这是由于他们有一百个道德学家就会宣扬一百种彼此矛盾的道德理论,并没有什么完全一致的、真正的道德学说。

  这些道德学家的教条是同实践经验相互矛盾的,其答应了多少善举,同时就会催生多少灾难。这些人用说教的方式压抑民众的情欲以获得幸福,他们自身却比所有人更加陷入到自身的情欲支配下。傅立叶认为,犯罪,这是名副其实的"文明制度"之灵魂,"文明制度"要依靠犯罪来进行营养,就好像乌鸦要靠腐肉来进行营养一样。所以,要让资产阶级来谴责与消灭犯罪是不太可能的。在傅立叶那里,资产阶级道德上的败坏,突出地体现在婚姻交易当中。在资本主义制度下,婚姻无非是一种特殊的商品交易,妇女就是一种商品,是罪恶拍卖的商业对象。在婚姻里没有什么所谓的"爱情",由于夫妻之间彼此欺骗,婚姻关系也只不过是合法化了的卖淫。所以,通奸与诱奸就成为很平常的事了,其后果是,社会上出现了大量的私生子,这些人处处受到别人的歧视,接受不幸命运的摆布。同时,那些由"合法的"婚姻所生下的子女,都期待父母早日归天,以便很快获得遗产。傅立叶尖锐地指出,欺侮妇女既是文明社会的本质特点,也是野蛮社会的本质特点,这里的区别只在于:野蛮社会以比较简单的方式犯下的罪行,文明社会则赋之以较为

---

① 《傅立叶选集》第 2 卷,北京:商务印书馆 1982 年版,第 43—44 页。

复杂、暧昧、两面性以及伪善的方式。所以，傅立叶曾提出一个十分精辟的看法，那就是，妇女的解放是整个社会解放的一般尺度。由此可见，傅立叶无疑是他那个时代的思想先驱。当然，傅立叶毕竟是他所处时代的产儿，因为历史条件与唯心史观的种种限制，傅立叶对于资本主义社会的分析与批判并没有触及到资本主义雇佣劳动制度的实质以及资本主义社会的基本矛盾，所以他无法科学地揭露出资本主义社会全部罪恶与灾难的真正来源。在他那里，资本主义弊病的来源不在于资本主义生产本身，而是"虚伪的"与"无政府状态"的商业活动。所以，应对社会灾难与罪恶负责的是大商人、投机商、股票经纪人与高利贷者，而不是那些工业资本家。他不知道一个社会的分配与交换方式是取决于生产方式的。①

（二）傅立叶空想社会主义学说在思想与道德方面批判了资本主义制度

在法国，同圣西门空想社会主义同时产生的是傅立叶的空想社会主义学说。它的产生背景尽管和圣西门的空想社会主义学说相同，可却形成了自己独立的思想体系。傅立叶出生在法国的一个商业资产阶级家庭，后来家庭破产，所以其中途辍学，当过店员、办事员、推销员以及经纪人。他到过法、英、德、荷兰等国的众多工商业中心城市，比较熟悉资本主义商业活动的内幕。资本主义社会的各种矛盾引发了他对商业的深思与研究，到 18 世纪 90 年代末，他逐渐由一个普通商人转化成一名空想社会主义者。傅立叶对于资本主义的各个内幕作了深刻而精彩的揭露与批判，这是他的思想在三大空想社会主义学说里最具有特点的一个部分。傅立叶的著作除去由他自身发表出来的一部分以外，很多是在他逝世之后由他的学生发表出来的。1803 年傅立叶发表了文章《全世界和谐》，认为文明制度也就是资本主义制度并不是人

---

① 安徽劳动大学《西欧近代哲学史》编写组编：《西欧近代哲学史》，北京：商务印书馆 1974 年版，第 462—468 页。

类社会最后的命运，必定被"和谐制度"所取代。这篇文章表明傅立叶的空想社会主义理论的思想体系已经初步形成。在1827年，傅立叶发表了《新世界》，他全面而系统地论证了"和谐制度"与它的基层组织"法郎吉"。①

三大空想社会主义学说在思想与道德方面揭示与批判了资本主义社会。圣西门认为，利己主义是现代社会政治病的根源，利己主义支配了全部社会阶级，荣誉感与爱国主义情感不得不让位于贪得无厌的欲念。对公益漠不关心，人民群众不爱祖国而一心期待游手好闲，谁也不能做一些有利于公益的事情。可是，圣西门并不知晓利己主义产生的根源，只能大体上说利己主义支配了全部社会阶级，他没有看到一切阶级都在为本阶级的根本利益而奋斗。傅立叶用非常辛辣的笔调讽刺了资本主义社会的道德沉沦与唯利是图，他酣畅淋漓地揭示了资本主义制度的丑恶面目。并且，傅立叶还强力抨击了资产阶级的婚姻制度。在他看来，在资本主义社会里，婚姻只不过是一种让妇女经受压迫与苦难的事物。婚姻制度就像是专门为罪恶勾当而建构出来的一样，这事实上是一种特殊的投机行为，妇女们变成了一种特殊的商品，是丑恶买卖的商业对象。欧文也重点揭露与批判了资本主义社会的宗教与婚姻制度，在他看来，宗教让人称善为恶，同时称恶为善。资产阶级的婚姻关系是虚伪的，因为这种婚姻是建立在金钱账目上面，而不是建立在婚姻者的彼此感情上的。欧文所力主的婚姻制度应该是建构在两性平等关系以及彼此的自由感情之上的真诚结合。②

恩格斯从总体上阐释了傅立叶的思想成果，认为主要有以下几个方面：首先是傅立叶对资本主义社会的批判。"他无情地揭露资产阶级世界在物质上和道德上的贫困。"③ 傅立叶创作的特征是善于撰写讽刺性文章，往往用资本主义社会丑恶的现实与启蒙学者有关理性社会将会给

---

① 中国人民大学科学社会主义系科学社会主义教研室编：《科学社会主义原理》，北京：中国人民大学出版社1983年版，第24—25页。
② 中国人民大学科学社会主义系科学社会主义教研室编：《科学社会主义原理》，北京：中国人民大学出版社1983年版，第29—30页。
③ 《马克思恩格斯文集》第9卷，北京：人民出版社2009年版，第275页。

人类带来幸福、文明的预言,以及资产阶级学者美化资本主义社会的优美词句作比较,让他的著述中每一个页码几乎都充满讽刺与批判的火花。傅立叶认为个人利益同集体利益的激烈对立是资本主义社会的特点,在该制度中,每一个人的幸福与满足都建立在别人的不幸和痛苦之上,每一个人都处于个人利益同群众利益的对立之中。其次是傅立叶对资本主义婚姻制度的批判。他认为,资产阶级将妇女当做商品来交易,那种所谓的"一夫一妻制"事实上是娼妓制。傅立叶主张"妇女解放的程度是衡量普遍解放的天然尺度"[①],他觉得每个时代的社会进步水平是同妇女走向自由的程度相一致的,而社会秩序的混乱程度是同妇女自由的减弱程度相一致的。他将这一观点总结为以下公式:妇女权利的扩大是全部社会进步的基本原则。在他看来,在以后的理想化社会中,伴随家务劳动被公共食堂与公共事业所取代,妇女终将获得彻底解放。[②] 再次,傅立叶的最伟大之处是其辩证的历史观。在他那里,社会的发展是由低级到高级的辩证运动,一切社会本身都具备孕育下一代社会的能力。到傅立叶自身的那个时代,人类社会历史已经经过了蒙昧、宗法、野蛮与文明四个发展阶段,每一个发展阶段,各有其上升时代与下降时代。换句话说,每一个社会制度都有其发生、发展与灭亡的历史,没有哪种社会制度是永恒的。由此可知,傅立叶已经开始力图由社会发展的观点出发来证明资本主义社会灭亡的必然性。对于傅立叶关于社会发展的辩证观点,恩格斯给予了很高的评价,称赞他与黑格尔类似巧妙地把握了辩证法。最后,傅立叶指出,资本主义社会的商业竞争长期处于无政府状态。在他看来,资本主义文明是在"恶性循环"里运动的,它本身不断制造出一些无法克服的矛盾。生产的分散性也就是无政府状态一定会导致资本主义竞争,而竞争引发了经济混乱与贫困,并且发展为经济危机。[③]

---

① 《马克思恩格斯文集》第9卷,北京:人民出版社2009年版,第276页。
② 七省区八院校教材编写组编:《科学社会主义原著简明教程》,广州:广东高等教育出版社1986年版,第22—24页。
③ 七省区八院校教材编写组编:《科学社会主义原著简明教程》,广州:广东高等教育出版社1986年版,第22—24页。

在傅立叶的著作当中,精辟的思想往往同荒谬与神秘的思想混在一起,让人不容易理解。傅立叶同法国启蒙思想家相似,从批判过去的哲学思想开始。他坚定反对不可知论,将它称做"黑暗的哲学"。那些不可知论者认为,我们无法认识客观世界,就像有一层透不过的幕布遮住我们的双眼,让我们无法看到它。在傅立叶看来,没有什么无法透过的幕布,只有一层薄薄的轻纱。他认为不可知论的要害,就是不相信可以建构一个新的和谐的社会制度,而满足于既存的、丑陋的"文明制度"。因此,傅立叶的研究工作,就是要透析这个"文明制度",同时提出建构一个新的和谐社会的计划来。傅立叶指出,在社会历史到现代为止所经历的四个发展阶段(蒙昧时期、野蛮时期、宗法时期与文明时期)当中,最后这个文明时期也就是当时既存的资本主义社会。在这个社会,傅立叶观察到社会矛盾的日益尖锐。工人不是可以自由地参与劳动,而是因为贫穷与饥饿的威胁,才被迫参与劳动,因而在工人们看来,劳动只能是万恶的地狱。工人们的工资已经被压到最低,还要不断往下降,工人们的生活不断趋向贫困。工厂的繁荣是建立在贫困的基础之上的。傅立叶由此揭穿启蒙思想家与资产阶级革命家所说的"自由、平等、博爱"的口号,这是十足的骗局。在社会产品丰富的前提下,当家做主的劳动群众却连一口面包也吃不到,这算什么样的当家做主呢?

在整个资本主义社会里,每一个人都为所欲为,开展冒险投机,而不惜损害整个社会的利益。经济上的极度混乱,造成社会政治上的极度不公正。资本主义国家的使命只是保护富人平安无事地占有财富,而资本主义法律则是为少数人的利益制定的,只是对少数人有利。在思想道德方面,每一个人都只为自身打算,私人利益高于一切。傅立叶尤其攻击资本主义社会中的婚姻关系,在他看来,婚姻已经转变成一种商业投机,一些人利用它得到金钱财富。婚姻里无法找到真正的爱情,夫妻之间彼此欺骗。从以上对于资本主义的批判中,必然得出结论:要改造这一社会。对于改造后的未来社会,傅立叶由这样一个原则出发,亦即每一个人天生都具有偏爱某种劳动的欲望,绝对的懒惰是不存在的。人本来就有促使肉体运动的需求,所以,不一定要像资本主义社会那样迫使人们劳动,只要给人们的劳动以正确的引导,让每一个人都能够做自己想做的事,即便没有强迫,也可以满足全部人的需求。他认为,在资本主义社会中,劳动与享受分离开来了,劳动变成十分痛苦的事情,欢乐则成为劳动者无法享受到的事物,这是极为不合理的。在较为合理的社会制度下,当每一个人都可以根据自身的兴趣参与工作时,劳动就可以回到它本来的面目,成为一种人类的享受。傅立叶所构想的未来社会,就是要让人的欲望得以充分地满足,确保所有的人可以和谐地结合起来,并充分享受生活中的乐趣。他将未来社会的构成单位称做"法郎吉",这是一种生产与消费的合作组织。它既进行农业生产,也进行工业生产。傅立叶制定了具体规定:一个"法郎吉"大概1600—2000人,里面按照工作性质划分为许多联组与小组。每个人可以按照自身的欲望参与小组。每一个人在一天之内可以在不同的小组里面工作,比如,这个小时去他去放马,下一个小时他就可以去种玫瑰花,这样就可以满足人们喜欢多样化的欲望。各个小组之间展开劳动竞赛,不断有新的创造,就能够满足人们竞争与创造的欲望。所以,在"法郎吉"内部,个人利益与集体利益是完全和谐一致的,劳动生产率能够成十倍地提升。

"法郎吉"的成员集体居住于比法国国王的凡尔赛宫规模还要大的大厦内,傅立叶称这座大厦为"法伦斯泰尔"。在它内部,包含有会议厅、图书馆与公共食堂,还存在住宅与工场。按照傅立叶的计划,构建首个"法郎吉"大概需要400万法郎的资金,他期待资本家在知晓"法郎吉"的益处以后,会自动前来投资。他一生都在等待像这样的投资,以便实现其梦想,但结果当然是使他极度失望的。根据汪子嵩等人的研究,在傅立叶的计划中,资本家在入股以后,就成为了"法郎吉"的成员之一,他们享受各种优待,可他们也必须参与劳动,只不过是较为轻松的劳动。"法郎吉"的收入最终被划分为12个等份:6份被作为劳动者的报酬,4份被作为资本的利润,2份被作为那些高才能人才的报酬。傅立叶坚定反对所谓平等的"幻想",在"法郎吉"内部,既有穷人与富人,也有工人与资本家,收入与财产当然也是不平等的。其至在公共食堂内就餐，富人也要吃得好些，穷人也要吃得差些，恩格斯就此认为："傅立叶主义还有一个，而且是非常重要的一个不彻底的地方，就是它不主张废除私有制。"①

（三）傅立叶认为政治经济学已经沦落为有钱人的工具

傅立叶在研究中除了向生活学习以外，他还利用业余时间尤其是夜晚的时间刻苦攻读、博览群书，长期以来的勤学好思让他积累了自然科学与社会科学的很多知识。傅立叶不到30岁就自学成才，从一个普通商人成长为一个学识非常渊博的学者。法国大革命爆发以后，资本主义社会基本矛盾的不断激化给当时的傅立叶留下了非常深刻的印象。他认为，资本主义"文明制度的工业只能创造幸福的因素，而不能创造幸福"②，于是，就有充分的必要怀疑这个制度的必要性、优越性与永恒性。富人们发财致富的秘密就在于对那些穷人的大量掠夺，文明社会矛盾冲突的本质是"工厂主阶级"与"一无所有的阶级"的阶级对抗，工业进步反而让工人们的工资降低，造成人民群众的贫困，而"工厂主阶级所关心的是，削减他们的工资和掩盖他们的贫困"③，傅立叶指出，这样的文明制度"实际上是恢复了的奴隶制度"④；傅立叶强力抨击文明制度下的商业活动，抨击商人与政府彼此勾结聚敛钱财与操纵市场，通过商业性的投机行为冲击生产部门，对劳动阶层进行大规模的劫掠。傅立叶对于资本主义社会的批判还进一步延伸到道德文化与宗教领域，他指出，对于金钱的欲望永远支配着文明制度中的每一个人，在金钱的驱动之下，宗教会欺骗那些穷人，"宣扬贫穷是走向永久幸福的道路"⑤；同时，政治经济学这一"只讲钱财的科学"，业已沦落成为有钱人的工具，被不断使用于"证明爱富贵和高尚

---

① 汪子嵩等编：《欧洲哲学史简编》，北京：人民出版社1972年版，第170—173页。
② 《傅立叶选集》第1卷，北京：商务印书馆1982年版，第124页。
③ 同上书，第117页。
④ 同上。
⑤ 《傅立叶选集》第3卷，北京：商务印书馆1982年版，第194页。

享乐是同有文化的和很富有的阶级中间的无疵的真诚、仁慈和高尚的情感完全相符合的"①。傅立叶对文明制度的那种残酷、虚伪与欺骗的本质刻画得生动而深入、尖锐而智慧,他极大延伸了无产阶级与劳动人民对于资本主义社会的认识,并且将对于资本主义社会的批判提升至一个前所未有的新高度。这一部分是傅立叶理论学说里最具有生命力的地方,恩格斯曾经称颂他的这一思想贡献,指出在马克思以前,对于资本主义制度"能够进行这种批评的只有傅立叶一人"②。

在分析与批判资本主义社会的前提下,傅立叶详尽描述了未来的理想化社会,同时阐释了其"和谐制度"。应当引起重视的是,傅立叶已经十分接近于从生产力与生产关系的结合上构建未来社会的蓝图,他指出理想社会应当具有两大历史条件,一个条件是"要创造大规模的生产、高度发展的科学和艺术";第二个条件是"要发明这种与分散经营相反的协作结构,即经济的新世界"。③ 他觉得第一个条件已然具备,文明制度,也就是资本主义制度为人类社会走上协作路径提供了十分必要的动力;同时,他将构建第二个历史条件作为自身的使命,以构建和谐制度来消除资本主义的文明制度,从而实现社会的整体改造。和谐制度是将自愿参与、彼此协作作为原则的社会制度,而"法郎吉"则是这个社会的基层单位与组织方式,"法郎吉"下面设立好几个自愿结合的"谢利叶"。在和谐社会中,劳动义务得以普遍化,被迫进行劳动将转化成自觉进行劳动,旧式的分工被自由劳动所代替,资本主义性质的竞争活动被利益一致的劳动竞赛所代替,劳动者开展劳动的热情将十分高涨,他们可以十分熟练地运用科学技术,再加上生产组织的合理化与家务劳动的社会化,可以创造出比文明制度增长三倍、十倍、甚至上百倍的社会财富;充足的社会财富为人们的幸福生活创造了前提条件,这一幸福是可以获得"无限满足"的"十足的幸福";"法郎吉"的成员既是工人也是农民,既能进行生产劳动又可以进行

---

① 《傅立叶选集》第3卷,北京:商务印书馆1982年版,第188页。
② 《马克思恩格斯全集》第2卷,北京:人民出版社1972年版,第659页。
③ 《傅立叶选集》第1卷,北京:商务印书馆1982年版,第93页。

艺术与科学劳动，和谐制度的社会并没有脑力劳动与体力劳动的对立，没有城市与乡村的区别；和谐社会保存有公有制的商业活动，但是个人之间的买卖关系将被废除，货币与交换关系也只是在不同的"法郎吉"之间存在着。另外，根据吴德勤等人的研究，傅立叶还针对未来社会的分配、文化生活、妇女解放以及教育等若干问题发表了自身的见解，不少观点也都很有价值，获得了马克思与恩格斯的较高评价，特别是他所构思的对未来社会人的全面发展的描写，贯穿于其对和谐制度研究的始终，更被马克思与恩格斯所称赞，他们指出"傅立叶天真幽默地用人的生活的宏伟想象来和复辟时期人们的庸碌无为的习气相对抗"①。

在傅立叶的理论体系里，他同资产阶级经济学家相对，对于资本主义制度的永恒性观点提出了怀疑。他指出，应当怀疑文明制度，怀疑其必要性、其优越性以及这个制度的永久性。依据傅立叶的观点，在资本主义社会中所存在的个人利益与集体利益的对立，来源于生产的分散性与劳动的不协调性。由于社会生产是由个人分散开展的，并且要服从于个人利益，这就形成了个人利益同集体利益的矛盾。傅立叶将这一矛盾看做是资本主义社会的一个必然特征。傅立叶还从生产的分散性里引申出经济危机不可避免的观点。他认为，生产的分散性质与无政府状态造就了供求的不平衡，商人们利用这些情况开展投机倒把，所以危机必然发生。尽管因为历史条件的限制，傅立叶并没有、也无法找到资本主义经济危机的最深层原因，可是他中肯地阐述了危机的本质。②

在傅立叶看来，商人本来应当是生产者与消费者之间的中介因素，可是在资本主义社会中，商业却日益成为一种新的社会权力，整个社会都已处于商人的统治之下。他指出，一切最主要的阶级——小生产者、

---

① 吴德勤、夏耕编：《新编科学社会主义理论和实践》，上海：上海大学出版社2004年版，第13—15页。
② 华南师范学院等八所高等师范院校编著：《简明政治经济学史》，长沙：湖南人民出版社1980年版，第228—231页。

农民、工业家，甚至是政府都必须服从于这个次要的阶级——商人。他还将商人称做"吸血鬼""海盗"以及"政治界中真正的暴君"。傅立叶对资本主义商业的每一个罪行，都进行了淋漓尽致的揭示。可是，因为他不当地将资本主义制度中的商业资本看成是资本的主要形式，将商业看成是资本主义制度的全部基本缺陷的集中体现，因而他将对资本主义商业的批判当做是对全部资本主义制度批判的立足点。这显然是十分片面的。此外，也正是因为傅立叶不太了解商业资本的性质，不知道资本主义社会中的商业资本本质上是产业资本的一个派生部分，因而他又错误地觉得产业资本家同产业工人一样，都是资本主义商业活动的受害者。傅立叶甚至喜欢谈论产业资本家同产业工人利益的一致性问题，突出其与商业资本家的对立与矛盾。这就在一定程度上模糊了资本主义社会的阶级关系，试图掩盖资本主义社会中全部资本家阶级与无产阶级的根本对立。①

傅立叶在其著作里尖锐地指出："文明制度状态乃是幸运的对立物，是颠倒世界，是社会地狱。"② 傅立叶经过对资本主义社会的大量分析，洞察到文明制度的建立并不能消灭全部社会弊病，而是在"文明"的光鲜外衣之下，将过去各种社会结构里全部卑鄙龌龊的事物集中起来了。他说："文明制度过去是，将来也，只能是，一切罪恶的渊薮。"③ 他运用众多经验材料论证了这个观点。傅立叶较为敏锐地意识到，在资本主义社会中必然会出现两极分化与贫富的根本对立。他说："在文明制度下，贫困是由富裕产生的。"④ 他看到了在资本主义社会中，生产有了迅速发展，资产阶级手中的物质财富在快速增长，而劳动人民的贫困却在日益加深，"贫困在随着生产发展的程度而增长"⑤。工业越是发展，劳动者就越是贫困，傅立叶揭示了当时资本主义生产最为发达的英法两国的工人

---

① 华南师范学院等八所高等师范院校编著：《简明政治经济学史》，长沙：湖南人民出版社1980年版，第228—231页。
② 《傅立叶选集》第3卷，北京：商务印书馆1982年版，第321页。
③ 《傅立叶选集》第2卷，北京：商务印书馆1982年版，第27页。
④ 《傅立叶选集》第3卷，北京：商务印书馆1982年版，第59页。
⑤ 《傅立叶选集》第4卷，北京：商务印书馆1982年版，第247页。

与其他劳动人民的贫困情况：只在伦敦一个城市里就有 23 万贫民，他们衣食无着，依靠救济度日。爱尔兰总共有 700 万人，其中有 500 万贫民。法国一共有 800 万人没有面包吃，生活很是困苦。英法的工人不能摆脱贫困，简直是在食物过剩的社会中等待饿死。傅立叶觉得造成这一极不合理现象的根源，是富人尤其是商人利用穷人的贫困开展残酷的剥削，从而积累大量的财富。文明制度事实上是富人的天堂，同时是穷人的地狱。富人的幸福，是建立于对广大劳动人民残酷剥削的基础上面的。

傅立叶尽管还不清楚资本主义生产社会化以及生产资料私有制之间的矛盾，可他在一定意义上触及了经济危机的本质。他观察到资本主义社会一方面无疑是商品充斥的市场，没有人来购买；另一方面是广大劳动人民衣食无着、急待商品，却没有购买力。当 1826 年资本主义世界爆发了首次经济危机之时，傅立叶当即认为这是生产过剩导致的危机，① 恩格斯高度认可了他的这一十分深刻的看法，说它是"中肯地说明了所有这几次危机的实质"②。

在毅耘等人看来，在傅立叶的头脑当中，产生生产无政府状态以及经济危机的根本缘由，本质上是自私自利与唯利是图的利己主义控制着整个社会。他断言文明制度的全部弊病都直接根源于"商业垄断"，他用巧妙而诙谐的幽默笔调，论述了当时法国辉煌一时的商业骗术与小商贩习气。傅立叶着重考察了商人用宣告破产、囤积居奇以及证券投机等欺骗手段，对全部社会展开掠夺的现象。他气愤地认为，商人的欺骗行为是无孔不入的，并且傅立叶还抨击袒护资产阶级的道德学家是"无赖的骗子"③。

（四）傅立叶的社会历史观尽管含有辩证法与唯物主义因素，但总体上是建于唯心主义之上的

根据肖灼基等人的考证，马克思和恩格斯着手出版《外国杰出的社

---

① 《傅立叶选集》第 3 卷，北京：商务印书馆 1982 年版，第 56 页。
② 《马克思恩格斯文集》第 9 卷，北京：人民出版社 2009 年版，第 293 页。
③ 毅耘：《欧洲哲学简史》，石家庄：河北人民出版社 1980 年版，第 278—281 页。

会主义者文丛》的主意最初是由恩格斯所提出的，马克思对此表示赞同。依据该计划，该套丛书应当出版那些对于当时仍旧具有积极意义的作品。每一篇作品都必须写出评注，而全书则写一篇导言，简单介绍社会主义思想的发展史。在马克思所拟定的编纂计划当中，《文丛》将涵盖著名空想社会主义者摩莱里、马布利、巴贝夫、邦纳罗蒂、圣西门、傅立叶、欧文以及卡贝等人的作品，法国资产阶级大革命时代平民思想家的作品以及法国小资产阶级思想家蒲鲁东的作品。尽管恩格斯对于英国人葛德文有若干保留，可由于其著作在某些方面接近于共产主义，因而也入选了。不过根据恩格斯的意见，也编选了葛德文的补充人边沁的作品。出版这个《文丛》的计划表明，马克思和恩格斯在制定科学社会主义原理的过程中，十分重视利用人类优秀的文化遗产，汲取其中积极的因素。①

傅立叶的社会历史观点尽管具有辩证法与唯物主义的因素，可是从总体来看，是建立在唯心主义基础之上的。在他那里，支配社会运动的力量是情欲引力。换句话说，人类情欲事实上是社会发展的基础与动力。② 情欲的天性在一切人民当中，无论在过去、现在，还是将来都是始终无法改变的。傅立叶与法国唯物主义者类似，企图由人类的不变本性推论出未来社会制度的蓝图。在他那里，人类总共拥有 12 种基本的情欲，其中涵盖 5 种感官情欲（视觉、听觉、味觉、嗅觉以及触觉），也就是"奢侈欲"；4 种依恋情欲（友谊、爱情、家庭以及名利）、3 种分配情欲（创造、竞赛、追求多样化），也就是"谢利叶欲"。资本主义之所以是一个不合正义的制度，就是由于它没能完全实现上述情欲，尤其是"谢利叶欲"根本无法实现。而与此同时，未来的协作制度之所以是最好的制度，就在于它能够满足人类的全部欲望，从而让人们获得真正的幸福。并且，傅立叶还认为，满足人们的情欲，获得幸福的协作制度是上帝的意旨。上帝的意旨一旦被人类研究与发现，那么人类就

---

① 肖灼基：《马克思青年时代》，郑州：河南人民出版社 1982 年版，第 160 页。
② 北京大学《欧洲哲学史》编写组：《欧洲哲学史》，北京：商务印书馆 1977 年版，第 710—712 页。

可以不通过文明制度的第三个阶段（即资本主义阶段），直接进入协作制度。在傅立叶那里，只是因为人们忘记或者忽视了对于农业协会与情欲引力的探讨，才让那些文明、野蛮与蒙昧的社会制度毫无裨益地存在了2300年之久。所以，傅立叶的这一理论是唯心史观的体现，是一种不折不扣的"人性论"。诚然，傅立叶在其中也谈论生产规模与社会发展之间的关系，可他不了解生产方式是社会发展的基石；他尽管看到了阶级斗争，指出当时的法国革命是"穷人反对富人的战争"，但是却对阶级斗争采取了否定的态度，鼓吹一种"阶级融合"的思想，调和阶级矛盾；他尽管要让大多数人获得幸福，可是并不了解人民群众是创造世界历史的动力；他尽管认识到社会历史的发展是有规律可循的，可又将社会历史的发展看做是偶然的事情，认为只要天才人物研究与发现了上帝的意旨，人类就能够超越历史，不通过资本主义阶段就直接进入协作制度。①

傅立叶等空想社会主义者觉得社会发展是有规律可循的，可是并不承认社会发展规律的客观性。这些人反对资本主义、同情无产阶级，但更多的是觉得资产阶级的罪恶不符合人性，同理性相背离。空想社会主义者的理想是按照理性设计出来的，大部分都由天才人物或者道德高尚的人来领导。在空想社会主义者看来，"至于天才人物是在现在出现，真理正是在现在被认识到，这并不是从历史发展的联系中必然产生的、不可避免的事情，而纯粹是一种侥幸的偶然现象。这种天才人物在500年前也同样可能诞生，这样他就能使人类免去500年的迷误、斗争和痛苦"②。以这样一种思维逻辑走至终点，最后空想社会主义者大都会指向天才与英雄史观。因为空想社会主义者并不知晓社会存在与社会意识之间的关系问题，他们就否定人类社会发展规律的客观性，无法科学揭示社会发展的规律，并且对于社会变动的原因只能从头脑中来寻找。唯心史观是空想社会主义学说之所以陷于空

---

① 北京大学《欧洲哲学史》编写组：《欧洲哲学史》，北京：商务印书馆1977年版，第710—712页。

② 《马克思恩格斯文集》第9卷，北京：人民出版社2009年版，第21页。

想的根本原因。

傅立叶等空想社会主义者尽管深刻揭示了资产阶级的罪恶,也灵敏地观察到资产阶级同无产阶级的对立,同时对未来的理想社会展开了一些天才的设想,可是无法找到实现社会主义的科学途径,无法认识阶级斗争在整个阶级社会里所起的作用。空想社会主义者大部分不主张以暴力与阶级斗争的办法夺得政权,而是企图通过和平方式实现理想社会。欧文认为,社会主义只有用和平的办法并依靠明智的远见才能完成,而那种力图通过暴力来改革政府与社会的性质,都是无法容忍的。同时,因为改革对于富人与穷人而言都较为有利,它将会获得统治者与被统治者的完全赞同。杨永志等学者指出,傅立叶也觉得只要一个村庄建立了一个"法郎吉",若干年之后就会吸引本国与全世界的群众来效仿,从而建构他理想里的和谐制度。因为空想社会主义者无法找到实现社会主义的正确途径,也就注定了他们失败的结局。①

16世纪初—19世纪初的社会发展程度,决定了傅立叶等空想社会主义者所提出的社会主义观点不能不具有空想的性质,并存在着较多历史缺点。第一,这些人对于社会主义的认识是由唯心史观出发的。在空想社会主义者看来,符合人类理性的绝对真理是早已存在的,可是要依靠像他们这样的天才人物去发现,至于什么时候会被发现则纯属巧合,也许是在今天,也有可能是在500年以前。② 第二,他们尽管对资本主义展开了无情的批判,还提出了关于未来社会的天才设想,但是却无法找到实现这一变革的社会力量。空想社会主义者尽管看到了资本主义社会里的阶级对立,可因为当时的工人阶级仍然不成熟,没有力量采取独立的政治行动,他们只是体现为一个被压迫的受苦受难的群体,所以空想社会主义者无法看到工人阶级的历史主动性,也不知道工人阶级运动的重要作用,于是,他们所采取的革命行动不是启发工人阶级自己解放

---

① 杨永志等:《中国特色社会主义与科学社会主义》,天津:南开大学出版社2009年版,第35页。
② 《科学社会主义概论》编写组:《科学社会主义概论》,北京:人民出版社2011年版,第27—28页。

自己，而是想从外部或是社会上层去寻找拯救工人阶级的力量，将工人阶级的解放寄托在出现更多像他们这样的天才级人物上面。空想社会主义者也憧憬着不同于资本主义的新社会制度，可因为当时资本主义的生产方式才刚刚形成，社会现象所体现出来的只是弊病，所以在他们那里，消除这些弊病是思维着的理性的任务。由此出发，空想社会主义者去研究社会科学和社会规律，从而创造出条件，由头脑设计出全新的社会改革方案，这就决定了其有关未来社会的构想必然成为空想，并且越是构思得详尽周密，越是要陷入纯粹的幻想里面。①

三　对当代社会的理论启示

《傅立叶论商业的片段》不仅对于马克思恩格斯所处的时代，而且对于当代社会也有着十分重要的理论启示，表现为指导我们解决三个当代问题：一是社会主义市场经济条件下如何规避商业活动的乱象；二是社会主义经济研究如何克服资产阶级经济学说的弊病；三是当代社会主义建设者如何从社会主义思想史中汲取有益养分。

（一）社会主义市场经济条件下如何规避商业活动的乱象

在《傅立叶论商业的片段》中，傅立叶论述了大量商业活动的混乱行为，这些行为在资本主义市场经济的早期发展阶段司空见惯，而当代中国的经济体制是社会主义市场经济体制，在这种背景下，我们应当如何规避资本主义市场经济中的商业乱象呢？事实上，要单纯依靠商人自己来遏制自己贪欲，这是十分困难的，必须健全社会主义的经济法律法规，以此来规范市场经济条件下的各种商业活动。在傅立叶看来，商人并不止步于将商品由生产者手里转移至消费者那里，他们阴谋运用囤积居奇与证券投机的方式，人为地形成"不太充裕"的

---

① 《科学社会主义概论》编写组：《科学社会主义概论》，北京：人民出版社2011年版，第27—28页。

物资涨价假象。1807年，因为证券投机，商品糖的价格在5月份骤然暴涨至5法郎，而这些糖在那年7月份便暴跌至2法郎，虽然没有增加一丁点儿的新供应。当时，人们利用假消息击退了证券投机，便让糖又回升至其实际价格，同时排除了那种由于阴谋诡计导致的恐慌状况。这些恐慌状况每天都在一些生活资料上捣乱，在并非缺乏物资的前提下，让这种物资变成了稀缺要素。1812年，当农作物收获有了更好的保障、囤积农作物者的幻想落空时，大家突然看到很多粮食由其仓库里被售卖出来。

傅立叶认为，只要将这些粮食加以合理地分配，便根本不会缺粮，也根本不会有闹饥荒的风险。不过商业具有的基本特性是：早在危险发生之前，在看到有这种危险的可能性时便停止供应、中断流通、制造恐慌情绪与人为的饥荒。在过剩的状态下也会产生同样的影响，此时商业会人为地造成对过剩的恐惧，阻碍供应。在第一种情况之下，商业积极地活动，囤积与预购粮食；在第二种情况下，它消极地活动，不进货，将物价压低至让农民连成本都收不回来的程度。这便是第八种特征：引起萧条的过剩。根据傅立叶的讲法，当商业预见到无利可图时，便不需要进货；它不会糊涂到去囤积根本不可能涨价的谷物，它能够将它的资本更有利地投入到那些通过囤积很容易变得更加稀缺的地方，这便是在只是空谈彼此保证的社会制度下所推行的方便而惬意的实践原则。傅立叶由此推知，商人，只要其愿意，便可以摆脱为社会有机体服务的义务。商人这样做就像一队军队，人们允许它在有危险的时候拒绝战斗，在履行职责时可以只顾自己的利益而不顾国家的利益。资本主义时代的商业政策就是这样，它把全部的义务都规定得如此片面。

傅立叶还举过一个例子。1820年，法国各个省份的谷物价格都下跌到3法郎以下，而在这些省份当中，谷物价格只有到4法郎才可能抵得上成本。倘若法国商业像它在适应双方利益的互惠制度下应当做的那样，为3000万人预先置备6个月的粮食，谷价下跌的情况便不会发生。这批从流通中抽取出来保存在仓库里的储备粮食，将维持其他谷物的价格，农民也不会由于其产品的贬值与滞销，而被压得透不过气来。但是当时的商业制度起着恰恰相反的功能，其加重了由于过剩而产生的压力，以及由于饥荒所造成的灾难，所以在这两个方面都造成了极具破坏性的结果。对此，傅立叶的观点是，文明组织确保商人能够犯了制造赝币的罪名而完全不被处罚，其他人群犯了这种罪名便被判处死刑；商人不被处罚是借口他们似乎促进了流通，但事实上，他们是大量利用供应来源制造人为阻塞。除去后果带有欺骗的性质以外，还必须加上"毫无原则"这一称谓。资产阶级经济学家们承认，其科学根本就尚无固定的原则。允许像商人这一类制造腐败的代理人享有充裕的自由，这本身便是登峰造极的"无原则"行为。于是，便产生这样的后果，商业活动断断续续地在各式各样的痉挛状态、意外现象以及越轨行为中展开，正如人们在当时的商业机构里每天可以观察到的一样，这一商业组织只能造成既缺乏规则，也缺乏均衡与保证的时断时续的流通过程。

傅立叶从这一混乱现象中推导出一种滑稽可笑的极端结果，那便是人民敢于批评政府组织在金融领域滥用职权的行为，却丝毫没有勇气批评商人滥用权利。在他看来，当时的罗银行券与阿西涅币二者相继破产便是明证。破产并非是毫无先兆的，人们在此之前便洞察到它们即将到来，因而只需及时付出个别牺牲便可以减少损失。可是虽然有这种能够减少损失的状况，民众仍然不予宽容。他们顺理成章地认为罗银行券与阿西涅币是赝币，是用武力进行劫掠的。

由此，傅立叶质问：为什么同样作为民众，可以心平气和地忍受商人们发行伪币，但不准许政府组织如此做，哪怕政府非常谨慎地通过渐进的贬值这一让纸币持有者可以全身而退的方法来进行破产也不准许。有价证券的所有者是无法逃避破产的，破产就像闪电一般向他们涌来。部分证券所有者头一天入睡时还有30万法郎，第二天早上睡醒时便会由于破产而余下不到10万法郎的资产了。国民公会在当时运用了这样的手法，人们便十分有耐心地批评国民公会，说这样的行为是的的确确的偷窃。但是他们却使每一个商人有权利开展更加令人发怒的抢夺，在一次破产里窃取其所获得的2/3金钱，而国民公会却只是吞下了自身从未获得的 2/3 款项。对此，傅立叶感叹到："如果把商业的罪行同其他罪行相比，甚至同重大的政治的丑行相比，前者是多么令人气愤！"①

在他看来，资产阶级政治家把商业交给完全自由的、不受任何义务制约的商人，是将狼引入羊圈并引发了各式各样的偷盗，破产便是典型的一例。

傅立叶认为，破产是唯一像瘟疫一般蔓延并硬将老实的人拉上无赖者道路的经济犯罪活动。倘若除破产以外再加上证券交易与众多其他罪恶行径，那便会洞悉以下观点："文明"世界的人从来没有像其从事商业活动以来那样，做过如此多政治领域的蠢事。只力求平衡与保障的哲学家们从来都没有想到过，要为社会有机体争取到像政府一般要求其国库代理人所主张的那种保证，在这里，君主运用上交保证金与坚决惩治贪污者的方式来确保收税官的诚实可靠。这样，人们才无法看到如此的事情：收税官将税款占为己有。可是，商人只要一句话便可以免掉所有的责任，那便是："我破产了。"收税官之所以不效法如此的榜样，那是由于他们知道任何哲学学说都无法让他们免受惩罚，而破产者却可以在下列原则的庇护下逃避惩罚：给商人以充分的自由，不要求他们保证不搞阴谋诡计。

于是，傅立叶再次感叹到：破产，哪怕是最小规模的破产都能够在商人自身的庇护下逃脱司法的追究。如果想要列举出几个狡猾的破产商人被惩罚的例证，那是难以实现的；100 人里有 99 个人都会获得成功，倘若第一百个人行动失败，那么这个人一定是一个不善于实施阴谋的傻瓜；由于这种做法已经十分保险，以致以往的谨慎措施不断被人们遗忘。傅立叶说："从前破产者都逃往特里扬、列日或卡鲁日，但是自 1789 年复兴时期以来这种习惯已经被抛弃了。现在每个人都可以在家里制造破产。人们可以不动声色地策划，而当破产发生时，他们就到乡间亲友家里去待上一个月，在这期间公证人会把一切事情安排好。几个

---

① 《马克思恩格斯全集》第 42 卷，北京：人民出版社 1979 年版，第 332 页。

星期后他们又重新露面，公众对这些事情早就习以为常，视同儿戏，称之为'分娩'，并且若无其事地说：'某某刚生完孩子，又抛头露面了。'"①

在傅立叶看来，破产是过去未有的最为巧妙的和最为无耻的骗局。它确保每一个商人有能力从公众身上窃取相当于他的财产或是信用的一定金额，所以，一位富人可以说：我从1808年开始经商，并且计划在1810年的某一日窃取不论是谁的几百万的财富。

事实上，在傅立叶的时代，已经有了《法兰西新法典》，并且这部法典具有惩罚破产的目标。可是，人们对于这一目标的意见并不一致，同时已经有了若干种方法规避新法典的惩罚。由此可见，要规范商业活动，必须加强和健全经济领域的法律法规。从当代社会的视角来看，健全社会主义的经济法律法规，可以从两个方面着手：一是考察现有经济法律法规的不足，二是针对这些不足之处补充、完善经济领域的法律法规。就第一个方面而言，当前，尽管我国法治建设的进程不断向前推进，社会主义市场经济的各项活动已经逐渐迈入法制化的必由之路；但是，现有法律基础依然存在一定缺陷，表现为：首先，财产权保障法律不完善，法人与自然人财产权领域急需补充一系列法律法规，让经济主体充分享有合法权益。其次，科技创新法规不完善，知识产权需要获得进一步的保障，这样才能鼓励创新，提高商品的科技含量。再次，市场法规需要补充，比如土地管理领域、自然生态领域和互联网交易领域的制度与规定。就第二个方面而言，针对当前法治建设的不足，必须采取以下对策措施：第一，实现公有、私有财产权一体保护，充实财产领域的相关法律制度。第二，完善风险投资、小微企业金融服务、创新人才引进等领域的法律法规，加快相关法律的立法进程。第三，完善多元市场建设的法律法规，规范各种交易形式的发展。总之，只有不断推进法治建设，才能在社会主义市场经济条件下治理商业活动的乱象。

---

① 《马克思恩格斯全集》第42卷，北京：人民出版社1979年版，第354页。

（二）社会主义经济研究如何克服资产阶级经济学说的弊病

社会主义经济建设需要有科学的理论作指导，所以社会主义经济研究就有着十分重要的实践价值，那么，在社会主义的经济研究中，我们应当如何克服资产阶级经济学说的弊病呢？可以从《傅立叶论商业的片段》中得到启发。在该文献里，傅立叶辛辣地讽刺了资产阶级的经济学研究，他认为，这些学说都是站在商人的立场上来袒护商业的非法行为的。因此，我们可以从反面来思考，经济学研究要从人民的立场，而不是资产阶级的立场出发。在傅立叶那里，经济学这门当时的新科学将买卖人、证券投机商、囤积居奇者、高利贷者、破产者、垄断者和商业的寄生虫抬高到了荣誉的顶峰。他们举债不断加重，总是想尽办法借钱的政府不得不掩饰自身的鄙视，宽容这一掌管文明时代经济运行的"钱箱"，并在为工农业经营服务的幌子下榨取人们的一切财富。商人想从事运输、供给与分配的事业，这是不可否认的，可是它从事起来却像一名仆人那样：其每年提供的实际工作量值一千法郎，但他从其主人那里偷去的金钱值一万法郎，相当于其所提供的价值的十倍。

傅立叶认为，当时的资产阶级政府就像败家子一般，满怀明显的鄙视，与商业签定了一份停战协议，而商业呢，它愈是善于与被它抢掠的工场主结合在一起，它就愈得势。在这一商业混合物里感知到新教条的苗圃、各种制度的汇集的经济学家们，将道德以及他们对于真理的梦想通通抛弃，从而将他们的宠儿，证券投机商与破产者扶上宝座。后来，所有的学者都一个个争着降格以求。例如，科学允许那些"商业朋友"与其平起平坐——伏尔泰为一名英国商人写作了一部悲剧。但到后来，证券投机商们摘下了假面具，他们不再需要学者们的谄媚，他们需要秘密地并且合乎法律地参加到政府中来。傅立叶记述说："在亚琛会议上，两位银行家不来就什么也决定不了。任凭经济学的体系怎样赞扬商业的金牛犊，都不能消除各民族对商业的天生的蔑视。商业仍旧为贵族、僧侣、所有者、官吏、律师、学者所蔑视，为艺术家、士兵以及任何受人尊重的阶级所蔑视。它徒劳无益地一再通过诡辩向他们证明：必须尊重从事证券投机的吸血鬼,但是对这类暴发户天生的藐视仍然很普遍。每个人都屈从于鸿运亨通的教条,但是每个人内心里都照样蔑视这条商业九头蛇,它对此倒不在意,而且继续搞它的掠夺。"①

在当时的资产阶级学术界,每年发表很多著作,揭露很多社会罪行,但是连国王与教皇的罪行都不肯放过的资产阶级学者们,却一点也没有想到公布商人们的罪行。这些人总是抱怨,他们缺乏批判的材料。但与此同时,资产阶级经济学却教导民众,应当给予商人以充分的自由权利。傅立叶由此感叹:为何社会有机体里最善于欺骗的阶级反而最能够得到"真理使徒们"的保护?为何宣扬鄙视肮脏财富的学者们,如今一门心思吹捧不择手段地获取财富的阶级,也就是证券投机商及囤积居奇者阶级?以往哲学家们异口同声地谴责过各种昧着良心硬说拿不是偷的人群;同样是这些哲学家,为何在商人面前却成了一群更不道德的阶级的辩护人?这一阶级宣布,做生意不等于欺骗,蒙骗顾客与偷盗也是两回事,证券投机与囤积居奇绝不意味着剥夺生产阶级,简言之,人只应当为了钱,而绝不应当为了荣誉去劳动。

总之,在傅立叶看来,资产阶级的经济学支持那些公开传播"商业"原则的生意人所干的事,所以走入歧途。商业在蒙昧时代便已经存在了,那时它拥有直接交换的经济形式。它在宗法时代则变成了间接交换。之后,在野蛮时代,商业方法的基石是垄断、规定的最高价格与政府的强行征集,而在文明时代则是个人之间的竞争或者相互欺骗的混乱斗争。

资产阶级学术界关于商业的探讨进行了约半个世纪,已经写作了千百册图书。但是这一争论的发起者并没有看到商业团体是直接违反全部常识而组织起来的,其让整个社会从属于一个寄生的与不进行生产的代理人阶级,也就是商人。社会上全部基本的阶级:所有者、农民、工场主还有政府,都受治于一个非基础的、次要的阶级,也就是"商人"。商人本来应当是他们的雇员,被他们雇用的代理人,能够更换的并且对

---

① 《马克思恩格斯全集》第42卷,北京:人民出版社1979年版,第326页。

他们负责的代理人，但是这成为了商人们随心所欲地滥用流通的原动力。

根据傅立叶的研究，关于同商业无关的其他错误观点，资产阶级舆论界与学术团体讨论了很多。这些人几乎一致认为，理论体系都是危险的想象，经验反驳了人们关于完善化能力的高谈阔论，其自由学说同文明时代互不相容，人们的道德是社会的闹剧，人们的立法是法律的迷宫。资产阶级学者甚至嘲笑时髦的研究对象——意识形态。可是商业上的信口雌黄以及关于商业的来往、抗衡、平衡与保证的理论成为了让一切都为之拜倒的"圣约柜"。由此可见，这才是傅立叶力图打破的"幻想"。所以，从当代的视角来看，一定要从人民的立场出发来推进经济学研究，这样才能真正发挥经济学理论的力量来推动社会主义市场经济的发展。具体而言，主要应从三个方面着手：其一，在人民群众的现实生产、生活中寻找研究的核心问题。"问题"是经济学研究的先导，优秀的问题既有理论价值又有实践价值，而经济研究者应从人民群众最关心、最迫切的利益问题着手，寻找最具普遍意义的切入点，展开自己的研究。其二，经济学研究的成果应服务于改善民生、提升人民群众的生活水平。优秀的经济学研究成果可以化解经济运行中的不利因素，调动相关有利因素，推动经济健康发展。从人民的立场出发运用经济学成果，要求我们将掌握的经济规律运用到国民经济发展的实践当中去，切实地解决增收、扶贫等方面的实践问题。其三，经济学研究的过程应以人民群众的实践为主线。无论是运用实证调查法、比较分析法，还是其他研究方法，人民群众的实践始终应成为经济学研究所关注的问题，在研究过程中提炼群众的智慧，尊重人民群众的首创精神，是提高研究质量的重要途径。

(三) 当代社会主义建设者如何从社会主义思想史中汲取有益养分

社会主义建设是一个实践问题，但是实践问题的解决也需要有理论的指导，因此，从社会主义思想史中汲取有益的养分，就成为当代社会主义建设者的一项必要工作。那么，汲取养分的方法与路径何在呢？在《傅立叶论商业的片段》中，恩格斯关于该问题的一些理论思考可以给我们以启示。在此，恩格斯批判"真正的社会主义者"对英法两国的社会主义学说孤陋寡闻，由此造成了其理论的错误与空洞。他认为，德国的研究者首先必须考察国外的社会运动，了解这个运动的实践与文献，之后他们一定要在实践领域与文献领域作出像他们邻国所作的事情。"只有在这以后，才可以提出像各民族的功绩大小这类无关痛痒的问题。但是到那时，这种诡辩式的争论已经没有听众了。"①

恩格斯认为，所有过去出版的关于国外社会运动的书，毫无例外地都非常拙劣。各种简短的论述最多只能评价一些文献，根本没有办法介绍这些文献本身。在这些文献中，有一部分已经成为了稀有版本，在德国难以见到，部分文献篇幅过于庞大，同时一些文献中间杂有仅仅具有历史意义的内容。这些文献的宝贵内容即便在当时对于德国而言也还是新鲜的，为了让他们更加容易理解，人们必须像法国人一样进行编选工作，法国人对于来自国外的全部材料要比德国人科学得多。通过如此的编辑，国外许多重要的社会主义文献在当时即将开始出版。某些德国的共产主义者，包括可以流畅阐释独到见解的最优秀的活动家，也参与了这种工作。恩格斯说："可以预期，这一工作将给高明的德国理论家指出，他们的一切高见都已经陈旧了，在莱茵河和拉芒什海峡的彼岸，这些问题早已争出一个孰是孰非来了。他们只有知道了在他们之前已经做过些什么，才能表明他们自己能够做些什么。"②

在恩格斯看来，要是德国的那些"半共产主义"的与"十足共产主义"的学者们花时间看一下傅立叶的主要著作，他们将会寻找到十分丰富的材料来写作并达到其他目的，他们将会在这里寻找到更多的新思想。可是"真正的社会主义者"除了对工人阶级的处境进行过论述，还没有对当前的社会提出过任何谴责，而且即便是无产阶级的处境，他

---

① 《马克思恩格斯全集》第42卷，北京：人民出版社1979年版，第358页。
② 同上书，第359页。

们可以说的也不太多。对此，恩格斯质问："无产阶级的处境是主要问题，但是对资本主义社会的批判就仅限于此吗？"①

傅立叶，除了其后期著作以外，几乎没有接触到工人阶级的处境，但他向世人提供了这样的一种证明，一个人即便不接触这一问题，也可以通过批判资产阶级，也就是批判资产阶级内部的彼此关系而不涉及他对工人阶级的态度，就可以得出必须改造社会的结论。恩格斯说："到目前为止，对这方面进行批判的只有傅立叶一人。"②

傅立叶毫不留情地揭示了上流社会的虚伪，揭示了资产阶级理论与实践的矛盾以及他们整个生活方式的极度无聊；他嘲笑资产阶级的哲学思想，嘲笑其为了让"不断完善的完善化能力臻于完善"和为追求最高真理而付出的努力。傅立叶嘲笑资产阶级学者所谓"纯洁的道德"，并且嘲笑他们整齐划一的社会追求；傅立叶将资产阶级的实践、将遭到他深刻批判的"和气"的商业与资本主义社会制度进行对比研究。在恩格斯看来，这便是在德国社会还尚未探讨过的现存社会的状况。对此，恩格斯讽刺"真正的社会主义者"说："的确，人们有时谈论恋爱自由、妇女地位、妇女解放，但是有什么结果呢？说几句杂乱无章的空话，捧出几个女学者，表现出一些歇斯底里，对德国人的家庭不和抱怨几句——连个杂种都没生出来！"③

"真正的社会主义者"非但能够从几份贫乏的材料里作出随意的结论，并且还可以将这种结论与世界史联系起来。他们能够根据最初从第三手材料里获得的事实向人们阐释，事情一定是如此，而不会是别的模样，尽管他们自身也不知道事情是否真的就是如此。比如，凯泽尔运用所谓"罗·施泰因的杰作"搞起了世界史的架构，这种架构唯一令人感到惋惜的是它所依靠的基础都是编造的。所以，恩格斯看来，对于傅立叶而言，德国学者的理论至少已经有20次确定了其在"绝对观念发展里的地位"——每一次确定的地位都不尽相同，而且德国的理论每

---

① 《马克思恩格斯全集》第42卷，北京：人民出版社1979年版，第357页。
② 同上书，第358页。
③ 同上。

次本质上都以施泰因或者其他不太可靠的文件为凭据。也正由于这样的原因，德国思想界的各种"非科学社会主义"的内容的确贫乏透顶。恩格斯说，德国人总是"稍微谈谈近来大家称为'人性'的东西，稍微谈谈这种人性或者不如说是兽性的'实现'，按照蒲鲁东那样——而这是来自第三手或第四手材料——稍微谈谈财产，稍微为无产阶级悲叹几声，稍微谈谈劳动组织，多少组织几个改善下层阶级人民状况的可怜团体，而实际上对于政治经济学和现实的社会却茫然无知，这就是这种'社会主义'的全部内容"①。这种社会主义因为自身的理论缺乏党性，并且"思想绝对平静"，所以"丧失了最后一滴血、最后一点精神和力量"。

恩格斯呼吁那些致力于虚构社会主义"原则"的德国研究者学一学空想社会主义者傅立叶的做法。傅立叶并不是一位哲学家，他对哲学这门学科是深恶痛绝的，因而他在自己的文章里对其百般嘲笑，并且在这方面论述了很多问题，这些问题都很值得德国的各种"非科学社会主义"研究者注意。恩格斯就此认为，尽管傅立叶的思想是"抽象的"，他凭借自身的谢利叶方法构建神与世界，并且这种做法不输黑格尔；可是，傅立叶是在科学认识了过去与现在以后才有了对于未来的设计，德国"真正的社会主义"理论却是首先胡乱地整理一下以往的历史，之后又胡乱地指点未来应当走向何方。我们可以将傅立叶所论证的社会演进的几个时代（也就是蒙昧时代、宗法时代、野蛮时代和文明时代）及其特征与黑格尔的绝对精神作一番对比。黑格尔的绝对精神经历了千辛万苦才为自身开辟了一条穿越历史迷宫的道路，终于绕开"存在四个世界帝国"这个事实，而牵强地建构起一个三分法的形式。黑格尔的探索至少还存在一定内容，尽管是被颠倒了的，但在黑格尔以后，像"真正的社会主义者"这样的体系幻想者，其构思连一丁点儿内容都没有了。

事实上，整个《傅立叶论商业的片段》的摘录与写作过程，就是

---

① 《马克思恩格斯全集》第 42 卷，北京：人民出版社 1979 年版，第 357 页。

恩格斯从空想社会主义思想中汲取有益养分的过程，他为当代的社会主义建设者与研究者树立了一个典范。这一典范对我们的启示主要有三个方面：其一，应当以认真严谨的态度通读空想社会主义者的主要著作，阅读的过程中要注意作者的写作背景对文本的影响，但不应带有先入为主的偏见，而应通过文本解读最大程度地接近作者的原意。其二，以某个问题为主题对文本进行摘录，比如《傅立叶论商业的片段》中的大部分内容就是恩格斯在阅读了傅立叶的《论三种外在统一》一书以后，以"商业"为主题形成的长篇摘要。其三，对"摘要"进行分析与评论，这体现在《傅立叶论商业的片段》上就是该文献的前言与结束语，恩格斯在这两个部分集中阐发了自己对傅立叶学说的观点。

第四部分 经典著作选编

弗·恩格斯

傅立叶论商业的片断

[前言]

德国人逐渐把共产主义运动也弄得庸俗起来了。在这里，那些后生之辈和庸庸碌碌的人总认为自己能够用轻视前辈和空谈哲理的办法来掩饰自己的落后。共产主义刚在德国出现，就被一大批投机分子视为奇货可居。这些人以为，他们把在法英两国已经不足为奇的论点翻译成黑格尔逻辑的语言，并把这种新的智慧当做某种前所未有的东西，当做"真正的德国理论"献之于世，以便将来可以尽情地诬蔑目光短浅的法国人和英国人的"拙劣的实践"和"可笑的"社会体系，就算是创造了奇迹。这种永远完备的德国理论极其幸运地有那么一点点黑格尔的历史哲学的味道，而且被柏林的某一个干瘪的教授列入了永恒范畴的模式，这种理论后来也许还参考过费尔巴哈的著作和几篇关于德国共产主义的文章以及施泰因先生关于法国社会主义的大作。这种最劣等的德国理论，按照施泰因先生的观点，毫无困难地给法国的社会主义和共产主义作了适当的解释，使它处于从属的地位，"**制服了**"它，把它"**提高**"到永远完备的"德国理论"的"更高的发展阶段"。当然，这种理论不会想到去稍许熟悉一下要提高的对象本身，去看一下傅立叶、圣西门、欧文以及法国共产主义者的著作，——要使德国理论光辉地战胜外国人的可怜的挣扎，有了施泰因先生的贫乏的摘录就足够了。

针对不朽的德国理论的这种滑稽可笑的高傲态度，完全有必要向德国人指出他们从研究社会问题以来所有应该感谢外国人的地方。在德国人的著作中有些夸张的词句现在被吹嘘为真正的、纯粹的、德国的、理论上的共产主义和社会主义的基本原则，而到目前为止，所有这些夸张的词句中间还没有一种思想是从德国的土地上成长起来的。法国人或英国人在十年、二十年、甚至四十年前就说过的话——他们说得很好、很清楚、很动听，德国人最近一年来才终于知道一鳞半爪，并把这些话黑格尔化了，或者至多也只是落在人家后面重新发现了它，却又把它当做崭新的发现，用坏得多、抽象得多的形式公诸于世。我自己的作品也不例外。至于说德国人也有自己的东西，这只能是他们在表达这种思想时所用的讨厌的、抽象的、难以理解的拙劣形式。他们俨然是真正的理论家，认为法国人（对英国人他们还几乎一无所知）那里值得注意的东西，除**最一般**的原则外，只是最坏、最抽象的东西，也就是未来社会的规划，即**社会制度**。而最好的一面，即**对现存社会的批判**——对社会问题作任何研究的真正基础与主要任务，他们却毫不介意地抛弃了。不用说，关于唯一**真正**做了些事情的德国人**魏特林**，这些聪明的理论家通常都是用轻蔑的口吻提一下，或者干脆就不提他。

我想向这些聪明的先生推荐傅立叶著作中不很长的篇章，他们可以把它做个榜样。的确，傅立叶没有从黑格尔的理论出发，因此，很遗憾，他不能认识绝对真理，甚至也不能得出绝对的社会主义。的确，由于这个缺点，很遗憾，傅立叶走入了歧途，采用了谢利叶方法来代替绝对的方法，因而产生了这样一些想法：海水变柠檬汁、北极和南极发出灵光、狮子改变兽性、行星交配。但是尽管如此，我还是宁愿同乐观的傅立叶一起相信所有这些描述，而不相信那根本没有柠檬汁的绝对的精神王国，不相信有和无的同一以及永恒范畴的交配。法国人的无稽之谈至少使人愉快，而德国人的无稽之谈却令人丧气和抑郁。此外，傅立叶对现存的社会关系作了非常尖锐、非常机智和非常幽默的批判，所以他那也是建立在天才的宇宙观之上的关于宇宙的幻想是可以谅解的。

这里发表的片断是从傅立叶的遗著中找出来的，曾刊载于傅立叶派在1845年初发行的《法郎吉》杂志第1册①。我从中删去了有关傅立叶正面提出来的体系以及根本不会引起任何兴趣的那一部分。总之,要使外国社会主义者抱着一定宗旨写的著作能被不知道这一宗旨的读者所理解,我这种不受原文拘束的做法是完全必要的。这个片断绝对不是傅立叶著作中最有天才的作品,也不是他论述商业的最好的文章,但是,除魏特林外,德国还没有一个社会主义者或共产主义者写出一篇哪怕能稍微和这篇草稿相提并论的文章。

为了使德国读者不浪费精力去阅读那本《法郎吉》杂志,我必须指出,该杂志纯粹是傅立叶派的投机把戏,杂志刊载的傅立叶手稿,价值很不相同。发行这一刊物的傅立叶派先生们已经成了德国式的妄自尊大的理论家,他们用神圣不可侵犯的、深奥的、抽象的、严肃的说教来代替他们的老师在揭露资本主义世界时所用的幽默。这使他们在法国受到应有的嘲笑,而在德国却得到尊重。他们在《法郎吉》第1册上所描绘的傅立叶主义的想象中的胜利会使运用绝对方法的教授欣喜若狂。

我现在就开始介绍《关于四种运动的理论》一书所发表的一个题目。本片断的很大一部分也在该书中发表过。这里我只引述其中最重要的部分。

———

我们现在接触到文明时代最敏感的部位。发表反对当今的愚蠢行为、反对正在流行的幻想的议论,是一件不愉快的工作。

如今反对商业上的荒谬行为就像在十二世纪反对教皇和领主的专横一样,意味着要被开除教籍。如果必须对这两个危险的角色进行选择,那么我认为用严酷的真相去冒犯一个君主,要比触犯现在像暴君一样统治着文明时代甚至统治着君主们的重商主义精神,危险性要小些。

而且只要作一些粗浅的分析就可以证明,我们的商业制度正在腐蚀和瓦解着文

---

① 《法郎吉》。社会科学评论,创刊第14年第1辑,八开本,1845年巴黎《法郎吉》出版社出版。傅立叶手稿集:论三种外在统一的大纲,第1—2月号第1—42页。

明时代，并且在商业中也像在其他一切事务中一样，我们在不精确的科学的指导下正日益走入歧途。

关于商业的争论进行了近半个世纪，就已经出版了千百册书籍。可是这一争论的发起者没有看到商业机构是直接违反一切常识而组织起来的。它使整个社会从属于一个寄生的和不从事生产的代理人阶级，即商人。社会上①一切基本的阶级：所有者②、农民、工场主甚至政府，都受治于一个非基本的、次要的阶级，受治于商人。商人本来应该是他们的属员，受他们雇用的代理人，可以更换的而且对他们负责的代理人，可是商人随心所欲地引导和阻碍流通的一切原动力。

关于与商业无关的其他谬误，舆论界和学术团体就比较容易商讨了。他们几乎一致认为，哲学体系是危险的幻想，经验驳斥了我们有关完善化能力的高谈阔论，我们的自由学说与文明时代不相容，我们的德行是社会闹剧，我们的立法是迷宫。他们甚至嘲笑时髦的争论对象——意识形态。但是商业上的信口雌黄及其关于商业来往、抗衡、平衡和保证的理论成了使一切都为之拜倒的圣约柜。可见，这才是我们必须打破的幻想。

首先必须指出，我们现在受人盲目崇拜的商业制度是与真理和正义对立的东西，因而也是与统一对立的东西。

很难向当代人讲清楚，他们认为是一切智慧的典范的行动不过是在他们全部政策上打上的愚昧无知的印记。我们且看人所共知的后果吧：海上垄断、国家垄断、国债增加、由纸币引起的接连不断的破产、在一切贸易关系中增长着的欺诈行为。现在我们可以非难**自由商业**③即**自由欺骗**的机构，可以非难这种真正的工业的无政府状态，这种社会上的④可怕力量了。

为什么社会机体中**最善于欺骗**的阶级最能得到"**真理的使徒们**"⑤的庇护？为什么宣扬蔑视肮脏财富的学者如今一心吹捧**不择手段地**追逐财富的阶级，即证券投机商和囤积居奇阶级？过去哲学家异口同声地谴责过某些昧着良心硬说拿不是偷这种论点的团体。同样是这些哲学家，为什么现在却成了一个更不道德的阶级的辩护人？这个阶级宣称，做买卖不等于欺骗，蒙骗顾客同偷盗他是两码事，证券投机

---

① "社会上"一词是恩格斯加的。——编者注
② 不应忘记，傅立叶不是一个共产主义者。
③ 这里以及下面的引文中的着重号都是恩格斯加的。——编者注
④ "社会上的"一词是恩格斯加的。——编者注
⑤ "真理的使徒们"一词的引号和着重号是恩格斯加的。——编者注

和囤积居奇绝不意味着掠夺生产阶级,总而言之,人只应该为了钱,而绝不应该为了荣誉去工作;——因为商人齐唱的迭句就是:"我们不为荣誉做生意。"① 如果现代科学支持那些公开信奉这种原则的人所干的事,因而走入歧途,那又有什么值得惊奇的呢?……

商业在不同的社会阶段具有不同的形式;既然商业是一切社会生活的枢纽,只要存在着社会状态,就有商业。一个民族从它开始进行交换时起就是社会的,就组成了一个社会。因此,商业在**蒙昧时代**就已经存在了,那时它具有直接交换的形式。它在**宗法时代**变成了间接交换。在**野蛮时代**商业方法的基础是垄断、规定的最高价格和政府的强行征集,而在**文明时代**则是个人竞争或者是欺骗性的和混乱的斗争。②

关于不知道货币为何物的蒙昧人之间的直接交换,我们没有必要加以说明。一个人打猎碰到了好运气,他就拿一块兽肉去换另外一个人制造的箭,后者不打猎,但需要食物。这种办法还不是商业,而是交换。

第二种办法即间接交换,是原始的商业,它要通过中介人进行。**中介人成了不是他所生产的而且他也不想消费的物品的所有者**。这种方法尽管很不好,尽管为恣意胡为留下很大的活动余地,它在下述三种情况下毕竟是非常有用的:

(1) 在只有农业而没有工业的新开发地区;所有的殖民地在初期都处于这种状况。

(2) 在人烟稀少的地区,如在西伯利亚和非洲的沙漠,一个商人不避酷暑严寒把必需品运到远方去,这个商人就是一个很有益的人。

(3) 在受压迫和不自由的地区,在那里贝都英人掠夺商队,向商人勒索赎金,并且经常杀害商人;对于那些置危险于不顾而把用品运到远方去的商人应给予一切保护。如果这样的商人发了财,那也是他应得的。

在上述三种情况下,商人既不是证券投机商,也不是囤积居奇者。他们不是把供消费用的货物卖给一个又一个投机商;他们一到当地就在商场或者公共集市上把货物公开卖给消费者;他们是工业发展的促进者。他们希望赢利,这在文明世界是再公平不过的了;谁播下了种子,谁就应该收获。但是,商人很少满足于这样起作用,他们单独或者合伙施展诡计,以便阻碍商品流通,随即抬高物价。

---

① 德国商人也有这句口头禅。
② 恩格斯在这一段中用自己的话转述了傅立叶的《各个时期所用商业方法的序列》一览表的内容。——编者注

恩格斯《傅立叶论商业的片段》研究读本

当中介人由于人数过多而成为社会机休上的①**寄生物**,当他们取得默契,将商品囤积起来,借口这种人为的匮乏来抬高商品价格,总之,当他们用投机手段盘剥生产者和消费者,而不是充当这两者的简单的、公开的中介人的时候,**商业就腐败了**。我们在乡村和城市的小集市上还能看到那种公开的中介活动。谁要是买一百只牛犊或公羊,他对二十个农民来说就是一个有益的中间商人,否则这些农民要花费整个整个的劳动日把牛羊送到城里的市场上去。如果这个商人一到市场上就公开摆出他的牲畜来卖,那么他就是为消费者服务了。可是如果他用天晓得什么鬼花招串通别的"商业朋友"②,把四分之三的公羊藏起来,对肉商们说,公羊很缺,因而他只能供给少数几位**朋友**,在这种借口下把公羊的售价提高一半,使买主感到恐慌,然后把藏起来的公羊一只一只牵出来,借着事先散布的恐慌情绪,按照抬高了的价格把公羊卖出去,从而向消费者勒索到一大笔钱——这已经不再是简单的流通,不再是公开地、不施诡计地提供商品了。这是复杂的流通,它的变化无穷的手段制造出我们商业制度的三十六种独特的罪恶,并且同合法的垄断势均力敌。如果人们施用奸计霸占所有的产品,使产品涨价,那就等于说施展诡计所攫取的要比垄断以武力手段攫取的还要多。

我不准备多谈野蛮人的方法。这种方法包括规定最高价格、强行征集和垄断,这些现象到了文明时代也还是很普遍的。我曾经在别的地方讲过,各个时期的各种行动方式有重迭相同的地方,所以不必对文明时代兼有发展的较高阶段和较低阶段的个别特征而感到惊奇。可见我们的文明时代的商业机构是各个时期的特征的混合物,不过在这个混合物中,文明阶段的特征占统治地位,而这些特征比野蛮时代的特征更令人鄙弃,因为我们的商业无非是在法律的伪装下有组织的合法的强盗经济,投机商人和中间商人可以因此联合起来,造成各种生活资料的人为涨价,既掠夺生产者,也掠夺消费者,从而迅速积累起五千万可耻的财产,而这些财产的占有者还抱怨说,人们不保护商业,商人无法生存,人们无所事事,假如商人不能再赚到五千万以上,国家就要衰落了!

这时,一门新的③科学教导我们,应该给予这些人充分的自由。人们告诉我们,让这些商人去干吧,如果没有这种自由,本来赚五千万的囤积居奇者或许只能赚到一百万,他那个体面的家庭就不得不靠五万法郎的年金度日了。

---

① "社会机体上的"一词是恩格斯加的。——编者注
② "商业朋友"一词的引号是恩格斯加的。——编者注
③ "新的"一词是恩格斯加的。——编者注

神啊！请防止这种情况吧！①

对商业的蔑视——所有的人生来就有的蔑视，除了几个从商业的勒索和诈骗中得到好处的沿海的经商部族以外，在一切值得尊敬的民族中都是很普遍的。靠商业获利的雅典人、泰尔人和迦太基人不可能嘲笑商业；任何人都不会嘲讽自己的生财之道。金融家绝不会嘲笑这种艺术：怎样在账单上加几个圈儿，或者让敌人把账簿拿走，而自己把钱箱放到保险的地方，虽然还要说是敌人把钱箱也拿走了。

实际上，无论是古代人还是现代人，一切可敬的阶级都把商业当做嘲笑的对象。诚实的土地所有者靠着自己丰富的经验、辛劳和努力来经营自己的土地，才勉强使自己微薄的收入略有增加，人们怎么能尊敬一种完全为人唾弃的职业、怎么能尊敬这样一些满口谎言并以这种恶劣的手法赚取百万钱财的人呢？

然而一个世纪以来，一门被称为经济学的新科学把买卖人、证券投机商、囤积居奇者、高利贷者和破产者、垄断者和商业的寄生虫捧到了荣誉的顶峰。负债日益加重，总是想方设法借钱的政府不得不掩饰自己的蔑视，宽容这个掌管文明时代的钱箱并在为工农业生产服务的幌子下榨取它们全部财富的商人吸血鬼阶级。商业要搞运输、供给和分配，这是无可否认的，但是它做起来却像一个仆人那样：他每年提供的实际工作值一千法郎，而他从他的主人那里偷走一万法郎，相当于他提供的价值的十倍。

一个年轻的败家子每星期都要到犹太人那里去让他剥削自己。败家子内心里很蔑视这个犹太人，但又总是十分客气地问候他。现代的政府就像这种败家子一样，满怀明显的蔑视同商业签定了一个停战协定，而商业呢，它越是善于同被它掠夺的工厂主结合在一起，它就越得势。在这种商业混合物中发现了新教条的苗圃、各种制度的宝库的经济学家，把道德连同他们对真理的梦想全部抛弃了，以便把他们的宠儿，证券投机商和破产者扶上宝座。接着所有的学者都争着降格以求；起初科学允许那班"商业朋友"② 同它平起平坐——伏尔泰为一个英国商人写了一部悲剧③。如今，哪位学者想写一部悲剧献给证券投机商，那就会引起他们哄堂大笑！证券投机摘下了假面具，它不再需要学者的谄媚，它要秘密地**而且很快就要合法地参加政府！**我们不是也看到了吗，在亚琛会议上，两位银行家不来就什么也决定

---

① 这是味吉尔的史诗《亚尼雅士之歌》第三卷中的一行诗。——编者注
② "商业朋友"一词是恩格斯加的。——编者注
③ 弗·伏尔泰的《扎伊拉》（作者献给自己的崇拜者兼保护人，英国大商人埃弗拉德·福克纳的一部悲剧）。——编者注

不了。

任凭经济学的体系怎样赞扬商业的金牛犊，都不能消除各民族对商业的天生的蔑视。商业仍旧为贵族、僧侣、所有者、官吏、律师、学者所蔑视，为艺术家、士兵以及任何受人尊重的阶级所蔑视。它徒劳无益地一再通过诡辩向他们证明：必须尊重从事证券投机的吸血鬼，但是对这类暴发户天生的藐视仍然很普遍。每个人都屈从于鸿运亨通的教条，但是每个人内心里都照样蔑视这条商业九头蛇，它对此倒不在意，而且继续搞它的掠夺。

为什么我们这个世纪发表的著作揭露了这么多的人的罪行，甚至连那些仅仅在1815年存在了一个月的联邦主义者的罪行也不例外；为什么这个世纪在它收集的罪行中既不放过国王的也不放过教皇的罪行，却丝毫没有想到公布商人的罪行？作家们异口同声地抱怨说，他们缺乏材料。为了向他们证明这种材料多得很，我想只系统地分析一下文明时代商业的罪行（三十六种）① 之一。我们的充满了个人竞争、混战和欺诈的商业具有的这三十六种令人鄙弃的特征，有如下述：

文明时代商业特征一览表②

枢纽：中介所有权与农业的解体：

（1）商业的两重性。

（2）价值的任意规定。

（3）欺骗的自由。

（4）不团结，缺乏连带责任③。

（5）资本的侵吞和转移。

（6）**工资的降低**。

（7）**供应源泉的人为阻塞**。

（8）**引起萧条的过剩**。

（9）不合理的干预。

（10）破坏性的政策。

---

① 括号里的话是恩格斯加的。——编者注

② 在傅立叶著作中这个一览表放在引言部分《问题的提法》（有些条目是恩格斯意译的；着重号是恩格斯加的）。——编者注

③ "缺乏连带责任"一词是恩格斯加的。——编者注

（11）停滞或普遍丧失信用（反作用、反应）。

（12）赝币。

（13）财政混乱。

（14）流行性的犯罪。

（15）蒙昧主义。

（16）寄生现象。

（17）囤积居奇（accaparement）。

（18）证券投机。

（19）高利贷。

（20）无效劳动。

（21）工业彩票（冒险投机）。

（22）间接的集团垄断。

（23）国库垄断，即由于伪造所迫而实行的国家管理。

（24）异国的或殖民地的垄断。

（25）海上垄断。

（26）封建的、等级的垄断。

（27）无根据的①挑拨离间。

（28）损失。

（29）伪造。

（30）健康的损坏。

（31）破产。

（32）走私。

（33）海盗行为。

（34）规定最高价格和征集。

（35）奴隶投机业。

（36）普遍的利己主义。

在这三十六种特征中，我只准备详细地分析一种特征，即破产。在这样做以前，我还要对其他几种特征略作说明。

---

① "无根据的"一词是恩格斯加的。——编者注

二
关于流通的经济原则的虚伪性

（用表中第七、第八和第十二这三种特征，即供应源泉的人为阻塞、引起萧条的过剩以及赝币来证明。）

我们这个世纪虽然有这么多关于工业运动的理论，但总是不善于区别流通和阻塞。它把间歇的流通和连续的流通，简单的流通和复杂的流通混为一谈。还是让我们撇开这些枯燥的差别吧，事实将会说话，并将成为我们的、与经济学原则截然相反的原则基础。

各国政府和人民一致认为，应当判处赝币制造者以死刑，不管他伪造的是货币，还是国家有价证券。对于银行券和硬币的伪造者也应处以死刑。这是非常明智的预防措施。**可是为什么商业享有这种制造赝币的权利，而别人这样做就会被送上绞刑架呢？**

商人签发的每张期票都包含有赝币的萌芽，因为很难确定这张期票是否真会得到支付。每个行将破产的人都使自己的期票涌进流通，而且根本不打算支付它们。他这样做实际上就是在制造和推行赝币。

人们会反驳说，任何其他人都享有这样的特权，一个所有者也能像一个商人那样把期票投入流通。

并不是这样。一个所有者不能做到这一点。如果有一种权利是人们不能行使的，那么它就是虚幻的权利。人民在宪法上享有主权就是明证，尽管规定了这种冠冕堂皇的特权，如果平民的口袋里一个苏也没有，那他就连一顿午饭也吃不上。诚然，从对于主权的要求到对于一顿午饭的要求之间相距甚远。有许多权利就是这样存在于纸上而不存在于实际中，赋予这样的权利就是侮辱那些连最起码的权利都没有的人。

让所有者发行期票就是这种情况。他有权发行期票就像平民有权要求主权一样。但是享有权利和行使权利是完全不同的两码事。如果所有者签发期票，他不提供保证就找不到愿意接受他的期票的人；而且人们就会像对待一个发行赝币的人一样对待他。人们就会要他用完全没有债务的不动产作抵押，此外还要加上高额利息。有这些代价，人们才肯接受他的期票，在这种保证下，他的期票就成了有真实价值的货币，而不是像旧货商的期票那样的伪币，旧货商借助于"商业朋友"的称号，想方设法使他在没有百分之一的保证金，没有一万法郎作为一百万法郎的保证的情况下，把这一百万"可靠的"期票投入流通。

政府被大大地愚弄了，它自己不去利用这种能力，却保证商人①去利用！一个拥有一万法郎保证金的商人，只要愿意就可以发行总计为一百万的期票。他这样做是得到赞助和许可的。他有权把这一大批票据投入流通，而法律不能过问他的资本是怎样安排的、他拥有多少保证金。就国库来说，如果它拿出一千万保证金，就肯定能按这个比例发行价值十亿的有价证券。可是，如果一个政府尝试这样做时不征询公众的意见，不向他们说明动机，那么这个政府将眼看着自己丧失信用、使国家遭受政治动乱；而政府只不过做了同样的事，只不过利用了许许多多阴谋家利用过的特权而已。这些阴谋家往往拿不出这种保证金的百分之一，而且不能经营他们的生意。

有人会回答说，这些阴谋家善于向愚人游说，骗取他们的信任；因此，提出如下的商业原则：欺骗和掠夺好心人和轻信者的技巧应受到一切保护，而且这种保护应当只给予商人，政府不得受惠。我并不主张允许商人和政府使用这种高明的技巧，而是相反，必须禁止商人和执政者这样做。

由此可见，商人具有**发行期票形式的伪币**（第十二种特征）的能力——这同制造赝币是同样的罪行，如果其他类型的骗子犯了这种罪就会被送上绞刑架，——可是文明人的商业制度却使这种**欺骗竞赛**（第三种特征）合法化并加以保护。

对于制造赝币的责难也像对于其他罪状的责难一样，有人可能会这样回答：为了实现流通，就必须有商人；如果给这些代理人戴上脚镣手铐，生意就没法做了；那时国家就会破坏社会信贷，使它的全部工业受到毁灭性的威胁。

商业确实具有这样的特性：**如果社会机体表示反抗，它就会把我们的枷锁上得更紧**。只要一个行政措施妨碍商业施展阴谋诡计，商业就会紧缩信贷，使流通瘫痪，而国家本来想消除一种痼疾，结果却染上了新症。这种效果在一览表中称为反应（第十一种特征）。

人们借口上述危险而奉行这样的原则：让商人去干吧，他们的充分自由是流通的保证。这是一个极其错误的原则，因为恰恰是这种充分自由制造了种种阻碍流通的诡计，如：证券投机、囤积居奇、破产等等。由此产生两种特征：

---

① 在傅立叶的著作中是："投机商"。——编者注

（7）供应源泉的人为阻塞。

（8）引起萧条的过剩。

我们来看一看这两种特征对于流通产生什么样的影响。

商业并不满足于把商品从生产者手中交到消费者手中，它阴谋通过囤积居奇和证券投机人为地造成那些不太充裕的生活资料涨价。1807年，由于证券投机，糖的价格在五月份突然涨到五法郎，而同样的糖在七月份就跌到两法郎，尽管没有增加一点儿新的供应。人们用假消息挫败了证券投机，就使糖又回到它的实际价值，并且排除了阴谋诡计和人为的害怕停止供应的恐慌情绪。这种阴谋诡计和人为的恐慌情绪每天都在某种生活资料上捣鬼，在并不真正缺货的情况下**使它成为**稀有物品。1812年，当收获有了保障，囤积居奇者的希望落空时，人们突然看到大量的谷物和面粉从他们的仓库中运出来。可见，只要把这些粮食加以合理的分配，就根本不会缺粮，根本不会有闹饥荒的危险。不过商业具有的特性是：早**在危险发生以前**，在看到有这种危险的可能性时就停止供应、中断流通、制造恐慌情绪和人为的饥荒。

在过剩的情况下也会产生同样的影响，那时商业会人为地造成对过剩的恐惧，阻塞供应。在第一种情况下，商业积极地活动，囤积和预购粮食；在第二种情况下，它消极地活动，不进货，把物价压低到使农民连成本都收不回的程度。这就是第八种特征：引起萧条的过剩。

商业回答说：当它预见到无利可图时，就不需要进货；它不会糊涂到去囤积根本不可能涨价的谷物，它可以把它的资本更有利地投到那些通过囤积很容易变得更加稀少从而使自己获利的商品上。

我认为，这就是在只是空谈相互保证的社会制度下推行的方便而惬意的原则。因此，商业，只要它愿意，就可以摆脱为社会机体服务的义务。商业这样做就像一支军队，人们允许它在有危险的时候拒绝战斗，在履行职责时可以只顾自己的利益而不顾国家的利益。我们的商业政策就是这样，它把所有的义务都规定得如此片面。①

1820年，各省的谷物价格下跌到三法郎以下，而在这些省份，谷物价格只有到四法郎才抵得上成本。如果法国商业像它在适应双方利益的互惠制度下应当做的那样，为三千万人预先备办六个月的粮食，谷价下跌的情况就不会发生了。这批从

---

① 在傅立叶的著作中，下面还有两段话，恩格斯没有摘录。——编者注

流通中抽出来保存在仓库里的储备粮将维持其余谷物的价格，农民也不会因为他的产品贬值和滞销而被压得透不过气来了。可是我们的商业制度起着恰恰相反的作用，它加重了由于过剩而产生的压力和由于饥荒所造成的灾难，因而在这两方面都造成破坏性的后果。

我选择第八种特征即引起萧条的过剩来表明现存的商业方法本身就具有消极的罪恶和积极的罪恶，它经常由于不介入，由于玩忽一项对它来说是很容易履行的职责而犯罪。因为如果在一次饥荒中需用五亿法郎来收购粮食，那么这笔钱马上就能筹到手。可是如果要把这笔钱用于预防措施：在过剩的时候增加库存，那就连五百塔勒①也收集不起来。在社会机体和商业机体之间缔结的契约中，既没有互惠也没有保证。商业机体只为它自己的利益服务，而不为社会的利益服务，所以，它所使用的大量资本是**从整个生产中偷盗来的**。我在一览表中把这种偷盗列为第五个特征："资本的转移"。

因此，商业的两个方面对社会机体都没有最起码的义务，社会机体被捆住手脚，听凭米诺托的摆布，并且保证这个怪物有处置资本和生活资料的专制权力。是啊，专制权力，人们针对专制主义的高谈阔论如此之多，却一直没有发现**真正的**专制主义，这种专制主义不是别的，正是**商业专制主义**，即这个文明世界的真正总督！②

综上所述可以得出如下结论：文明机构保证商人犯了制造赝币罪而完全不受处罚，其他阶级犯了这种罪就被判处死刑；商人不受处罚是借口他们似乎帮助了流通，其实他们是积极地利用供应源泉的人为阻塞，消极地利用引起萧条的过剩来拒绝对流通提供帮助。

除了后果具有这种欺骗性外，还要加上毫无原则。经济学家承认，他们的科学根本就没有固定的原则。准许像商人这一类如此腐败的代理人享有充分的自由，这可真是登峰造极的无原则。

所有这一切的后果就是商业运动断断续续地在各种各样的痉挛状态、意外现象和越轨行为中进行，正像人们在当今的商业机构中天天可以看到的一样，这个商业机构只能造成既缺乏有规则的分阶段也没有均衡和保证的时断时续的流通。

这种混乱产生了一个滑稽可笑的结果：人民敢于谴责政府在金融方面滥用职权，却毫无勇气谴责商业滥用职权。罗银行券和阿西涅币双双破产就是明证。破产不是突如其来的，人们很早就察觉它们会来临；只要及时作出部分牺牲就可免受损

---

① 在傅立叶的著作中是："埃巨"。——编者注
② 这段话是恩格斯把傅立叶的原文删节后意译的。——编者注

失。但是尽管有这些可以减轻罪行的情况，公众还是不予宽恕。他们理所当然地宣布罗银行券和阿西涅币是赝币、是武力的掠夺。

为什么同一些公众能心平气静地容忍商人发行伪币，却不允许政府这样做，哪怕政府十分谨慎地通过缓慢的贬值这种使纸币持有者有可能脱身的办法来准备破产也不允许。有价证券的持有者是没有逃脱破产的可能性的。破产像闪电一样向他们袭来。有些人今天入睡时拥有三十万法郎，明天早晨醒来时就会因破产而剩下不到十万法郎了。国民公会仿效这种手法实行了三分之一公债值。人们不厌其烦地谴责国民公会，说它的这种行动是货真价实的偷盗。可是他们却让每个商人有权进行更令人恼火的掠夺，在一次破产中窃取他所得的三分之二，而国民公会却侵吞自己从未得到的三分之二款项。如果把商业的罪行同其他罪行相比，甚至同重大的政治的丑行①相比，前者是多么令人气愤！

以下的详细论述将证明，现代政治把商业交给完全自由的、不受任何义务约束的商人，是把狼引入羊圈并引起了各种各样的偷盗。

现在让我们比较详细地谈谈破产。

三

破产的等级

当犯罪变得十分频繁时，人们就会习以为常，并且成为犯罪行为的麻木不仁的目击者。在意大利或西班牙，人们极其冷漠地目睹刺客杀死他要谋刺的受害者而逃进教堂，在那里逍遥法外。在意大利可以看到父亲为了使孩子的音色完美而阉割和残害自己的孩子，"和平之神"的仆人却鼓励这种残忍行为，以便得到唱诗班的好歌手。这种罪恶行径如果发生在其他文明民族，就会引起他们的愤怒，——然而这些民族②同样有其他令人愤慨的习俗，这些习俗一定会使意大利人情绪激愤。

在文明时代，一个民族同另一个民族在习俗和见解上尚且如此不同，那么一个社会时代同另一个社会时代在习俗和见解上又该多么不同啊！在文明时代可以容忍的罪恶，在比较不完善的社会阶段会多么令人憎恶啊！几乎无法相信，自称秩序井然的国家竟能一度容忍像破产这样可恶的事情。③

---

① 在傅立叶的著作中，后面有"例如国民公会的丑行"一语。——编者注
② 傅立叶指出这些民族是"法国人、德国人、俄国人、英国人"。——编者注
③ 最后这句话是恩格斯节译的。——编者注

破产是前所未有的最巧妙的和最无耻的骗局。它保证每个商人有能力从公众身上窃取相当于他的财产或信用的一定数额,因此,一个富人能够说:我从1808年开业经商;我打算在1810年的某一天窃取不管是谁的数百万钱财。

让我们把暂时的偶然现象即法兰西新法典及其惩罚破产的意图撇开不谈。既然人们对这种意图的结果意见不一,并且已经有办法回避新法典,我们想在这里首先让实践来作出判断,暂时把到目前为止众所周知的事实作为我们论证的基础,并且考察由哲学体系和原则引起的混乱:让商人有充分的自由,却不要求他们每一个人对慎重、正直和支付能力作出任何保证。

由此可见,除了其他舞弊行为外,破产是比拦路抢劫还要可恶得多的抢劫。可是人们对此已经习以为常并且安之若素,以致只要投机者只偷盗一半,也会承认这是**诚实的破产**。

我们来详细地描绘一下这种在古代很少有人知道的英雄行为。这种英雄行为自那时以来已经发扬光大。它使分析者有可能考察一系列的发展阶段,这些发展阶段将为我们的完善化能力的进步提供证据。

破产的等级。第三十一种特征。商业的罪行。由三个等级、九个种和三十六个类构成的自由系列

右翼或上升翼。——轻松的色调。

Ⅰ. 无罪的破产

(1) 幼稚的破产。
(2) 冒险的破产。
(3) 悄悄的破产。
(4) 死后的破产。

Ⅱ. 可尊敬的破产

(5) 糊涂人的破产。
(6) 狂想的破产。
(7) 无原则的破产。

Ⅲ. 诱惑性的破产

(8) 友爱的破产。

（9）体面的破产。

（10）风流的破产。

（11）善意的破产。

（12）有情意的破产。

          系列的中心。——宏伟的色调
             Ⅳ．战术家的破产

（13）富裕的破产。

（14）世界主义的破产。

（15）充满希望的破产。

（16）先验的破产。

（17）渐进的破产。

             Ⅴ．善于机动者的破产

（18）连续发射的破产。

（19）密集队形的破产。

（20）纵深队形的破产。

（21）散兵队形的破产。

             Ⅵ．捣乱家的破产

（22）大规模的破产。

（23）大型的破产。

（24）阿梯拉式的破产。

          左翼或下降翼。——卑鄙的色调
             Ⅶ．狡猾的骗子手

（25）有补偿的破产。

（26）别具一格的破产。

（27）得寸进尺的破产。

（28）虔诚的破产。

             Ⅷ．笨伯的破产

（29）出于幻想的破产。

（30）衰朽者的破产。

（31）受压抑的破产。

（32）蠢猪似的破产。

Ⅸ．伪善的伙伴

（33）骗子手的破产。

（34）恶棍的破产。

（35）溜之大吉的破产。

（36）令人发笑的破产。

四
破产者的上升翼

在一个十分腐败、十分贪婪的世纪里，如果有人想以教育者的口吻来反对已被认可的罪恶即反对破产，就会遭到众人的嘲笑。聪明得多的做法是随声附和流行的论调，观察社会罪恶的有趣的方面。因此，我将证明：破产是骗局，是比它的帮凶和庇护者所认为的还要可笑得多的骗局，这些人认为破产这种商业上的掠夺行为无非是可笑的小事。

在恶行中如同在德行中一样，一切都是相对的。甚至强盗对于正义和荣誉也有他们的定义。因此破产者承认在他们之间卑鄙行为有其原则和有程度差别，也就不足为奇了。我打算把这一点作为我进行分类的依据。按照通常的规则，我把他们分成三部分：第一部分包含轻松的优雅的色调；第二部分具有动人的崇高的性质；第三部分是不太显著的平凡的一类。右翼开始行进。

无罪的破产

（1）**幼稚的破产**是没有经验的年轻人的破产，他初次进入商业生涯，不知深浅，没有准备好策略就轻举妄动，宣告破产。公证人很容易把这种事办妥。他把这种事说成是青年人的愚蠢行为，而且说：青年人期待着你们宽容，债权人先生①。丑事变成了公众的笑料，因为这些没有经验的年轻人的破产总是夹杂着有趣的事件，例如受骗的高利贷者，被愚弄的悭吝人②等等。

这类破产者敢于冒险干出大量的卑鄙勾当，侵占商品，不光彩的借贷，盗窃亲

---

① "债权人先生"一词是恩格斯加的。——编者注
② 在傅立叶的著作中是："被愚弄的阿巴公"（阿巴公是莫里哀的喜剧《悭吝人》中的主人公）。——编者注

属、朋友、邻人，这一切都被同伙用下述理由洗刷得一干二净，这个同伙向怒气冲冲的债权人说："您能怎么样，他是一个不懂行的孩子，对年轻人的事不必深究了，他会逐渐在行的。"

这些幼稚的破产者得到强有力的支持——嘲笑。在商业中人们喜欢嘲笑。人们批评骗子，但更乐于嘲笑受骗者。如果一个破产者有嘲笑者站在他这一边，他一定会看到他的大多数债权人立即投降，并很快达成协议。

（2）**冒险的破产**，这是一些凭运气来决定要么债务加倍要么债务勾销的初试身手者的破产，他们恣意妄为，疯狂地投机经营，挥霍巨款，装扮成大人物，以便迅速得到临时信贷并巧妙地通过某些暗中的牺牲保全这笔信贷。这些冒险家一干起来，就连连失策，最后往往是逃之夭夭。人们把事情谅解为草率从事，并且很容易调解，因为它同前一种破产一样提供笑料。

这些冒险家在法国屡见不鲜，在这里荣膺投机家之名。他们最有把握的赌博是这样来加速终局的到来，在他们栽跟头的时候，人们还以为他们的事业刚刚开始，每一个为他们的第一笔生意提供信贷的人还以为：他在第一年不至于马上垮台呢。

（3）**悄悄的破产**，暗中破产，是指陷入困境的债务人建议达成"小小的协议"，或者打百分之二十五的折扣，或者把商品提价百分之二十五来抵偿。中间人向债权人指出，这样做对他们是很有利的，因为如果对某个债务人施加压力，迫使他破产，那么至少要损失百分之五十。

在商业中人们十分坚持这种比较计算法。有这样一批骗子，他们在窃取了您百分之三十的钱财之后，还要向您证明，您占了许多便宜，因为他们不是骗走了百分之五十。另外一些骗子还声称不得不忍受严重的损失，因为他们在您身上只赚取了百分之四十，本来是应该赚取百分之六十的。这种看来可笑的计算方法在商业中到处得到承认。它使暗中破产获得了完全的成功。人们还证明，这种百分之二十五的小折扣同由于破产所要损失的百分之五十相比，显然是一笔纯利润。债权人被这种论证的力量所动摇，同意了这个"小小的协议"。原来应该得到四千法郎的人，现在得到三千法郎，而且这绝不能叫做破产。

（4）**死后的破产**是在主人公死后宣布的破产；死亡成了为死者辩解的口实，说死者希望重振他的事业，如果他还活着，他肯定会体面地做到这一点。因此人们称赞他那高尚的品质，深切同情他那可怜的孤儿。债权人哪里还肯打扰一个泪眼汪汪的寡妇呢！另外，如果她是一个漂亮的女子，那这样做就是一种残忍行为！在此期间，这个寡妇依靠几个知己的帮助，在查封前就弄走了大量财物。把所有的罪责都推到死者身上，说他没有时间来料理他的事业，再说死者也不能死而复生，揭穿这区区谎言。如果亏空是百分之二十五，很可能就把它抬高到百分之五十，而要这么干是不费什么事的。此外，既然破产百分之五十的人还算是诚实的，尤其是这涉及到非常值得尊敬的死者的罪责，而诋毁死者的名声是不得人心的，那么，只宣告破产百分之二十五该是多么愚蠢啊！

可尊敬的破产

上述四类破产是虚构的无罪。现在我们来看看真正的无罪的破产。如果因为十分之九的破产者都是无赖，就侮辱所有的破产者，这是不公道的。我将举出三个真正可以原谅的类型。我们只应该谴责那些罪恶太多的人；因此我们先从这类同行中找出几个诚实的人，自从革命①以来这伙人已经多得不可胜数，以致在有些城市人们不再问谁破产了，而是问谁**没有破产**。

（5）**糊涂人的破产**是不幸者的破产。他一文钱也没有拿，把一切都交给债权人，老老实实地任凭债权人处置。其他破产者嘲笑他，说他是傻瓜②，认为他至少应该为自己的利益着想；实际上，这样一个正直的人同我们这个讲求完善化能力的世纪是不相称的。

（6）**狂想的破产**是绝望者的破产，他认为自己受了侮辱，有时竟开枪自杀或投水自尽。这就是说在十九世纪做一个老实人，尤其是在商业上做一个老实人，简直不合时宜！

尽管如此，我必须愉快地说，在商业界还会遇到这样的人物，但这是非常少有的，**茫茫大海内罕见的游泳者**③。谁都能预卜他们的命运，因为谁都知道，十个搞商业的骗子九个会走运，而十个老实人就有九个会破产。

（7）**无原则的破产**是头脑简单的人的破产，他听任司法干预，听任它作出侮辱自己和把自己剥夺得一无所有的裁决，不像许多机灵的人那样善于体面地有利地摆脱困境。——这三种诚实的骑士根本不能和那些高贵的同行相提并论，我只是粗略地提一下。我们还是来谈谈更能赢得行家赞赏的那一类人吧。

诱惑性的破产

人们为什么不可以像受到其他许多邪恶者的诱惑那样受到破产者的诱惑呢？我

---

① 在傅立叶的著作中是："复兴"。——编者注
② 在傅立叶的著作中是："若克里斯"（若克里斯在莫里哀的喜剧《斯加纳列尔》中是傻瓜的形象）。——译者注
③ 味吉尔《亚尼雅士之歌》第1卷。——编者注

们现在来考察一下那些充满魔力和赢得人心的家伙。

（8）**友爱的破产**，节约的破产是谄媚者的破产，他只希望他的债权人幸福，如果不得已而使他们破费，就会觉得难过，他迫使他们同意打百分之五十的折扣，以免吞没一切的司法从中干预。他使债权人明白，他要把他们当朋友看待，他珍视他们的利益。他深切感谢他们向他表示的好意，他一想到还得让他们负担诉讼费就心里不安。于是这些花言巧语和其他的阴谋诡计诱惑了一些人，也使另一些人由于害怕吞没一切的司法而作出让步。

（9）**体面的破产**是那些在上流社会中深孚众望、直到最后一刻还能够保住家庭体面的人的破产。因为他们完全是规矩人，所以他们有一大批保护者，如果他们掠夺的不超过百分之六十，那就很容易达成协议，特别是如果利用家里的夫人和女儿当恳求者，再加上决心运用桑切斯的办法：当她们去洽谈重要事务时，让她们披着薄如蝉翼的披肩，那就更容易达成协议。

（10）**风流的破产**是漂亮妇女的破产。对此抱怨是不体面的，对女性要有所照顾。一个漂亮的妇女作买卖，破产了①，窃取了您一千塔勒②；如果您使她烦恼不安，这只证明您不懂人情世故。她有权痛斥那些倔强的人。我曾听到这样一位太太谈起一个债权人，她说："这是什么样的一个人啊！据说，他还有怨气，说实在的，我劝他去抱怨自己那五十个金路易吧，我该向他赊取加倍的钱才好呢！"他和这位太太过从相当亲密，她有权说他忘恩负义。

（11）**善意的破产**，这显然是使债权人占便宜的破产。这是怎样做到的呢？只要破产者窃取的不多，只窃取百分之四十，并且对余下的作出保证，十分可靠的保证。这被看成是幸运的事，以致公证人都向聚在一起的债权人祝贺，祝贺他们做了一桩极好的买卖，赢得了幸福之神的"真正的善意"。一万法郎只损失四千，收回六千，这是真正的利益。对商业还不习惯的人是不会珍惜这种善意的，他想全部索回他的一万法郎，并且认为，有人偷了他四千法郎。这是多么不体面的态度啊！一个人从您那儿只拿走了百分之四十的折扣，而且在其他方面像对待朋友那样对待您，却硬说他偷了您的财产！

（12）**有情意的破产**发生在这样一些人身上，他们向您说些动人心弦的话，对债权人大谈其同情心和美德，以致债权人如果不马上让步，如果认为替这样的好人——这些人十分热爱被他们侵吞了钱财的债权人——承担义务并不是幸福，那就

---

① "作买卖，破产了"这几个字是恩格斯加的。——编者注
② 在傅立叶的著作中是："埃巨"。——编者注

成为野蛮人了。这一类人付出的是动听的理由和谄媚的赞词,他们抓住债权人的同情心,同他只谈论他的和他们的美德。在谈话结束时,债权人就会感到关系大大改善了,并且发现自己有许多美德,这些美德足以抵偿被侵吞的钱数。他少了几千法郎,却多了一些美德,这对好心肠的人说来是一笔纯利润。

有一天,这些演员之一对我说:"我对于这些先生们非常抱歉,他们都是十分善良、十分可敬的人。"好心的小伙子为了表示他的敬意,在第一次交易中就利用期票掠夺他们,这是他给他们的礼物和表示欢迎的意思。他提走这笔钱是为了同他们结识,一个月后他破产了。对这些先生来说,用一万法郎换取他的**尊敬**①是何等的快事啊!

我信守诺言;我答应描述一群诱惑者。在所有这一类真正友爱的破产者中间,看到的不外是友谊、善意、好风度和温情。如果说这一类破产是为了猎取人心,那么其他类别的破产则引起人们的惊叹,展现出振奋的精神和超凡的品质,表现自己的英雄。

<h2 style="text-align:center">五
中心。——宏伟的色调</h2>

现在我们来研究商业精神的伟大发展,研究那些能证明本世纪在走向复兴和完善化方面取得巨大进步的大规模活动。破产在这里施展它的才能,并且按照广泛的计划进行活动,对于这些计划的叙述将证明下述原则的英明:让商人去干吧,让他们有充分的自由靠欺骗和掠夺来实现自己的崇高计划吧。

<h3 style="text-align:center">战术家的破产</h3>

(13)**富裕的破产**,这是具有商业天才的高级投机家的破产。银行家多朗特拥有两百万法郎,他希望尽快地不择手段地弄到四百万至五百万法郎的财产。他倚仗自己那笔尽人皆知的资本,得到了价值八百万法郎的期票、商品等信贷。因此,他可以用一千万法郎的资金进行投机。他从事高级的投机活动,即买卖商品和国家有价证券。到年底时,他也许没有使自己的二百万翻一番,而是损失了二百万,您以为他破产了——绝对没有,他依然得到四百万,就好像他买卖做得不错似的,因为

---

① 着重号是恩格斯加的。——编者注

恩格斯《傅立叶论商业的片段》研究读本

他手里有他早先得到的八百万,而且他借助"诚实的"破产来处理,可以将借贷的半数在几年内付清。这样一来,他在失去了自己的二百万以后,又重新拥有了从公众那儿掠夺来的四百万。多妙啊,这样的商业自由!现在您该明白为什么天天都听说某商人自从破产以来过得很好!

　　破产者的另一种可能是:多朗特在侵吞了四百万后,不是作为幸运的骗子,而是作为不幸的商人,完全保持了自己的荣誉和社会的尊敬。我们来说明一下这种情况。

　　多朗特在考虑自己的破产时,就已经控制了舆论。他在城里的宴会和乡间的游乐为自己争取到热情的拥护者。纨袴子弟支持他,漂亮的女子为他的不幸——在今天不幸是破产的同义语——而惋惜。人们称赞他的高贵的、应该有更好的命运的品质。按照他的辩护人的说法,他几乎比被他掠夺了财产的那些人还要倒霉。全部过失都推到政治事件,糟糕的环境以及其他一些如善于制止愤怒的债权人进攻的公证人所常用的空洞词句上。在第一次风波过后,多朗特就派出几个调停人,及时送几笔钱,很快就钳制住舆论,以致谁敢反对多朗特,就说谁无人性。此外,那些被他窃取了大笔钱财的人都远隔一、二百英里,在汉堡或阿姆斯特丹,随着时间的流逝他们已经平静下来,这些人已经无关大局,他们在远方的怨言影响不了巴黎的舆论。再说,多朗特也只是让他们损失了一半,而习惯认为,只窃取半数的人,与其说他有罪,倒不如说他不幸,因此,多朗特在公众眼里一开始就是个一清二白的人。一个月以后,公众的注意力被吸引到其他更为轰动、损失达三分之二到四分之三的破产事件上。这位只窃取了半数的多朗特又显赫起来了;而且事情已经过去,人们早已忘怀。多朗特的家又慢慢开始接待大家,他的厨师又重新施展他那左右人的食欲的故伎,某些对不幸无动于衷并且对上流社会也不照顾的怒气冲冲的债权人的叫喊,由于无人重视也销声匿迹了。

　　这样,多朗特和他的同伙窃取公众数百万钱财的活动不到半年就结束了,许多家庭破落了,其财产却到了他们手里,诚实的商人遭到了破产,破产把这些商人化为同样的骗子。破产是唯一像瘟疫一样蔓延并使诚实的人陷入骗子一样可耻地位的社会犯罪行为。诚实的商人尝够了二十个无赖破产的苦头,最后也不得不停止自己的支付。

　　由此可见,所有破产的骗子中有十分之九把自己说成是遭遇不幸的诚实的人,并且同声喊道:与其责备我们,还不如可怜我们。如果听信他们的话,他们全都成了小小的圣人了,正如那些被罚做苦工的人硬说他们根本没有做过坏事一样。

　　为此,自由贸易的拥护者提出采用惩罚性的法律和法庭。真行啊!用法庭对付那些一下子就盗窃数百万金钱的人!顺便讲一下,俗语说:绞死小偷,放走大盗①。这在商业中可不适用,因为甚至最小的破产都可以在商人的庇护下逃避司法追究。

(14)**世界主义的破产**。这是商业天才和哲学天才的联盟。一个破产者在掠夺了一个国家后,又在其他一些国家接连制造破产,他就成为一个真正的世界公民了。这是一种可靠的投机。他初到一个国家时是个陌生人,如有必要就像犹太人做的那样,改名换姓,他凭借上次破产时积聚的资金马上就得到了信贷。现代政治有一个可笑的想法,就是把工业产品全盘交给那些和自己的祖国没有固定联系、没有大地产可依恋的人管理,他们作为世界主义者可以倚仗准备在巴黎、伦敦、汉堡、的里雅斯特、那不勒斯和加迪斯接连制造的六次破产进行投机。我将在连续发射的破产那一节中描述这种破产,这种破产以一个世界主义者作为它搞机动行动的中心人物。

(15)**充满希望的破产**。这种破产是在革命②以后才出现的,只有不到半个世纪的历史。过去,年轻人进入商界没有这样早,他们不到三十岁根本当不了经理。现在,他们十八岁就经营管理一个商店,二十岁就可以制造第一次破产,这次破产使他们有理由对继续制造破产抱很大希望。在他们中间有人不到三十岁就已经制造了三次破产,并且不只一次侵吞了他们同伙的数以百计的塔勒。当人们看到他们时,会说:"他太年轻,不配享有这样的荣誉,不过我们生活在一个年轻人的世纪里。"

(16)**先验的破产**需要有广泛的计划,宏伟的精神,三十到四十个伙计的办事处,大量船只,在世界各国有广泛的联系,然后是突然的垮台和可怕的崩溃,其反响遍及世界各地,出现一片倒闭的混乱现象,商人依靠这种混乱得到的油水可以维持十年之久。这是商业天才大放异彩的做法。这种做法至少要使四分之三的人受到损失,因为在这样巨大的场面中一切都必须是大规模的。

(17)**渐进的破产**是投机者的破产。他机智地布置自己的活动,可以经历七次到八次连续的破产。在这种情况下,他所走的道路必定不同于只筹划一两次破产的人所走的道路。

原则是:

(1)第一次破产时只宜适度地掠夺。掠夺百分之五十就够了。不应该一开始

---

① "放走大盗"这几个字是恩格斯加的。——编者注
② 在傅立叶的著作中是:"复兴"。——编者注

就马上激怒人家,如果初次行动就因大肆掠夺而失去了信用,要搞第二次破产就很困难了。

(2) 第二次破产时只宜掠夺很少很少,不超过百分之三十,以便证明破产者已经学到了一些东西,他的做法已经比较灵活和比较谨慎,等他从第二次打击中恢复过来,他就会变成一个完美的商人,一个值得尊敬的"商业朋友"。

(3) 在第三次破产时则要大量掠夺,至少掠夺百分之八十,并且为自己表白:这不是寻常的亏空,而是由意外事件引起的亏空。借口一些紧急的情况来为亏空开脱,强调在第二次破产时自己行为良好,以便证明过失全在于意外事件。

(4) 在第四次破产时只掠夺百分之五十,以便证明他是一个谨慎的人,如果不是环境所迫,他知道怎么安分守己。

(5) 在第五次破产时可以掠夺到百分之六十了,因为公众对此已经习惯了;在舆论对此已经习惯的情况下,多百分之十或少百分之十是无损于这类投机的,因为人们知道,制造了四次破产的人,也会制造第五次和第六次破产。我就看到他们中的一个人,在第四次破产后,因为戴着象征虔诚和善行的天主教神父的帽子而被人们取笑;他并不感到困惑,而是准备第五次破产。

至于第六次和第七次破产那就任意而为了。人们制造这类破产只是在接近老年或者踌躇满志的时候。人们最容易原谅第六次破产,人老了,改也难了,没有人再感到惊奇了。不过人们对政府却有些议论,说它不想保护商业,说它是使诚实的商人遭受小小的损失的原因。

如果我在这里举出破产时所用的几个原则,人们是不会惊奇的。

这是一种崭新的艺术,就像它所由产生的经济学一样,它还没有固定的原则,甚至还没有一套系统的术语。因此在渐进的破产中只给前面四个等级命名。

完成第一次破产者只称"骑士"①,

第二次破产时称"王子",

第三次破产时封为"国王",

第四次破产时则称"皇帝"。

第五、第六和第七级在商业界还没有命名。一个真正的"商业朋友"应该上升到最高的第八音阶。为了做一个"和谐"的破产者,他必须完成七次平均损失为百分之五十的"诚实的破产",然后制造一次加强的,十足的破产作为一系列破

---

① "骑士"以及下面的"王子"、"国王"和"皇帝"等词的引号是恩格斯加的。——编者注

产的中心，同时允许至少掠夺百分之八十，以补偿其他几次破产由于只作适度掠夺而遭到的损失。以前各次破产掠夺百分之五十，的确是诚实的定率，是人们无权非难的一笔微薄的收入，因为这是宣布破产时人们能够接受的定额，也就是如同买点心和乘马车的价格一样的固定价格。

善于机动者的破产

我们在这一节里要研究一些大规模的机动行动，它们要求不同的破产者为了商业的利益和崇高真理的胜利而协同动作。这些集体的机动给我们提供了四个善于机动行动者的类型。

（18）**连续发射的破产**。这种破产通常是由反击引起的，由一个波及一个的、一连串破产引起的。我将描述一个中间类型的、资产阶级型的破产，因为这种类型是广大读者最容易理解的。我们将找前面未作解释的那个世界主义行家来充当连续发射的机动行动的中心人物。

犹太人伊斯加里约带着十万法郎①资本来到法国，这些钱是他在第一次破产时赚到的。他在一个城市里开业经商，在那里有六家受人尊敬和有信用的商号是他的对手。为了夺走他们的主顾和声誉，伊斯加里约马上开始按成本出售他的商品，这是招徕顾客的可靠手段。不久，他的竞争者就以非常貌视的态度责备他，他对他们的埋怨付之一笑，并且一不做二不休，继续按成本抛售他所有的商品。

于是人们欢呼：竞争万岁！犹太人万岁！哲学和博爱万岁！自从伊斯加里约到来后一切商品都便宜了，公众对他的对手说："正是你们，先生们，才是真正的犹太人，你们赚钱总想多多益善，唯独伊斯加里约是一个诚实的人，他有适当的利润就满足了，因为他不像你们那样生活挥霍无度。"老商号都说伊斯加里约是一个伪装的骗子手，他早晚要跳出来的，但是白费力气。公众反而指责他们忌妒他和诽谤他，并且越来越倒向这个以色列人。

这个强盗打的是这样的算盘：用按成本出售商品的办法，他损失的只是他的资本的利息，就算每年一万法郎吧，但是给自己找到了一个重要的销售市场，在这些海港城市获得了大主顾的称号并且在如期付款的条件下得到了巨额信贷。这个诡计一直搞了两年，在此期间伊斯加里约虽然大量出售商品，但分文未赚。他的机动行动无人知道，因为犹太人只使用犹太人当伙计，这些人是一切国家的暗藏的敌人，

---

① 在傅立叶的著作中是："利弗尔"，——编者注

他们从来不会泄露"自家人"所策划的欺骗行为。

当一切都成熟到可以展开活动的时候，伊斯加里约就利用他的全部信贷在各海港城市发出大批定货单，赊购了总数达五十万至六十万法郎的商品。他把他的商品运往国外，同时廉价出售他的全部库存货物。当所有商品都被变成现金时，善良的伊斯加里约就带着他的公事包销声匿迹，回到了德国，在那里，赊购的商品已经先期运到，他就赶快卖掉商品，结果，他离开法国时比他刚到法国时富裕了三倍，他拥有四十万法郎，他又前往伦敦或利沃诺，以便策划第三次破产。

现在面纱一下子掉了下来，在遭到伊斯加里约突然打击的那个城市里，人们清醒过来了。他们认识到，让犹太人，让那些无所牵挂的流浪汉经营商业是多么危险啊！不过伊斯加里约的这次破产只是讽刺剧的第一幕。让我们来研究连续发射的破产。

这个以色列人有六个竞争者。我们称他们为 A、B、C、D、E、F。

A 长期以来陷入困境，他已经没有财产，只靠他的好名声支撑着。但是这个以色列人的到来夺走了他所有的顾客，这种竞争他只能对付一年。A 对于这种保护流浪汉的新哲学体系还不甚了解，认为自己不得不在伊斯加里约的策略面前低头并且**宣告破产**。

B 经受这种打击的时间比较长；他早就看出犹太人的骗局，他期待着这场风暴赶快过去，以便把骗子手伊斯加里约夺走的顾客再夺回来。但是在这个期间他受到国外的一个破产的牵连，这就加速了他的垮台。他以为能够支撑两年，然而在十五个月后却不得不**宣告破产**。

C 同一家外国商号合伙，这家商号让第二个伊斯加里约（这种人每个城市都有）弄得破产了；C 由于他的伙伴破产而受到连累，C 为了支持同希伯来的恶棍竞争而作出长达十八个月之久的牺牲以后，也认为自己不得不**宣告破产**。

D 貌似老实，实际并不老实。他虽然二十个月来身受犹太人竞争之苦，但还有资金来维持。不过，由于犹太人加到他头上的损失使他很恼火，他只好跟着干起那不乏先例的罪恶勾当。他看到，他的同行中有三个人已经开步走了，他将作为一个同盟的第四个人在真不幸或假不幸的借口下加入他们的行列。因此，对二十个月来反对伊斯加里约的斗争感到厌倦的 D，除了**宣告破产**就再也没有什么好办法了。

E 贷给他的四个相继破产的伙伴巨额款项。他相信他们都有支付能力，而在伊斯加里约的机动行动毁掉他们的事业之前，他们确实也是有支付能力的。E 被这四家商号的破产搞得精光，另外，他自己再也没有主顾了，所有的公众都跑到按成本价格抛售商品的伊斯加里约那里去了。E 看到他的资金完了，他的信用毁了，人们向他逼债，而且他已经无力清偿债务，终于**宣告破产**。

F 拥有充足的资金，但是由于上述五个人的破产使人们推断他即将成为后继者，于是他在各海港城市便失去了信用。此外，还有几个达成了协议的破产者现在削价出售商品，以便能够在最初的支付期限还款。为了加速销售，他们削价十分之一，仍能赚回十分之四，因为他们是按损失百分之五十达成协议的。这可把 F 完全压垮了，他走投无路，只有像他的竞争者一样，**宣告破产**。

由此可见，一个流浪汉或一个犹太人的开业足以使一个大城市的整个商业界解体，使最诚实的人去犯罪；因为任何破产或多或少总是一种犯罪行为，虽然往往还用些冠冕堂皇的借口如我所描述的上述六种破产的借口来加以辩解，而所有这些借口几乎没有一句是真话。事情的真相是每一个人都贪婪地抓住不受惩罚的盗窃机会。

有时连续发射的破产还会以跳射的形式在远方发生作用，同时在不同的国家席卷十二家商号。这些商号有共同的利害关系，一家主要的商号破产就会引起所有同它有利害关系的附属商号垮台，就像一列铅制的小兵①在为首的一个受到打击时会发生的情形一样。这是在一些大的机动行动中值得注意的重大配合，这种在远方发作的跳射无论如何应当在比较精确的分类中构成一个特别的种类。

（19）**密集队形的破产**需要一个有利的环境来进行辩解以及使大多数商人敢于作决定命运的跳跃。在这种情况下他们相互支持，以多取胜，就像一个团那样，组成密集队形，以便用刺刀为自己开辟道路。这样，当有利时机一到，破产者就集合起队伍，每天在交易所宣布几起破产，他们这样迅速地接连宣告破产，以致舆论被弄得晕头转向，而鉴于事态严重也就容易达成协议。在伦敦可以定期看到这类破产，巴黎在 1800 年也对密集队形的破产作了一次十分漂亮的尝试，它使很多"商业朋友"十分幸运地获得了成功。

（20）**纵深队形的破产**是指彼此相关的一系列破产，但是每隔三个月才爆发一次。纵深队形的破产同天天相继宣告破产的密集队形的破产不同，它必须在内部彼此取得一致意见，以便轮番宣告破产，即在前一个破产者刚刚达成协议时宣告破产。例如，A 破产后三个月达成了协议，这时 B 必须立即宣告破产，因为调停人现在认为公众思想上有准备并且会说："这件事同 A 的事是一样的，前者必定引出后者，因此应该作出同样的安排"。同样，C 在三个月后宣告破产，然后是 D、E、F，

---

① 在傅立叶的著作中是："就像一排用纸牌搭成的房子。——编者注

G；如果他们的行动配合得好并且保持一定的间隔，那么他们全都可以达成同样的协议。如果指挥得当，纵深队形是一种十分可靠的机动行动，但是它并不是在任何情况下都适用，唯独破产的天才能够确定什么时机采取这种机动行动。

（21）**散兵队形的破产**是由一些小骗子开始的，他们发起一场大运动，而且就在自己的小商业中到处制造小型破产。由此可见，经营将是困难的，运动将白热化，过了不久人们就确实听到重炮轰鸣，长期以来引起人们注意的数以百万计的破产爆发了。最后，运动以后卫散兵即小城市零售商、食品杂货商的破产而告结束。

捣乱家的破产

什么！这样恼人的事情还不够，那你们能给我们举出比上述一连串的情形更糟糕的事吗？

我举出的只是最诚实的人。现在我们来研究下降的即可恶的[①]一翼，在这里我们列举的破产者都按远大的计划行动，但是忽视道德方法，从而损害了高贵的同业公会的声誉。

（22）**大规模的破产**波及社会上的一切阶级直到十足的小人物、仆人以及把自己有限的积蓄存放在伪善者那里的其他人。破产迅速地掠夺数以百计的地主、小资产阶级和善良的人们。整个城市都卷进去了。一般说来，这类破产对社会上不从事商业的阶层打击特别大，而且严重伤害同业公会，因为这类破产在人民和小资产阶级中间引起一些对行为规矩的商界人士不以为然的看法。

（23）**大型的破产**是某个不知名的暴发户制造的破产，他既无资金又无信用，却成功地投身于大事业，并且在那里制造了像身居高位和实力雄厚的银行家们所制造的那样巨大的破产。人们普遍要问：这么一个无赖怎么能够建立那样多的联系并且搞出这样有油水的破产。

这种人同前一种人不同，他是从另一条道路达到了同样的目的，即唤起舆论来反对商人的阴谋诡计，反对给这些买卖人以充分自由的荒谬法律。

（24）**阿梯拉式的破产**把破产者的荣誉捧上了天，使一个国家被蹂躏得像遭到汪达尔人的整个军队洗劫一样。在这种类型的破产中可以举出1810年奥尔良城一个名叫T的外行人所搞的一次高明的破产。这个家伙以一千六百万的亏空宣告破产，这笔钱如此巧妙地分摊给不幸的奥尔良城，以致这个城市一下子就垮了。市民

[①] "可恶的"一词是恩格斯加的。——编者注

的各阶层都遭到洗劫。难民一直逃到里昂,传出消息说:奥尔良完了,我们全都被毁了,T把一切都推入了深渊。他根据详细的报告实施自己的计划,他诱骗掠夺各阶级,从富有的资本家直到贫穷的仆人,后者一辈子就攒了几个塔勒①存在商人那里,却让这个商人在漂亮原则的掩护下拐骗了。这个原则就是:让商人去干吧,他们最清楚自己的利益所在。

这是什么样的强盗行为啊!仅仅在商业的英雄业绩这一个方面就有多少罪行啊!说仅仅这一个方面,是因为应当看到破产只不过是这种欺骗性商业的第三十一种特征。科学借口商人最清楚自己的利益所在而要求给商业以充分的自由。的确,商人对这一点是太清楚了,然而他们对国家和工业的利益所在却太不清楚了。因此,科学是用它那给商人以绝对自由的理论来愚弄我们。

六
下降翼。——肮脏的色调

现在我们由叙述伟大的英雄业绩转入叙述比较一般的成绩。破产并不像中心的三个种类一样全都是伟大的。不过我们在左翼也还可以举出一批值得注意的色调温和的破产者,这些富有资产阶级的优点和缺点的人将使我们在看了这么多光彩夺目的丰功伟绩之后一饱眼福。我们还将看到一些能使读者兴奋的种类,特别是最后一类即败坏破产者团体声誉的伪善的伙伴。让我们从比较严肃的色调开始。

狡猾的骗子手

(25)**有补偿的破产**。实行这种破产,是为了使自己在一次不幸事件中的损失得到补偿。例如,一个投机者今天由于诉讼失败,花掉了十万法郎,于是他第二天宣告破产,而这却给他带来了二十万法郎。这样,他非但没有损失掉诉讼费,反而赚了钱。商业的这种使自己在不利事件中的损失得到补偿的能力,是它的绝妙的特性之一。他懂得利用任何陆上和海上的②灾难来为自己谋利益的艺术。一个船主如果遇到船只失事,他第二天就可以利用一次成功的破产使他的境况再次好转。这样的破产会无可非议地达到目的,因为公证人会说:这不是他的过错,事情迫使他这

---

① 在傅立叶的著作中是:"埃巨"。——编者注
② "陆上和海上的"这几个字是恩格斯加的。——编者注

样干的,与其指责他,不如可怜他。

一个同样被夺去了存款的地主对此反驳说:如果冰雹、洪水毁了我的庄稼,而我得不到任何人的支持,我就得不到补偿。——真是妙论!难道地主不知道,在目前情况下他们是一个依赖他人的阶级即依赖于非生产者、依赖于被称为商人的阶级吗?这些商人用自己的魔爪攫取了所有的工业品,靠大众的花费来赚钱,就像一支雇佣军,在没有敌人可掠夺时,便搜刮自己的朋友和善良的人们。商人就是这样,**他是真正的工业哥萨克**,他的座右铭是:我不是为了荣誉去工作,我必须多少捞一点。每个商人都想捞一把,如果有人以为借助诉讼或其他办法可以从他身上捞一把,那么他自有对策,这就是利用有补偿的破产从别人身上捞回来。

(26)**别具一格的破产**。这是聪明人的破产,他预见到一切可能发生的情况,拿出一部分钱应付风暴和制服难对付的人。如果他想在破产中赚二十万法郎,他就窃取三十万法郎,拿出三分之一来派用场,即送礼等等,他懂得如何安抚大喊大叫的人并使司法机关不起作用;这儿送一笔钱,那儿送一笔钱,自己的事情也就畅行无阻。结果破产给他招来了许多朋友,这些人都尝过一点甜头,都说他是一个精通业务的规矩人。

(27)**得寸进尺的破产**。这种破产表演的是剧情发展越来越有趣的多幕滑稽戏。起初把事情说成是小小的困难,即资金周转不灵,因此要求打百分之三十的折扣,以免垮台。债权人有点坐立不安了,就悄悄地进行交涉,因为有人提醒他们事情也许还会恶化,必须支持某某人。但是过了三个月这个人又不行了。他再一次到债权人那里去,弄得债权人又为他的破产担心;他承认事情比预想的更坏,必须同意打百分之五十的折扣。有几个债权人发火了,事情纠缠不清了,于是便宣告破产,而条件却如此之好,不是损失百分之五十,而是损失百分之八十至九十,并且余款可以过几年才还清。而所以能这样容易地达成协议,是因为债权人受人巧妙地摆布,逐渐习惯了最初是百分之三十,后来是百分之五十,最后是百分之七十的损失,他们已疲于争斗,只好签字了事,在这件可恶的事情上彻底认输,虽然最初言明只损失百分之三十。这种方法并不是最坏的,可以推荐给那些恪守原则的投机家。

(28)**虔诚的破产**。这是从事各种宗教慈善事业、在举行宗教游行时手持华盖饰带的圣徒的破产。他能轻而易举地找到信贷和存款人,并能秘密地组织大规模的破产。我见过这一类破产,损失达百分之九十。这种破产的优点在于破产者能得到相当多的人原谅:咳,他是一个很虔诚的信徒,要说他在商业上不走运,那是因为他不关心尘世的财富。——这种虔诚被用来促成妥协,虔诚的使徒通过妥协保住了一大笔尘世的财富,再加上对另一个世界的财富的希望。

笨伯的破产

在每一种职业中都可以发现一些无知的人,他们不按规章办事,用最好的材料做出最差的活。破产者当中也有这样一些蠢人,他们只会把黄金变成铜,在别人能进行出色交易的地方,他们却非常愚蠢地陷入破产。这里略述四种破产,因为这一类真正诚实的破产没什么意思。我举这一类例子只是为了保持分析的完整性。

(29) **出于幻想的破产**。这是上当受骗者的破产,这些人受花言巧语的引诱去从事商业,他们不懂商业的狡猾奸诈,当然像扑灯蛾一样,落得个自取灭亡的下场。1789年以来,可以看到许多根本不必卷进这场混战的大财主,怎样在混战中白白地丢掉了一大笔遗产,以丧失财产和荣誉的破产而告终。关于这一点必须指出:只有诚实的人才会在破产中失去荣誉,而懂得商业的伟大原则的骗子手则善于利用自己的破产来获得财产和荣誉。但是处于商业这个马蜂窝里的大人先生们还想按照诚实的方法办事,他们遭到阴谋家的包围和戏弄,必然以出于幻想的破产而告终。许多小财主也犯了同样的错误。他们受商业狂的引诱,抛弃了自己的田园,卖掉了自己的小片地产,到城里去开一家小店铺,走向他们的不可避免的破产。

(30) **衰朽者的破产**。这是至死还想手持武器的不可救药者的破产。有不少本应退休的人,他们因年龄所累,办事糊涂,不了解最新成果,在衰朽之年失去了慢慢积累起来的财产,并且顽固地坚持干下去直到不断重复的失败造成无法避免的破产。一个人年已八旬,独身,拥有二百万法郎,这对一个老光棍来说真是绰绰有余,但是他在应该退休思过之年还要顽固地继续从事商业这一行。应该怎样称呼这个人呢?如果这样一个人破产了并且在八十高龄时失去了自己的富足的财产,那可真是一个商业狂。这样的人就是衰朽的破产者,他是这一节的典型人物,对每一类破产我都举了一个典型人物①,以免人们说我夸大其词。此外,在每一个城市里都能发现许多这样的高龄狂人,因为他们坚持继续搞商业,应当落得不光彩的下场。现在,一切都是精挑细选的,在商业中如同在战争中一样,需要的是对新战术训练有素的年轻人;如果破产在年轻人看来不过是逢场作戏,那么对在二十年以前就应该考虑退休的富裕的老年人说来,就无疑是一件不光彩的事了。

(31) **受压抑的破产**。这是激烈的竞争者的破产,他们故意走向破产,他们破

---

① 在傅立叶的原稿中有这些典型人物的名字。

产是为了从对手身上争夺一点利润。可以看到他们中间许多人常常作亏本生意,希望对手先于他们而破产,于是自己便成为战场上的获胜者。特别是在运输公司和像波克城那样的纺织品集市上充满着这种混战,其结果是"受压者"被迫宣告破产。

(32) **蠢猪似的破产**。这是没有经验的年轻人的破产。他不按原则进行活动,使妻子儿女和自己一起破产,而且还落入司法机关的魔爪,遭到"商业朋友"的歧视,因为他们只尊重遵守原则的富裕的破产者。对于使妻子儿女同自己一起破产的人,商业上有一句行话:"这是一头十足的蠢猪。"假如他制造了一次有油水的破产,那么人们将称他是一个机灵的小伙子,头脑聪明的人。

伪善的伙伴

我把那些使可尊敬的破产者团体遭到公众歧视的人称为伪善的伙伴。这种人有的令人愤慨,有的则令人发笑。我没有把那些盗窃数百万钱财的先验的破产者归入这一类,因为他们始终受人尊敬,不会损害团体的名声。在文明时代,大盗从来不受人歧视,而小偷倒是真正要处以绞刑的。既然他们激起舆论反对欺诈行为和小的破产,他们就不配加入团体,而只配得到伪善的伙伴的称号。

(33) **骗子手的破产**。这是一些小无赖制造的破产,他们在破产时尽干一些令人十分讨厌的小偷小摸行为,以致邻人说应该对他们判处绞刑。如果掠夺十万塔勒,人们倒不会这样说了,可是偷窃一百塔勒就会使人想到绞刑,不过这种想法对骗子手来说并不危险,因为破产者团体是不允许触动自己的同伙的。否则,司法机关会很快认为自己有权从追究小偷到追究大盗,而这对于那些按照伟大原则办事并且在一次"诚实"的破产以后在上流社会已占有地位的人将会是很麻烦的事。

(34) **恶棍的破产**。这是除了使用卑鄙的无赖手腕还使用巧妙诡计者的破产,例如他先自盗,然后再运用动之以情的策略。

小商人斯嘉本制造了一次只有四万法郎①的可怜的破产;他占有了三万法郎作为这一行动的利润,然后把余下的一万法郎交给债权人。如果有人问他为何亏空三万法郎,他就会说:他不善于像大商人那样记账,说他遭到了"不幸"。你们也许以为斯嘉本会受到惩罚,因为他是一个只盗窃三万法郎的小偷。——债权人难道不知道,如果司法机关插手,他会把其余的一万法郎当做一顿早餐吃掉?所以即使丢掉这一万法郎,也丝毫解决不了问题,如果想把斯嘉本判处绞刑,那也许得再拿出

---

① 在傅立叶的著作中这里和下面均用"利弗尔"。——编者注

一万法郎,而且还不知道行不行。因此收下这不多的一万法郎,总比损失一万法郎,甚至还得花费这么多的钱要好些。斯嘉本通过他的公证人提出这种理由,**这样一来,破产者就以司法机关来威胁他的债权人。**而债权人又何必对斯嘉本发火呢?他们中的一些人想学习他的崇高榜样,另一些人的经历已经超过了他。正像狼不会互相残杀一样,斯嘉本不久就找到了一批人签字同意他的建议,另外一些人由于害怕司法机关干涉也签了字,还有一些人是死硬派,他们说:哪怕牺牲一切也要把坏蛋送去做苦工。于是斯嘉本就指使自己的妻子儿女以他们所擅长的哭诉去博得这些人的怜悯。这样斯嘉本和他的公证人在几天之内就得到了大多数人的签字,那些拒绝签字、现在已用不着的人却受到了揶揄。人们拿这些人的愤怒来取乐,斯嘉本则报之以讨好话和深鞠躬,而且在第一次破产顺利结束后已经考虑新的破产了。

(35) **溜之大吉的破产**。这种破产多为大城市的一些小租赁人所采用,他们在付款期临近时就在夜幕的掩护下携带着自己的可怜的家当悄悄地溜走了。这种形式的破产在里昂的丝织工中极为常见。此外还必须把那些追逐时髦的男女计算在内,他们在餐厅、服装店和鞋店订购最好的物品,价钱在所不计,因为一旦债权人开始变得使他们烦恼,他们就存心以花言巧语相报,并且溜走了事。

这种形式的破产是很可笑的,使团体遭受不良影响。人们在指责这种人欺骗了二十个小店主时,也容易习惯于指责那种由于宣告破产而使二十个家庭遭殃的规矩人。为了不损害诚实破产的"商业朋友"应有的尊严,必须压制这种批评的自由。

(36) **令人发笑的破产**。这是小零售商的破产,这种人也像那些地位高势力大的银行家一样以最合适的形式来制造破产,而付给自己的债权人的数额不超过百分之五。里昂就有一个因扮演滑稽角色非常出色而深受观众喜爱的演员制造了这样的破产,他按照通例愿给自己的债权人提供**百分之三**的数额。有些债权人很愤怒,要法警去找他,但是他却像在舞台上演《律师巴特兰》一剧时所做的那样愚弄司法机关,而所有的公众都站在他一边。他的破产是一出非常滑稽的、有许多精彩场面的喜剧。债权人很想破口大骂,而公众却像嘲笑《律师巴特兰》中的吉约姆那样嘲笑他们。

我已经约略阐述了所有这些破产的定义。但是我列举的也是挂一漏万,只能把它看做一个轮廓,每个人都可以对遗漏的特征加以补充[①]。其中有许多是值得注意

[①] 恩格斯把傅立叶著作中这一段话的开头和末尾加以改写。——编者注

的。前几天巴黎报纸还报道了一个名叫 Y 的人所搞的一次十分出色的破产，他只用一万法郎就办起了一个被吹得天花乱坠的机构。它好像是叫商业振兴所或者别的什么响亮的名称，他利用这块招牌从几个呆头呆脑的人那儿弄来了百万法郎，这笔钱他照例以一次成功的破产相报。总之，可以轻而易举地把我所收集的破产种类的数目增加一倍。

七
结　论①

如果考虑到破产仅仅是商业的三十六种特征之一，那就很难解释为什么在这样一个毫不留情地对待社会一切阶级的罪行甚至还公布国王和教皇的罪行的世纪里，这个如此可怕的罪恶之源即商业机构还未得到剖析。

人们在阅读这本有关商人的劣迹恶行录时，立刻就会问道：这个自称为崇高真理之友的世纪怎么能借口商业是必不可少的而真心诚意地热衷于骗人的商业呢？因此人们似乎只得忍受我们就商业的罪行之一即破产所列举的那些欺骗盗窃行为了。

不过我们还是把有关破产的话说完吧。

俗语说：司法机关只绞死小偷，这在商业上已被证明是谎话。破产，哪怕是最小的破产都可以在商人自己的庇护下逃脱司法追究。这在最后一类（伪善的伙伴）② 即小破产者中可以看到。

要想举出几个狡猾的破产者受惩罚的例子，那是枉费心机；一百人中有九十九个人都成功，如果第一百个人失败，那这个人一定是个不善于玩弄阴谋的傻瓜；因为现在这种做法已经非常保险，以致老一套的谨慎的措施早就被人遗忘了。从前破产者都逃往特里扬，列日或卡鲁日，但是自 1789 年复兴时期以来这种习惯已经被抛弃了。现在每个人都可以在家里制造破产。人们可以不动声色地策划，而当破产发生时，他们就到乡间亲友家里去待上一个月，在这期间公证人会把一切事情安排好。几个星期后他们又重新露面，公众对这些事情早就习以为常，视同儿戏，称之为"分娩"，并且若无其事地说："某某刚生完孩子，又抛头露面了。"

我曾经指出，破产是唯一像瘟疫一样蔓延并硬把诚实的人拉上无赖汉道路的社

---

① 在傅立叶的著作中是：《关于破产的结论》。——编者注
② 括号内的话是恩格斯加的。——编者注

会犯罪行为。如果除破产之外再加上证券交易和许多其他罪恶行径，那就会发现我的下述论断是正确的：文明时代的人从来没有像他们从事商业以来那样干过这么多政治上的蠢事。只梦想平衡和保证的哲学家从来没想到要为社会机体争取到像政府——颇有预见地——要求其国库代理人所提出的那种保证！君主采用缴纳保证金和坚决惩罚胆敢挥霍或盗用公款者的办法来保证收税官的忠诚可靠。因此我们看不到这样的事：收税官把税款攫为己有，却上书政府说什么"由于时世艰难，境况险恶，种种不幸事件，等等，一句话，我已破产，没有偿债能力，或者随便怎样说都行。您的金库应有一千万，我付给您一半，五百万，五年内付清。望您对可怜的税收员遭遇的不幸给予同情；请继续信用我，为您掌管金库，否则我现在要付给您的那一半也无力支付。如果您保留我的职务和收入，我将尽力忠实地履行我的职责，也就是说，当金库再度充实时，我将以第二次破产来报答您"。

所有破产者上书的内容简单说来就是这样。收税官之所以不效法这个榜样，那是因为他们知道任何哲学学说都不能使他们免受惩罚，而破产者却能在下列原则的庇护下逃避惩罚：给商人以充分自由，不要求他们保证不搞阴谋诡计。

［结束语］

傅立叶写的就是这些。《法郎吉》第2册刊载的这篇文章的续文包括证券交易、囤积居奇（accaparement）和寄生现象等三章，这几章大部分都已经在《关于四种运动的理论》一书中发表。由于这个原因，同时也由于前面摘录的片断已经完全足以达到我的目的，所以我的摘录也就到此为止。

让那些热衷于在无底的[①]理论的"茫茫大海"中乘风破浪而且首先致力于钓取"社会主义"的**"原则"**的德国学者先生们学一学店员傅立叶的榜样吧！傅立叶不是一个哲学家，他对哲学是深恶痛绝的，所以

---

① 双关语：德文"grundlos"，既有"无底的"意思，又有"没有根基的"、"空洞的"意思。——编者注

他在自己的作品里对它百般嘲笑，而且在这方面谈了许多问题，这些问题很值得我们德国的"社会主义的哲学家"注意。不错，他们会反驳我，说傅立叶同样是"抽象的"，他靠自己的谢利叶方法构思神和世界，而且并不逊于黑格尔，但是这救不了他们。傅立叶的毕竟是天才的奇想不能用来为干瘪的德国理论的枯燥无味的所谓发展进行辩护。傅立叶是在正确地认识了过去和现在之后才有了对未来的构思，德国的理论却是首先随意地整理一下过去的历史，然后又随意地指点未来应该走向何方。例如，可以把傅立叶所提出的社会发展的几个时代（蒙昧时代、宗法时代、野蛮时代、文明时代）及其特征同黑格尔的绝对观念作一番比较。黑格尔的绝对观念历尽千辛万苦才为自己开辟了一条穿过历史迷宫的道路，终于不顾有**四**个世界帝国这一事实而勉强建立起一个三分法的外貌；至于黑格尔之后的那些构思，就更不必谈了。因为黑格尔的构思毕竟还有某种内容，虽然是被颠倒了的，黑格尔之后的一些体系的发明家的构思就没有任何内容了。

  现在该是德国人真正停止夸耀自己做事切实认真的时候了。他们非但可以从几份贫乏的材料中给你作出随便什么样的结论，而且还可以把这种结论和世界史联系起来。他们可以根据最初从第三手材料中得到的事实向你证明，事情**必定**是这样，而不会是别的，虽然他们自己也不知道事情是否就是这样。在德国，哪一个论述社会问题的人不对傅立叶评论几句从而最彻底地暴露了德国人做事切实认真啊！其中就有一个凯泽尔先生，他立刻利用"罗·施泰因的杰作"搞起世界史的构思，这种构思唯一令人感到遗憾的是它所依据的全部事实都是杜撰的。至于傅立叶，德国的理论至少已经有二十次确定了他在"绝对观念发展中的地位"——每一次确定的地位都不相同，而且德国的理论每一次实质上都以施泰因先生或其他不太可靠的文件为根据。也正因为这样，德国的"绝对的社会主义"内容贫乏透顶。稍微谈谈近来大家称为"人性"的东西，稍微谈谈这种人性或者不如说是兽性的"实现"，按照蒲鲁东那样——而这是来自第三手或第四手材料——稍微谈谈财产，稍微为无产阶级悲叹几声，稍微谈谈劳动组织，多少组织几个改善下层阶级人民状况的可怜团体,而实际上对于政治经济学和现实的社会却茫然无知,这就是这种"社会主义"的全部内容。这种社会主义由于自己的理论没有党性、"思想绝对平静"而丧失了最后一滴血、最后一点精神和力量。可是有人却想用这些无聊的东西使德国走向革命、推动无产阶级并促使群众去思考和行动!

要是我们德国那些半共产主义的和十足共产主义的讲师们花功夫看一下傅立叶的主要著作(这些著作倒是和任何一本德文书一样容易买到),他们将会在那里找到多么丰富的材料来构思并达到其他目的!他们将会在那里找到多少新思想——即使在目前对德国来说也还是新的思想!但是直到现在,这些好好先生除了对无产阶级的处境外,还未能对当前的社会提出任何责难,而且即使是无产阶级的处境,他们能够说的也不太多。当然,无产阶级的处境是主要问题,但是对当今社会的批判就仅限于此吗?傅立叶,除了他的后期著作以外,几乎没有接触到这一问题;他提供了这样的证明,一个人即使不接触这个问题,也可以承认现存社会完全应该受到谴责,一个人仅仅通过批判资产阶级,也就是批判资产阶级内部的相互关系而不涉及它对无产阶级的态度,就可以得出必须改造社会的结论。到目前为止,对这方面进行批判的只有傅立叶一人。傅立叶毫不容情地揭穿上流社会的虚伪,揭穿他们的理论和实践的矛盾以及他们整个生活方式的无聊;他嘲笑他们的哲学,嘲笑他们为使日趋完善的完善化能力臻于完善和为追求最高真理而作的努力。傅立叶嘲笑他们的"纯洁的道德",嘲笑他们的划一的社会制度;他把他们的实践,把遭到他的精辟批判的和气的商业,把他们的并非享乐的放纵的享乐,把被他们当做婚姻关系的组成部分的通奸以及普遍的混乱同这种社会制度作了对比。这就是在德国还完全没有谈论过的现存社会的各个方面。的确,人们有时谈论恋爱自由、妇女地位、妇女解放,但是有什么结果呢?说几句杂乱无章的空话,捧出几个女学者,表现出一些歇斯底里,对德国人的家庭不和抱怨几句——连个杂种都没生出来!

德国人首先必须熟悉国外的社会运动,熟悉这个运动的实践和文献,——近八十年来英法两国的全部历史即英国的工业和法国的革命都属于这个运动的实践，——然后他们必须在实践方面和文献方面做出像他们的邻国所做的那么多的事情，**只有在这以后**，才可以提出像各民族的功绩大小这类无关痛痒的问题。但是到那时，这种诡辩式的争论已经没有听众了。

而现在对德国人来说，最好是首先了解一下国外所获得的成就。所有以前出版的有关这方面的书，毫无例外地都**很拙劣**。这种简短的叙述至多只能评论一些著作，根本无法介绍这些著作本身。这些著作有一部分已成了稀有的珍本，在德国很难弄到，有一部分篇幅过于庞大，有一部分杂有许多仅仅具有历史的和文献的意义并且 1845 年已经引不起德国读者兴趣的材料。这些著作的宝贵内容即使在今天对德国也还是新鲜的，为了使它们容易理解起见，我们必须像法国人那样从事编选工作，法国人对待来自国外的一切材料要比我们实际得多。经过这样编选的国外重要的社会主义文献最近即将开始出版。一些德国的共产主义者，包括能够同样流畅地写出具有独到见解的作品的最优秀的活动家，也参加了这一工作。可以预期，这一工作将给高明的德国理论家指出，他们的一切高见都已经陈旧了，在莱茵河和拉芒什海峡的彼岸，这些问题早已争出一个孰是孰非来了。他们只有知道了在他们**之前**已经做过些什么，才能表明**他们自己**能够做些什么。

布鲁塞尔
弗·恩格斯写于 1845 年下半年　　　　　　　　　　　　　　　　　　　原文是德文
载于《1846 年德国公民手册》年鉴
1846 年曼海姆版
署名：弗·恩格斯

　　选自《马克思恩格斯全集》第 42 卷，北京：人民出版社 1979 年版，第 318—359 页。

第五部分　附　录

附录 I   研究文献精选

一 高放、黄达强主编:《社会主义思想史》(上)(节选)①

第二节 傅立叶的"和谐制度"

一、傅立叶的生平和主要著作

沙利·傅立叶,1772年4月7日生于法国东部贝臧松一个富商家庭。他的父亲曾任当地商业法庭庭长。傅立叶在中学时代,成绩优秀,兴趣广泛,爱好自然科学和文学艺术。他特别喜爱数学的精确性、音乐的表现力和讽刺诗的幽默感。傅立叶早年丧父,中学毕业后,屈从父亲的遗嘱和母亲的意志学习经商。他当过店员、推销员和经纪人,先后在里昂、巴黎、里昂、马赛和德国、荷兰、英国等地经办商务。这样的生活阅历使他对资本主义社会的种种罪恶,特别是资本主义商业的内幕有更深的了解。法国大革命中,傅立叶曾在里昂独资经商。1793年,里昂城内发生了以吉伦特党为首的反革命暴动,傅立叶贩运的商品被吉伦特党征用,本人也被拉去当叛军。当雅各宾党的军队攻克里昂后,傅立叶又被视为叛军的支持者而数次受到革命政权的逮捕。这些遭遇使他在很长时期内对雅各宾专政抱敌视态度。

法国大革命以后日益显露的新的社会矛盾,促使傅立叶从一个商人转变为空想社会主义者。他感到新建立的资产阶级"理性王国"令人

---

① 高放、黄达强主编:《社会主义思想史上》,北京:中国人民大学出版社1987年版,第190—212页。

极度失望，劳动人民在革命以后遭受的苦难日益深重，那些曾为法国革命提供过"政治科学和道德科学"理论的哲学家们并不知道医治社会疾苦的药方。傅立叶认为自己的任务是发现和创立新的科学，为人类解放开辟一条新的道路。于是，他利用一切业余时间刻苦自学，研究法国启蒙学者和空想社会主义的思想，研究法国18世纪70到80年代出现的关于协作社的方案，在自然科学、哲学、经济学、政治学、历史学和文学等方面积累了丰富的知识。傅立叶是一位杰出的观察家，十分重视对现实生活的调查研究。低下的社会地位，使他易于接近劳动人民，在下层群众中进行细致的观察，同情他们的疾苦，深入地思考社会问题，逐步形成他的空想社会主义思想体系。傅立叶自称在1798年领悟到自己理论的萌芽，1798至1802年期间形成自己的学说。

1803年，傅立叶在《里昂公报》上发表了论文《全世界和谐》，第一次公布了自己的发现。他指出文明制度是不合理的，它必将被和谐制度所代替。这篇论文标志着他的社会主义学说初步形成。1808年，他发表重要著作《四种运动和普遍命运的理论》（简称《四种运动论》），阐明了他的宇宙观和历史观，批判了资本主义制度，提出未来社会的主张。1822年，他出版了《论家务—农业协作社》（亦称《宇宙统一论》）。此书除对《四种运动论》的基本原则作详细论述外，着重描绘未来社会的经济制度和生活方式。1829年发表的《经济的新世界或符合本性的协作的行为方式》（简称《新世界》），全面地、系统地阐述了和谐社会的组织问题，同时揭露资本主义制度及其生产过剩引起的经济危机，描述了无产阶级的贫困状况。这本书结构严谨、逻辑性强、通俗易懂、文字流畅，是傅立叶写得最好的一部重要著作。1837年写的《论商业》一文是傅立叶批判资本主义商业的杰作，他的学生于1845年将这一遗作发表在《法朗吉》杂志上。

为了探索人类的理想社会，傅立叶40年如一日地坚持研究和著书立说，为创立和宣传自己的社会主义学说奋斗了一生。他还与学生创办了《法伦斯泰尔》杂志和《法朗吉》杂志。1832年曾在法国组织"法朗吉"协作社的试验，一年后宣告失败。傅立叶始终期待法国历届政府和社会上层人士出资支持他进行社会改革的计划，并在报上刊登广告宣布每天中午12点在家接见愿意资助他创办"法朗吉"的富人，但他等候了多年，没有一个富人问津。傅立叶的学说曾遭到资产阶级舆论的嘲讽和罗马教皇的攻击，梵蒂冈将他的著作列为禁书。他虽然没有找到一条为劳动阶级谋求幸福的正确道路，但是，他以自己一系列杰出的思想，丰富和发展了社会主义学说，受到科学社会主义创始人很高的评价。恩格斯早在1843年写的一篇文章中指出：虽然傅立叶不像圣西门及其门徒的著作那样闪耀出天才的光芒，虽然他的文体有些晦涩，表达自己的思想常常显得非常吃力，可是我们却更乐于读他的著作，从中看到真正有价值的东西更多。剔除他著作中荒唐的神秘主义色彩以后，就是"科学的探讨，冷静的、毫无偏见的、系统的思考，概括地说，就是社会哲学"①。1837年10月10日，傅立叶病逝于巴黎。

傅立叶的空想社会主义学说的理论基础，直接来源于法国唯物主义。他的世界观虽然有神秘主义色彩，信奉自然神论，但是基本上坚持了唯物主义路线。他认为整个宇宙是一个普遍运动的体系，它可分为社会运动、动物运动、有机运动和物质运动。社会运动是四种运动中最主要的运动，了解社会运动规律是了解其他三种运动规律的钥匙。"引力规律"是这四种运动的共同规律，他所发现的、来自人类本性的、永恒的"情欲引力规律"是社会运动的特殊规律。傅立叶认为，人类的情欲可分为三大类。第一类是感觉情欲，即追求人的五种感官的满足。第二类是依恋情欲，追求亲密的联系，即友谊、爱情、爱虚荣和爱家庭，这四种情欲推动人们组成集团又建立组与组之间的联系。第三类是分配情欲，即创造情欲、多样化情欲和竞赛情欲，这种情欲最重要，是追求普遍一致、趋向社会统一的最高类型的情欲。如果社会成员的上述三类情欲得到满足，就会出现社会的和谐和人类的幸福。他自命为第一个发现情欲引力规律从而"使三千年来的幻想和愚蠢化为乌有"的天才，由于这一理性的发现，人们就找到了通向理想社会的道路。显然，傅立

---

① 《马克思恩格斯全集》第1卷，第577—578页。

叶是从抽象的人性论出发，把情欲引力看成社会发展的动力。他的社会历史观基本上是唯心主义的理性论和天才史观。他的关于宇宙四种运动形式的划分也是不科学的，不可能真正揭示社会运动的客观规律。但是，傅立叶关于社会运动是一切运动形式中最高级的运动，以及社会运动有其特殊规律的论点，却是有价值的思想。他的情欲引力理论有进步意义：旨在反对压抑人们情欲的资本主义制度，并论证能满足人们情欲的理想社会行将到来；旨在强调统一和组合情欲的意义，主张个人利益与集体利益相结合。他在分析人类历史时表现出的不平凡的辩证思想和唯物主义思想萌芽，是为了论证他的社会主义学说。

二、傅立叶对资本主义制度的批判和对未来"和谐制度"的设想

对资本主义制度进行无情的批判，是傅立叶全部学说中最精彩、最有生命力的部分。正如恩格斯所说："在傅立叶的著作中，几乎每一页都放射出对备受称颂的文明造成的灾祸所作的讽刺和批判的火花。"①

第一，揭露资本主义制度对雇佣工人的残酷剥削。傅立叶敏锐地看到了资本主义工业化给劳动人民带来的苦难。他说，文明制度创造了大规模的工业生产和高度发展的科学艺术，"却不能保证给予人民劳动和面包"②。资本主义是少数富人掠夺穷人的制度，"文明制度的机构在一切方面都是巧妙地掠夺穷人而发财致富的艺术"③，对于从事生产劳动的人来说，"文明制度是一切灾难"④。在有些场合，傅立叶曾谈到文明制度下有两个阶级，即"工厂主阶级"和肩负全部劳动重荷的"一无所有阶级"之间的对立。傅立叶对雇佣劳动制度的考察不仅限于法国，而且注意到了资本主义最发达的英国。他指出，文明制度除了创造巨大的财富外，只能生产无数的赤贫者，因为工厂主阶级所关心的是缩减工人的工资和掩盖他们的贫困。这就使"生产所依靠的雇佣工人和奴隶阶级陷于绝望的境地。他们远比那在自然状态下享受可能得到的幸福的蒙

---

① 《马克思恩格斯选集》第3卷，北京：人民出版社1972年版，第305页。
② 《傅立叶选集》第1卷，北京：商务印书馆1979年版，第93页。
③ 《傅立叶选集》第3卷，北京：商务印书馆1982年版，第114页。
④ 《傅立叶选集》第1卷，北京：商务印书馆1979年版，第94页。

昧人，实在可怜得多"①，英国的劳动阶级更穷困，工人在工厂中劳动的时间长达 16 小时，工资收入很低，往往死于贫困所造成的长期饥饿和各种疾病。与此同时，饱食终日，无所事事的官吏、军人、商人和绅士们却过着寄生生活而加剧了劳动者的贫困。傅立叶深刻地指出："在文明制度下，贫困是由富裕产生的。"② 他愤怒地谴责文明制度是"倒行逆施"，"是颠倒世界，是社会地狱"③，"是恢复了奴隶制度"④，资本主义工厂是温和的监狱。

第二，揭露资本主义生产无政府状态及其严重后果。傅立叶认为，文明制度虽然创造了大规模生产，但是这一制度的经济结构"像一盘散沙"，生产仍是分散经营，从而造成生产的无政府状态和生产者之间的激烈竞争，导致整个社会经济混乱、供求失调，使经济危机成为资本主义制度下不可避免的现象。因此，"在文明经济制度下，一切都是恶性循环"⑤，使社会处于无法克服的矛盾之中。1825 年，英国爆发第二次全国性的经济危机之后，傅立叶就敏锐地看出这是由于生产过剩引起的危机。

傅立叶进一步指出，资本主义制度下竞争和垄断的辩证关系。他认为，到了文明制度的最后阶段，竞争的另一个重要后果是必然走向自己的反面，导致垄断的出现，某些团体"在特权掩护下排除最基本的竞争者，并禁止对劳动的有条件的接近。这些团体或公司包含着广泛的封建联合的萌芽，这种联合很快地席卷一切工业和金融系统，并产生商业的封建主义"⑥。傅立叶这种分析虽然不科学，但是，在当时能预见到这种趋势是难能可贵的。

第三，对资本主义商业进行细致而深刻的揭露。傅立叶长期从事商业活动，了解资本主义商业的秘密，十分痛恨它的欺骗行径。因此，他

---

① 《傅立叶选集》第 3 卷，北京：商务印书馆 1982 年版，第 283 页。
② 《傅立叶选集》第 1 卷，北京：商务印书馆 1979 年版，第 124 页。
③ 《傅立叶选集》第 2 卷，北京：商务印书馆 1981 年版，第 103 页。
④ 《傅立叶选集》第 1 卷，北京：商务印书馆 1979 年版，第 117 页。
⑤ 同上书，第 123 页。
⑥ 《傅立叶选集》第 3 卷，北京：商务印书馆 1982 年版，第 4 页。

对资本主义商业的种种罪行揭露得透彻而又饶有风趣。恩格斯指出："他以巧妙而诙谐的笔调描述了随着革命的低落而盛行起来的投机取巧和当时法国商业中普遍的小商贩气息。"①

傅立叶认为，文明制度下一切灾难的一个根本原因就是商业欺骗。在法国革命后，"商业精神"浸透了整个社会，"商人一下子变成了半个神仙"，成为政界中真正的暴君，是无恶不作的强盗、骗子手和吸血鬼。他指出，在资本主义条件下，商业成为一种新的社会权力，商人利用他们在商品流通中的地位，巧取豪夺，采取一切卑鄙的手段掠夺生产者和消费者。因此，资本主义商业是资产阶级法律保护下有组织的抢劫行为，是资本主义罪恶的集中表现。

傅立叶在《论商业》一书中，无情地揭露资本主义商业中囤积居奇、投机倒把、买空卖空、哄抬物价、掺假掺杂、制造饥荒、宣告破产、贩卖黑奴等36种罪行，又根据自己丰富的阅历把每一种罪行列举出多种表现形式，刻画得细致入微。他指出，资本主义制度给商人以绝对自由，他们为了获取高额利润，有权中断商品流通，制造"供应源泉的人为阻塞"，把粮食囤积起来甚至毁掉，迫使劳动人民在饿死的威胁下，不得不以三倍的价格购买粮食。商人制造的"破产"则是前所未有的最巧妙和最可耻的骗局，他们以36种"破产"形式而大发横财，造成严重的社会恶果。傅立叶抨击它是比拦路抢劫还要可恶得多的抢劫。

傅立叶认为，资本主义商业能如此猖獗，是由于得到资产阶级政府和资产阶级学者的庇护。资产阶级政府实际上是商人的代理人和支持者。资产阶级学者不过是金钱的奴才，只要商人拿出一张息票，这些学者就变成了商人最忠实的仆人，把本来被人蔑视的商业捧到了荣誉的顶峰。

傅立叶对资本主义商业的批判是深刻而精采的。但是由于在19世纪初期的法国，生产领域中的劳资对立还不明显，商业投机却十分猖狂

---

① 《马克思恩格斯选集》第3卷，北京：人民出版社1972年版，第300页。

而被看成社会的主要祸害,因而傅立叶片面地把资本主义商业欺骗和分散经营的经济制度作为资本主义制度的两大社会弊病,认为商业阶级不仅掠夺了劳动者,也是工业和农业资产者的真正敌人,甚至认为工业资产者和产业工人在和商业资产者的对立中有共同利益。这就模糊了资本主义社会的阶级关系。

第四,傅立叶以社会发展规律的思想批判资本主义制度永恒性的论调。资产阶级学者推崇文明制度是"尽善尽美的化身",竭力宣扬这个制度是永恒的。傅立叶鲜明地批驳了这种谬论。他指出,人类社会是不断变化和发展的,任何一个社会制度只是人类历史发展中一个短暂的阶段,不会有永恒的制度,甚至整个人类将来也要灭亡。文明制度代替野蛮制度是历史的必然,它在人类历史发展中起过重要作用,但是,"文明社会只不过是社会长河中的一段,难道还有什么疑问吗?"[1] 当这个社会制度造成千万种祸害,成为社会继续前进的障碍时,它就丧失了优越性,也就没有存在的必要,文明制度以前已经存在过三种社会制度,文明制度也将被更高级的社会制度所代替。因此,"必须怀疑文明制度,怀疑它的必要性,它的完善性以及它的持久性"[2]。他说,这些资产阶级思想家的理论是建筑在文明制度的基础上,它将与文明制度同归于尽。傅立叶正是以这样辩证的观点说明资本主义灭亡的必然性。

傅立叶对资本主义制度进行了全面而深刻的批判以后得出结论:"我的目的不在于改善文明制度,而在于消灭这个制度。"[3]

傅立叶的理想社会是和谐制度。按照他的设想,这将是摆脱贫困、灾难和不幸,保证人类的情欲能够得到充分满足的幸福社会。

和谐社会是以自愿参加为原则的生产和消费的协作组织。傅立叶认为,人类最终摆脱一切苦难所必须具备的重要条件,是建立与文明制度的"分散经营相反的协作结构,即经济的新世界"[4],"协作精神是它的

---

[1] 《傅立叶选集》第1卷,北京:商务印书馆1979年版,第4页。
[2] 同上书,第4页。
[3] 《傅立叶选集》第3卷,北京:商务印书馆1982年版,第102页。
[4] 《傅立叶选集》第1卷,北京:商务印书馆1979年版,第93页。

特点"①，因为人们只有组织起来才能节约劳动力和时间，使人类情欲得到满足，促使生产迅速发展。傅立叶指出：分散经营的文明制度不能立即进入和谐社会，要先后经过半协作的保证制度和实行简单协作的协作制度，才能进入实行复杂协作的和谐社会。因此，协作制度本身有一个由低级向高级发展的过程。这个见解是符合事物发展进程的，因而是深刻的。和谐社会建立在大生产和科学艺术充分发展的基础之上。傅立叶指出，建立新社会的另一个重要条件，是"要创造大规模生产、高度发展的科学技术，因为这些动力是建立与贫困和愚昧无知水火不相容的协作制度所必需的"②，应继承并发展文明制度所创造的这些动力，在大生产的基础上保证协作制度得到完善发展。可以看出，傅立叶敏锐地预见到了大生产、科学和艺术在理想社会中的重要作用。

和谐社会的基层组织是"法朗吉"。"法朗吉"一词来源于希腊语，是指严整的步兵队伍，傅立叶用它表明和谐制度是有组织的生产，以区别于资本主义制度的生产无政府状态。"法朗吉"实行工业、农业、商业、家务、教育、科学、艺术的全面协作而形成完整的体系。在"法朗吉"内部，设有许多称为"谢利叶"的专业劳动队，下设若干小组。在傅立叶的设想中，人的性格共有810种，为了使"法朗吉"能包括所有不同性格的人，并使每种性格的人各有一个副职以便调换工种，"法朗吉"理想的规模应是1620人。"法朗吉"占地一平方法里，由自愿以资金入股的人组成。全体成员居住在一个叫做"法伦斯泰尔"的宏伟的建筑群里，建筑群整齐美观，安排合理，甚至设有冬季花园。

人人都参加劳动，是和谐社会坚持的社会主义原则。傅立叶指出，新社会将不再受旧式分工制度的束缚，每个人可以根据自己的兴趣和爱好自由地选择和交换工种，每种工作的劳动时间可以缩短，每天可以选择七八种工作。劳动的多样化将使人们把"聪明灵巧贡献给自己比较喜爱的诱人的活动"③，人们的创造欲望和竞赛欲望得到满足，劳动热情

---

① 《傅立叶选集》第1卷，北京：商务印书馆1979年版，第89页。
② 同上书，第93页。
③ 同上书，第176页。

空前高涨，促进社会生产力迅速发展。在和谐社会中，人们将排干沼泽，开辟运河，使沙漠变成良田。社会产品将比在文明制度下增长三倍、以至百倍，"全部工作就会做得尽善尽美了"①。但是，傅立叶忽视了劳动和运动以及游戏之间的原则界限。他错误地主张让儿童干最脏最苦的劳动，让他们打扫马厩、刷洗牲口、到屠宰场工作，理由是儿童爱好在泥泞中游戏，不怕脏、不怕累。

在消费品的分配问题上，傅立叶旗帜鲜明地反对平均主义。他指出，"在协作制度下，任何平均主义都是政治毒药"②，"协作制度绝不主张平均主义"③。但是，傅立叶在反对平均主义原则以后，并没有正确解决新社会的分配问题，而是提出所谓按比例分配，就是按劳动占5/12、才能占3/12、资本占4/12的比例行分配。这种分配原则使资产阶级凭借资本取得利润而大大超过一般劳动者的收入，从而保留了剥削。

傅立叶从情欲学说出发，对禁欲主义作了彻底的否定。他批评马布利等人禁绝一切生活享受、主张"贫穷就是幸福"的观念是对人的本性的歪曲。他主张在和谐社会中，凡是符合人类自然本性的情欲都应得到满足，人们应当享受比文明制度中的达官贵人和国王更富裕的生活。和谐社会将消灭城乡差别和工农差别。"工业生产将不像现在这样都集中在穷人聚集的城市中，而将遍布全球乡村和'法朗吉'中。"④ 人们亦工亦农。新制度是城乡结合和工农结合的组织形式。傅立叶认为农业生产是诱人的生产，人们对农业的爱好将大于工业，而且随着人们生活水平的提高，对蔬菜、水果、肉类的需求量将大大增加，因而在"法朗吉"中，将以农业为主，工业生产只居第二位。显然，傅立叶还不了解现代化大工业在理想社会的国民经济中的主导作用。

公职人员由群众选举产生。傅立叶提出应该选举有教养、有经验、

---

① 《傅立叶选集》第1卷，北京：商务印书馆1979年版，第176页。
② 同上书，第215页。
③ 同上书，第89页。
④ 同上书，第259页。

办事公正的人担任领导工作。在和谐社会中，国家政权实际上已不再存在，"法朗吉"内设立的权威评判会只是咨询机构，对"法朗吉"的计划提出意见，供各谢利叶参考。"法朗吉"之间建立平等友好关系，实行劳动协作，以便建立大型公共工程。傅立叶十分重视未来社会的教育问题。他认为"必须从摇篮时期就大胆地发展天赋"①，到 7 岁就要进行 30 种劳动训练，青年时期增加为 50 种劳动训练。和谐社会应培养人们具有高尚的道德情操：公正、诚实、彬彬有礼、彼此以诚相待。每个人在劳动中充分发挥自己的能力为集体服务，才能得到心灵上的愉快和幸福。傅立叶认为科学和艺术在和谐社会"是人们共同致富的手段"②，有着十分重要的作用，因此必须普及高等教育。

在和谐制度下，由于家务劳动社会化，妇女将同男子一样参加集体劳动，从事科研和艺术活动，爱情不再是"物质原则的奴隶"，婚姻将完全建立在两性相互爱慕的基础上，妇女将获得彻底解放。

三、傅立叶在社会主义思想史上的杰出贡献

傅立叶是 19 世纪初期和圣西门齐名的法国伟大的空想社会主义思想家。他以丰富而杰出的思想为社会主义思想宝库增添了新的内容，与圣西门和欧文一起把空想社会主义理论发展到最高阶段，成为科学社会主义产生以前水平最高的社会主义学说。傅立叶的空想社会主义，在社会主义思想史上有着重要的地位。

第一，为正确地认识人类社会历史提供了重要的思想资料。在傅立叶的唯心主义历史观中，有着珍贵的辩证法和唯物主义的合理因素。恩格斯说："和圣西门差不多同一个时候，还有另一个人——傅立叶——用自己非凡的智慧研究了人类社会制度。"③ 后来，恩格斯又指出："傅立叶最伟大的地方是表现在他对社会历史的看法上。"④

傅立叶认为人类社会的全部过程可分为童年、成长、衰退和没落四

---

① 《傅立叶选集》第 2 卷，北京：商务印书馆 1981 年版，第 6 页。
② 《傅立叶选集》第 1 卷，北京：商务印书馆 1979 年版，第 135 页。
③ 《马克思恩格斯全集》第 1 卷，第 577 页。
④ 《马克思恩格斯选集》第 3 卷，第 300 页。

个阶段。其中,童年阶段和没落阶段各占 5000 年,每个阶段分七个时期;成长阶段和衰退阶段各占 35000 年,每个阶段分九个时期。在这四个阶段中,前两个阶段是上升波动的阶段,后两个阶段是下降波动的阶段。人类经历了四个阶段之后,将和动植物一起宣告终结。傅立叶把人类社会发展规定为 8 万年和 32 个时期的说法,不乏奇谈怪论。但是他在对人类社会运动过程的描述中有不少很有价值的思想。

(1)人类社会是有规律地从低级向高级不断运动和发展的过程。他提出历史规律性的思想,认为"社会的各个时期是服从于一般成长的规律的"①。社会运动的规律,首先表现在人类社会是处在一个不断运动和前进的过程中。他说:"社会运动反对停滞,力求进步,如同空气和水一样,需要流通,停滞就会腐臭。……每个时期都必须向更高的时期前进。"② 其次,人类社会从低级向高级发展,有其上升和下降的过程。整个人类社会和每个历史阶段都是按这个规律发展,一个社会上升发展到极点时就会出现下降的波动,但这并不意味着倒退,而是转向更高级的社会。新社会将在旧社会的衰落中取胜。第三,新旧社会之间存在着内在联系。每个社会都包含着前一社会制度的残余和未来社会的萌芽。最后,傅立叶提出,进入和谐社会,经过漫长的幸福生活以后,人类社会最终是要灭亡的。傅立叶虽然没有真正找到人类社会发展的内在规律,但是他在分析社会运动过程中所显示出的丰富的辩证观点,在当时是非常杰出的。恩格斯对此给予极高的评价,认为"傅立叶是和他的同时代人黑格尔一样巧妙地掌握了辩证法的"③。

(2)傅立叶关于人类历史的分期,具有积极意义。傅立叶分析人类历史时,只是对于他所说的 32 个时期中的前八个时期进行了具体论述。他把这八个时期依次称为原始时期、蒙昧时期、宗法制度、野蛮制度、文明制度、保障制度、协作制度和和谐制度。他所说的文明制度就是人类目前所处的历史时期。半个世纪以后,摩尔根在他的《古代社

---

① 《傅立叶选集》第 3 卷,北京:商务印书馆 1982 年版,第 113 页。
② 《傅立叶选集》第 2 卷,北京:商务印书馆 1982 年版,第 281—282 页。
③ 《马克思恩格斯选集》第 3 卷,北京:人民出版社 1972 年版,第 412 页。

会》一书中认为，人类历史是由蒙昧时代经过野蛮时代而进入文明时代的。这一历史分期得到恩格斯的肯定。可以看出，摩尔根和傅立叶的历史分期很相近。所以恩格斯曾指出："还有很重要的一点，我应指明，傅立叶早就天才地想到了摩尔根谈的许多问题。"① 傅立叶还把文明制度划分为奴隶制度、封建制度和以"商业科学"为特征的阶段以及形成商业封建主义的阶段。后两个阶段，相当于资本主义制度。他认为资本主义制度将被和谐制度所代替。尽管傅立叶还未能正确地划分五种社会经济形态，他对人类历史的分期基本上符合历史实际，为研究人类历史提供了宝贵的资料。

（3）以生产性质作为划分社会发展阶段的基本标志，是傅立叶社会历史观中的唯物主义思想萌芽。他认为原始时期以渔猎为主，没有交换。蒙昧时期以畜牧业为主，有"直接交换"。这两个时期是"生产活动以前的历史时期。宗法制度出现了小规模生产，进行"间接的中间交换"。野蛮制度是中等规模生产，文明制度出现了大规模生产。这两个时期的生产都是分散的、欺诈的、令人厌恶的生产。保障制度、协作制度和和谐制度共同的经济特征是协作的、诚恳的、诱人的生产。这三个制度只是协作化的程度不同。以上分析说明，傅立叶已猜到了一定的社会制度和一定的生产状况相适应。以经济因素作为人类历史分期的出发点、以生产性质作为划分历史阶段的基本标志，是傅立叶的卓越见解。

（4）妇女地位的历史演变，是考察社会制度性质的一个重要特征。傅立叶认为，原始时期的主要特征是男女自由结合。在蒙昧时期，由于家庭经济出现，妇女降到从属地位。在宗法制度下，妇女沦为半奴隶地位。野蛮时期的妇女完全处于被奴役的境地。文明制度下的婚姻制度使妇女处于被侮辱的悲惨境地。在未来社会中，妇女从沉重的家务劳动中解放出来，在社会经济活动方面获得与男子平等的地位，使婚姻关系能真正以爱情为基础。傅立叶十分重视妇女解放问题。关于妇女解放的论述，是他的社会主义学说中的杰出思想。科学社会主义创始人赞扬傅立

---

① 《马克思恩格斯全集》第 36 卷，北京：人民出版社 1974 年版，第 144 页。

叶"第一个表明了这样的思想：在任何社会中，妇女解放的程度是衡量普遍解放的天然尺度"①。

第二，对资本主义制度进行了最尖锐的批判和无情的讽刺，是启发工人觉悟的宝贵财富。在空想社会主义史上，傅立叶对资本主义的批判有其精湛独到之处，对社会主义学说有重要的贡献，这也是他全部学说最有价值的部分。

傅立叶对资本主义经济关系的批判涉及面广，有相当的深度，是他全部批判中最精采的内容。他揭露了资本主义经济结构从生产领域到流通领域中的一些根本缺陷。他不仅看到了资本主义社会中穷人和富人的对立，而且接近于认识到资本主义社会的基本阶级关系，即存在着工厂主阶级和雇佣工人两大阶级的对立，认识到现代社会的工业企业的成就是建立在工人贫困化的基础上。这一分析无疑比以往的空想社会主义者和同时代的圣西门前进了一步。傅立叶对资本主义经济危机必然性的深刻论述，特别是在1825年英国爆发第一次经济危机之后，他第一个正确地指出这是"生产过剩引起的危机"，充分表现出了他深刻的洞察力。恩格斯对傅立叶的功绩给予很高的评价，认为这一论断"中肯地说明了一切危机的实质"②。傅立叶天才地预见到由资本主义竞争必然导致垄断的论点，被马克思誉为"傅立叶不朽的功绩"③。他对资本主义商业罪行淋漓尽致的揭露，在40年代中期就引起科学社会主义创始人的重视，恩格斯在傅立叶的《论商业》发表不久就把它节译成德文，并亲自写了前言和结束语，以教育德国工人阶级。恩格斯认为傅立叶对资本主义商业的批判具有重大的意义。因为仅仅根据他对资产阶级内部相互关系的批评，就可以得出必须改造社会的结论。④ 傅立叶对资本主义制度的揭露和批判，材料充实，依据大量的事实，并进行细致的计算，很有说服力，便于启发人们认识资本主义的罪恶。

---

① 《马克思恩格斯选集》第8卷，第411—412页。
② 同上书，433页。
③ 《马克思恩格斯全集》第12卷，北京：人民出版社1962年版，第38页。
④ 参见《马克思恩格斯全集》第2卷，北京：人民出版社1957年版，第659页。

傅立叶是一个伟大的讽刺家。他最善于运用辛辣的讽刺和幽默的语言无情地揭露资本主义社会物质上和道德上的贫困。他说：现代社会充满着冷酷的利己主义，"医生希望自己的同胞患寒热病，律师则希望每个家庭都发生诉讼；建筑师需要一场大火把一个城市的四分之一化为灰烬；安装玻璃的工人希望下一场大冻雹把所有的玻璃打碎；……"总之，"在文明制度的经济体系中，每个人都这样处在蓄意与群众战斗的状态"①。傅立叶这一形象而深刻的讽刺，成为揭露资本主义的名言。他还把文明制度的现实与资产阶级的宪法和理论进行对比，尖锐地嘲讽其虚伪性和腐朽性。

恩格斯在1845年的一篇文章中指出："傅立叶对现存的社会关系作了非常尖锐、非常生动和非常明睿的批评"②，"到目前为止，能够进行这种批评的只有傅立叶一人"③。这是对傅立叶这方面贡献的高度评价。

第三，第一次论证了协作化的优越性。傅立叶针对文明制度分散经营的根本缺陷，提出按自愿原则组织起来，实行工、农、商、科学、教育、艺术和家务劳动的全面协作，是建立和谐社会的首要条件和基本原则。傅立叶预言实行协作有无比的优越性，它将使生产力得到迅速发展。这是由于在协作制度下人人参加劳动和家务劳动社会化，由于人们行动一致，合理地组织生产，进行大规模的联合行动，以及由于科学技术的运用、交流和发展，将大大节约劳动时间、原料和资金，使社会生产比文明制度增长十倍、百倍，以至"增加到不可估量的程度"④。傅立叶认为，协作制度的目的，既使物质方面协作化，也使情欲方面协作化，真正的协作是"把一切情欲、性格、嗜好和本能都应用于生产的艺术，乃是社会方面和经济方面的新世界"⑤。傅立叶这一见解是深刻的，他提倡集体主义的协作精神，提倡人们为共同的利益而团结合作。在新

---

① 《傅立叶选集》第1卷，北京：商务印书馆1979年版，第122页。
② 《马克思恩格斯全集》第2卷，北京：人民出版社1957年版，第656页。
③ 同上书，第659页。
④ 《傅立叶选集》第1卷，北京：商务印书馆1979年版，第106页。
⑤ 同上书，第88页。

社会，人们物质生活丰富、精神生活充实。傅立叶坚信，"协作理论将会改变人类的命运"①。恩格斯对此指出："傅立叶的另一个功绩就是他指出了协作的优越性，不仅如此，他还指出了它的必然性。"②

第四，对未来社会的劳动问题，提出十分精辟的论断。傅立叶认为，劳动是每个人天生的爱好。但是在文明制度下，人们的情欲受到压抑，为了谋生被迫从事痛苦的、奴隶般的劳动。在和谐社会中，为了使劳动恢复它的本来面目，傅立叶提出消灭旧式分工，人们根据自己的爱好自由地选择和调换工种，由于人们的各种情欲得到了充分的满足，劳动真正成为人们的爱好和享受。傅立叶关于未来社会消灭旧式分工的思想和未来社会的劳动是一种享受的论点，是对社会主义思想的重要贡献。恩格斯认为傅立叶的见解十分精彩，他"第一个确立了社会哲学的伟大原理"，"确立了劳动和享受的同一性"③。

傅立叶明确地提出劳动权的思想，认为劳动权是"最主要的天赋人权"④。恩格斯指出："劳动权是傅立叶发明的"⑤，傅立叶认为这种劳动权只有在和谐社会里才会实现。

傅立叶对未来社会的劳动竞赛问题进行了论述。他认为人们在竞赛情欲的吸引下，从各种高尚的动机出发，以高度的劳动热情在和谐社会中进行广泛而热烈的劳动竞赛。人们在竞赛中充分发挥自己的聪明才智，"竞赛能使各种产品的质量和数量达到最高水平"⑥，使生产出现奇迹。恩格斯指出，对于竞赛，"到目前为止只有傅立叶一人作过一些说明"⑦。

第五，在教育制度方面提出很有价值的思想。傅立叶认为教育必须适应和谐制度组织原则和经济制度的需要。儿童的抚育完全由社会承

---

① 《傅立叶选集》第1卷，北京：商务印书馆1979年版，第8页。
② 《马克思恩格斯全集》第1卷，北京：人民出版社1960年版，第578页。
③ 同上书，第578页。
④ 《傅立叶选集》第3卷，北京：商务印书馆1982年版，第135页。
⑤ 《马克思恩格斯全集》第36卷，北京：人民出版社1974年版，第153页。
⑥ 《傅立叶选集》第1卷，北京：商务印书馆1979年版，第144页。
⑦ 《马克思恩格斯全集》第1卷，北京：人民出版社1960年版，第615页。

担，应建立条件十分优越的保育院，"在这里面最贫穷的儿童所得到的照料还会比文明制度下王子所能享受的照料好得多"①，保育员的工作受到全社会尊重，享有崇高的荣誉。为了培养全面发展的新一代，傅立叶主张从婴儿时期就注意发展他们的天赋。教育必须与生产劳动结合，儿童从3岁开始就到小工厂从事短时间的劳动，劳动工种多样化，以培养劳动习惯，到7岁时已经能从事多种工艺，在劳动中可以激发青少年的求知欲，推动他们学习文化科学知识。傅立叶认为科学和艺术在未来社会将成为生产性的活动，因此必须使全体成员受高等教育，每个人"从事生产劳动，又从事艺术和科学"②，使脑力劳动和体力劳动结合起来。傅立叶预言，和谐社会将人才辈出，生活丰富多彩。马克思和恩格斯对傅立叶的教育观点十分重视，认为是教育思想史上的"精华"，"包含着最天才的观测"③。

但是，傅立叶所设想的和谐社会方案，有明显的错误和空想性。

（1）没有提出废除资本主义私有制。傅立叶虽然对资本主义制度作了极为尖锐的批判，但是他的批判有重大的缺陷。他没有指出生产资料资本主义所有制是资本主义剥削和资本主义一切罪恶的根源，错误地认为文明制度的根本问题是生产的分散性、商业欺骗和"在分配方面由于缺乏那种能够排除寄生者和支持各个有益阶级的分配制度"④。于是在他的理想社会方案中，不仅没有提出生产资料公有制的问题，而且以股份基金的形式保留了资本主义私有制。

（2）在协作制度内，资产阶级享有剥削收入以及在劳动等方面一定的特权。在傅立叶按比例分配的原则中，把劳动、资本、才能所得到的收入不加区别地一律称为"红利"。按这种分配原则，资本家可以凭股本获得高额利润以剥削劳动阶级，享有比社会一般成员高得多的物质待遇。协作社在劳动方面对富人有额外照顾，富人劳动的时间短，只做些趣味

---

① 《傅立叶选集》第2卷，北京：商务印书馆1981年版，第8页。
② 同上书，第174页。
③ 《马克思恩格斯全集》第3卷，北京：人民出版社1956年版，第607页。
④ 《傅立叶选集》第3卷，北京：商务印书馆1982年版，第68页。

性浓厚的轻闲劳动,而有更多的时间用在娱乐上。穷人则干又脏又累的劳动,比富人的劳动时间长。傅立叶幻想富人参加这种满足情欲的劳动后自觉地成为劳动者,使各阶级之间实行合作。这些设想突出地表明,像圣西门一样,在傅立叶那里,除无产阶级倾向外,资产阶级倾向还有一定影响。产生上述错误,除傅立叶思想的局限性外,还有其客观原因。恩格斯指出:"圣西门忽视了资产阶级和无产阶级的对立,同傅立叶主张调和劳资的观点是一致的,都要由法国当时经济政治情况来说明。"①

(3)以和平的方式建立和谐社会。傅立叶反对阶级斗争和暴力革命,认为革命是"最坏的一种社会苦难"。他主张和平的改革方案,只要在一个小村庄建立一个试验性的"法朗吉",数年之后就会吸引本国和全世界的群众效仿。为了建立这种示范性的协作组织,傅立叶认为,"说服一位影响很大的国君是个决定性的步骤。只要他认购了第一股,其余的股份到第二天就认购一空了"②。正是在这种思想指导下,他拒绝一切政治斗争,一直把希望寄托在达官贵人解囊相助,帮助他建立协作社,这使他陷入空想而不能自拔。

傅立叶的改革方案,虽然具有阶级融合的明显倾向,但在他的思想体系中,无产阶级倾向是基本的。他在社会主义思想史上的杰出贡献,使他的学说成为科学社会主义直接的思想来源之一。

二 〔法〕科尔纽:《马克思恩格斯传 第3卷 历史唯物主义的形成1845—1846》(节选)③

马克思与恩格斯在布鲁塞尔会合以前的合作

马克思与恩格斯的合作,是从写《神圣家族》时开始的。他们分别以后,通过频繁的书信往来保持着联系,这些书信鼓舞着他们的思想

---

① 《马克思恩格斯全集》第25卷,北京:人民出版社,1974年版,第684页。
② 《傅立叶选集》第2卷,北京:商务印书馆1981年版,第339页。
③ 〔法〕科尔纽:《马克思恩格斯传 第3卷 历史唯物主义的形成1845—1846》,管士滨译,北京:生活·读书·新知三联书店1980年版,第166—170页。

和行动。

最初，他们的通信是以当时迅速发展的社会主义出版事业为主要内容的。1845年1月，恩格斯告诉马克思，说他打算同赫斯一起出版一个刊物《社会明镜》。同时，他还请马克思为另外一个杂志《莱茵年鉴》写稿，这份杂志，恩格斯是积极参与了的，并且还为它物色撰稿人。一个月以后，他又极其恳切地向马克思提出他的请求。① 在1845年1月，赫斯联合恩格斯给马克思去了一信，信中说明了《莱茵年鉴》将具有纯粹社会主义的性质，并指出在这刊物上刊登的稿子将得到很高的酬金，这对主要靠着笔杆维持生活的马克思并不是没有利的。②

但是，马克思没有给这刊物写稿子，无疑是因为他太忙于写他的那部《政治和政治经济学批判》了，不过他却尝试着争取海涅去写稿子。③

另外，在1845年2月，恩格斯与马克思同时都有意出版一些英国

---

① 参阅恩格斯给在巴黎的马克思的信（1845年1月20日于巴门），《马克思恩格斯全集》，人民出版社1972年版，第27卷，第16页："另外皮特曼将通过列斯凯出版一种因篇幅大而不用经过检查的季刊《莱茵年鉴》，只刊登宣传共产主义的作品，你也可以给这个刊物写些文章。如果把我们的一部分文章发表两次，首先是在刊物上，然后编成集子单独出版，那也不坏；因为，被禁止的书现在比较难于传播，而我们这样做就能有双倍的机会去起作用。"参阅恩格斯给在布鲁塞尔的马克思的信（1845年2月22—26日，3月7日于巴门），同上书，第24—25页："我再次以赫斯的名义——也以我的名义请求你，给皮特曼的季刊寄点稿子去。我们都应该在第一期中发表文章，使这个刊物具有明确的性质。不用说，没有我们，刊物是无法问世的。"

② 参阅赫斯给马克思的信（1845年1月17日于科伦），莫·赫斯《通信集》，前引书第105页及以下诸页："我告诉你一个令人愉快的消息：一个季刊就要出版了，第一期只要我们凑够二十印张的稿子（这是书籍和刊物可以免去书报检查的最低需要）就可以付印了。皮特曼……跟列斯凯签了一个非常有利的合同，这说明社会主义文学现在在德国是多么地风行一时。不用说，这个刊物将完全是社会主义性质的……为了皮特曼也为了捍卫我们的事业，应该帮助这个刊物能够出版才是。我已经答应他请你给写点稿子，并且请家你也让海尔维格（如果你认为这样做好的话）和海涅也写点稿子来……按照皮特曼跟列斯凯签的合同，文章每页将付至少三个金路易的稿酬，在皮特曼的再三要求下，说不定要给四个金路易或者还要多些。"

③ 参阅马克思给海涅的信（1845年1月12日于巴黎），《马克思恩格斯全集》，人民出版社1972年版，第27卷，第456—457页："出版商列斯凯刚才到我这里来了。他在达姆斯塔德出版一种不受书报检查的季刊。我、恩格斯、赫斯、海尔维格、荣克等人都为它写稿。他要我和您商量，请您写稿——写些诗歌或散文。我相信您是不会推辞的，因为我们需要利用每一个机会在德国本国站稳脚跟。"也可参阅马克思给海涅的信（1845年3月24日于布鲁塞尔），同上书，第457页。

和法国社会主义和共产主义主要作家著作的译本，附一些说明性的注解。①

他们的用意是对这些学说作一番正确的介绍，这个工作，以前劳伦茨·施泰因也做过，不过在阐述中把这些学说弄得面目全非了。另外，通过这番介绍，不仅可以帮助工人而且也可以帮助资产阶级进步分子了解社会问题的性质和重要性。② 他们想先出版傅立叶、欧文、摩莱里和圣西门派的作品。恩格斯给马克思建议，这套丛书先从出版傅立叶的作品开始，在他看来，傅立叶是最能够把读者争取到共产主义方面去的作家了。他认为应该有意识地限于像傅立叶这样的一些作家，因为他们的著作今天仍然具有现实意义。③

恩格斯想把傅立叶著作的翻译工作委托给他在波恩的一些朋友去做，因为那时他自己计划写一本关于英国社会史的书，实在太忙。这本书是作为《英国工人阶级状况》的补充而写的，不过这计划后来未能实现。赫斯担任德奥多·德萨米的《公共财产法典》和 P. M. 毕奥纳洛蒂的《巴倍夫所谓的为了平等的密谋》的翻译。埃弥尔·维勒，一个

---

① 恩格斯给马克思的信（1845 年 2 月 22—26 日、3 月 7 日），同上书，第 26—27 页："顺便再说一件事。我们在这里打算翻译傅立叶的著作，如有可能，干脆出版一套《外国杰出的社会主义者文丛》。最好是从傅立叶的著作开始。翻译的人也找到了。……你认为对这一套丛书来说，哪些法国人的著作值得翻译，也请你推荐一些来；不过要快，这件事很紧迫，因为我们已经同一个出版商谈判了。"

② 参阅恩斯格 1888 年 10 月 25 日给倍倍尔的信，载：弗里德里希·恩格斯，《给倍倍尔的信》，柏林，1958 年，第 157 页。关于筹办一套丛书的计划，参阅 W. 莫恩凯：《关于一部迄今尚未问世的弗里德里希·恩格斯的著作的两次印刷》，载 Beiträge zur Geschichte der deutschen Arbeiter bewegung［《德国工人运动史论文集》］1964 年，第 4 号，第 670—674 页。

③ 参阅恩格斯给在布鲁塞尔的马克思的信（1845 年 3 月 17 日于巴门），《马克思恩格斯全集》，人民出版社 1972 年版，第 27 卷，第 28—29 页："现在再来谈谈《文丛》。我不知道，这一套书按历史顺序编排是否最理想。由于法国人和英国人的著作要交错起来，所以发展的连贯性就要经常被打断。此外，我又想，或许最好是着眼于实际效用而牺牲理论的兴趣，从那些能给德国人提供最多的材料和最接近我们的原则的著作开始；就是说，从傅立叶、欧文、圣西门主义者等人的优秀著作开始。摩莱里的著作也可以放在前面。历史的发展情况可以在全套丛书的导言中作简单的介绍；……导言可以由我们共同执笔……如果我们要想编纂一套社会主义史的资料汇编，或者毋宁说是一部用史料编成的社会主义史，那我们恐怕在短期内完不成这项工作，并且还会使读者感到厌烦。因此，我主张我们只出版那些其积极内容到今天仍很有意义的著作。"

"真正的"社会主义者,翻译摩莱里的《自然法典》。①

由于找不到出版商,这件事搁浅了。不管是出版《社会明镜》的贝德克尔,还是马克思和恩格斯与之商谈过的列斯凯,都不愿冒险去出版这样的著作,② 这次出版的唯一的一个译本,是恩格斯译的《傅立叶论商业的片断》。

马克思和恩格斯对于是自由贸易政策还是关税保护政策对德国的发展最有利这个在当时争论得很厉害的问题也非常感兴趣。主张关税保护政策的人强调这一点:英国的竞争被淘汰了,那么这个政策对迅速发展德国工业是有利的;而持反对意见的人则指出,工业的过于迅速的发展会带来手工业作坊和工场的破产。

"真正的"社会主义者认为,为了使手工业者和工人免于破产和工业发展所带来的贫困,国家应当控制工业生产的发展。跟这些"真正的"社会主义者的意见相反,马克思和恩格斯则认为,正如中等阶级的衰败和无产阶级化是不可避免的一样,工业的发展也是不可避免的。而且,也跟那些资产阶级的经济学家们相反,这些经济学家在考虑自由贸易和保护政策给德国工业发展带来的效用的时候,只着眼于资产阶级的阶级利益,马克思和恩格斯则主张,在探讨这一问题的时候只能从无产阶级的阶级利益这唯一观点出发。他们认为,不管是自由贸易政策得胜了还是关税保护政策得胜了,在损害无产阶级的情况下渔利的,只是资产阶级。实行保护政策的后果即使工资得到增加,但同时也会带来工人贫困的加剧,而实行自由贸易政策的后果,则是竞争的激化、危机和工资下降,所以,无论在哪一种情况下,倒霉的都是无产阶级。

正是根据这个观点,他们打算批判关税保护学说的制定者李斯特。③ 恩格斯打算指出这个学说所势必带来的实际后果,而马克思则主

---

① 参阅 W. 芒克,前引书,第671页。
② 参阅恩格斯给在布鲁塞尔的马克思的信(1845年3月17日于巴门),《马克思恩格斯全集》,人民出版社1972年版,第27卷,第27—28页。
③ 参阅恩格斯给在巴黎的马克思的信(1844年11月19日于巴门),同上书,第11页:"在这期间,只要一有时间,我就写几本小册子,特别是反对李斯特的小册子。"

要想对这个学说的一些原则加以批判。①

不管是马克思还是恩格斯,他们都没有能够实现自己的计划。恩格斯对李斯特学说想讲的话,其中要点他在爱北斐特的一次讲演中已经阐述过了②。马克思打算写的那篇关于李斯特的文章也没有写成。不过,两个人都仍然继续研究这个问题,并且,在1845年还跟出版商康培谈过要写一篇关于这个问题的研究文章③。

三 〔德〕梅林:《德国社会民主党史 第1卷 现代科学共产主义 1830—1848》(节选)④

三 哲学—纯文学的社会主义

资产阶级的社会主义的第三种类型,就其最后的效果来说也是反动的,因为它确实认为自己是革命的。它的代言人是莫泽斯·赫斯、奥托·吕宁、卡尔·格律恩以及其他莱茵、西里西亚、萨克森王国等地的作家,这些人大多经过黑格尔归依了费尔巴哈,这时由于无产阶级的不断增长的贫困而吃惊,想通过法国的社会主义实现"真正的人"。他们创办了一系列的机关报刊;1845年夏天到1846年夏天出版《社会明镜》,1845年和1846年各出了两卷《莱茵年鉴》和《德国公民手册》,此外还有一个月刊,叫《威斯特伐利亚汽船》也是1845年开始出版的,

---

① 参阅恩格斯给在布鲁塞尔的马克思的信(1845年8月17日于巴门),同上书,第30页:"有意思的是,除了丛书以外,我们两人又不约而同地有了另一个计划。我也想给皮特曼写文章批判李斯特,——很幸运,我从皮特曼那里及时地知道了你也有这种想法。这里可以提一下,我是想从实际方面对付李斯特,阐明他的体系的实际结论,因此我将把我在爱北斐特的演说中的一篇加以扩充。另外,根据毕尔格尔斯给赫斯的信,同时我也知道你个人的爱好,我估计,你批判他的理论前提会比批判他的结论更着重一些。"

② 参阅恩格斯:《在爱北斐特的演说》,《马克思恩格斯全集》第2卷,第617页及以下诸页。

③ 参阅恩格斯给在汉堡的康培的信(1845年10月14日于布鲁塞尔),《马克思恩格斯全集》,人民出版社1972年版,第27卷,第461页。

④ 〔德〕梅林:《德国社会民主党史 第1卷 现代科学共产主义 1830—1848》,青载繁译,北京:生活·读书·新知三联书店1963年版,第267—274页。

不过它的寿命一直延续到德国革命为止，最后还有像《特利尔日报》这样的一些日报。

毫无疑问，这个运动有它好的一面。首先是它揭露了无产阶级的悲惨状况。它的杂志登载了关于这一方面的内容丰富的报道，就是今天来读这些报道也有很大好处。在《德国公民手册》中，威廉·沃尔弗写了具有革命的顽强精神的西里西亚织工的历史。《莱茵年鉴》赞扬巴贝夫和马拉是饥饿群众的真正朋友。庸人们对共产主义的可笑的驳斥受到辛辣的讽刺。从对"分配"的责难一直到在"未来的国家"里谁该擦皮靴这个令人伤心的问题，这一切当时已经很普遍了。稍稍不同的是，今天开明的政治家的慎重的首脑们深入考虑著名的擦皮靴的问题？而当时这个问题只是给旅行客商在饭店里饭后吃点心时提供一个消灭社会主义的好机会。费尔巴哈的人本主义和蒲鲁东的无政府主义是赫斯和格律恩的思想围绕着旋转的中心。凭着这一点，他们好像站在德国以及法国精神发展的顶点。

事实恰恰相反。工业的迅速发展使得用哲学的方法解决社会问题这件事，在德国也由一件革命的事业成为一件反动的事业，而赫斯和格律思却打不破哲学的圈子。他们在掌握法国社会主义时，阉割了法国社会主义，因为他们不是把它理解为阶级间的经济斗争的文字表现，而是理解为关于人的本质的空幻的思辨。他们基本上以空想社会主义的人为的社会结构为依据，然后用种种滑稽的哲学办法，在黑格尔范畴的高空中"扬弃"和"克服"这些社会结构。他们没有注意空想社会主义对资产阶级社会所作的尖锐批判。甚至在蒲鲁东的著作中，他们感到兴趣的也不是蒲鲁东的正确的国民经济学的观点，而是他错误的哲学观点。

可是德国哲学也同法国社会主义一样断送在他们手里。费尔巴哈揭露基督教的上帝是异化了的人的本质：人要脱离上帝只要认识自己就行了，而赫斯认为，经济学领域中的金钱同哲学领域中的上帝是同一个东西。人为了摆脱金钱，从而摆脱一种非人道的现实的整个废物，只要把自己看做是人类社会的活动的成员，是一个有创造力的万能的生物就行了。赫斯企图用把经济学概念立即翻译成哲学概念的办法，使这种奇怪的社会主义成为可信的。可是当他强调指出："物质财产是已经成为固定观念的、精神的自为存在"的时候,这种妙论甚至比不上空想主义的最奇怪的未来图景。格律恩又把费尔巴哈对爱的颂扬变为一种难以容忍的爱的夸张,这样一来,他就把人类的一切斗争都化为可喜的和谐,他甚至明显地幻想,将来可以轻而易举地管理整个生产。

尽管如此,如果仅仅根据马克思和恩格斯在《共产党宣言》中对德国社会主义的这个变种进行的尖锐批判来对它进行评价,是不公平的。特别是对它的最严重的责难,即说它是三月革命前的反动派手中的武器,只是在一定条件下才能站得住脚。哲学—纯文学的社会主义喜欢以骄傲自大的态度否定资产阶级的自由主义活动,这当然间接地巩固了专制政权的地位。参加软弱无力的省议会的资产阶级的还很胆怯的反对派使得柏林政府感到不舒服的程度要比把法国空想社会主义翻译成已经衰落的黑格尔德语使它感到不舒服的程度大得多。但是哲学—纯文学的社会主义,或者如格律恩所命名的"真正的社会主义"却完全没有被用做"吓唬那来势汹汹的资产阶级的一个稻草人"[①] 的意图。就它的本性来说,它是想真正革命的。它只是没有认识到,在现代资产阶级社会的基础上是革命的东西,在缺乏这种基础而必须先建立这种基础的地方必然成为反动的。

假如马克思和恩格斯把哲学—纯文学的社会主义看做是一个虚假的兄弟,他们自己就不会为它的杂志撰稿。就他们两个人而言,他们决不是"真正的社会主义者";当1845年,哲学—纯文学的社会主义开始在德国传播的时候,他们早已超出了它的范围。但是他们并没有做他们往往,甚至经常受到不公平的指责的事情。他们没有用自负的优势攻击一种还不发展的运动,而是想使这种运动形式超过自己本身。因此,恩格斯同赫斯一起创办了《社会明镜》,马克思也为它写了一篇论文。[②] 虽

---

① 《马克思恩格斯全集》第4卷,北京:人民出版社1958年版,第497页。
② 指马克思关于雅克·珀歇《警察档案摘录》一书中《论自杀》一文的一篇论文。见马克思恩格斯《历史批判全集》第1部,第3卷,1932年柏林版,第391—407页。——原编者

然赫斯在这个杂志的纲领性的创刊词中宣称,"我们对于一切政治—自由主义的活动不仅毫不关心,而且确实感到厌恶"。如果说,马克思和恩格斯对哲学—纯文学的社会主义作出合理的估计,认为不好的音乐家很可能是好人,那么当这些好人毫不表示要放弃他们的坏音乐的时候,马克思和恩格斯立即在哲学—纯文学的社会主义自己的杂志上反对它,也是合理的。

《社会明镜》创刊后一年,恩格斯在1846年的《德国公民手册》上写道:"德国人逐渐把共产主义运动也弄得庸俗起来了。在这里,那些后生之辈和庸庸碌碌的人总认为自己能够用轻视前辈和空谈哲理的办法来掩饰自己的落后,共产主义刚在德国出现,它就被一批投机分子用来作为资本。这些人把在法英两国已经陈腐了的论点翻译成黑格尔逻辑的语言,就以为自己创造了奇迹;而现在他们就把这种新的智慧当做某种前所未有的东西,当做'真正的德国的理论'献之于世,以便将来可以尽情地诬蔑目光短浅的法国人和英国人的'拙劣的实践'和'可笑的'社会体系。"① 恩格斯向"这些聪明的先生"介绍了傅立叶论商业的不很多的一章,因为这一章可以给他们做个榜样。"的确,傅立叶没从黑格尔的理论出发,因此——可惜!——他不能认识绝对真理,甚至也不能得出绝对的社会主义。的确,可惜正由于这个缺点,傅立叶走入了歧途,采用了分类的方法来代替绝对的方法,产生了海水变柠檬汁……狮子改变兽性、行星交配这些想法。但是尽管如此,我还是宁愿同乐观的傅立叶一起相信所有这些奇迹,而不相信那根本没有任何柠檬汁的绝对的精神王国,不相信有和无的同一以及永恒范畴的交配。法国人的无稽之谈至少是令人高兴的,而德国人的无稽之谈却令人丧气和抑郁。"②

恩格斯在介绍了傅立叶论商业的片断以后,继续写道:"最后,现在已经是德国人停止这样夸耀自己做事切实认真的时候了。他们非但可

---

① 《马克思恩格斯全集》第2卷,北京:人民出版社1957年版,第654页。
② 同上书,第655—656页。

以从最无谓的材料中给你作出随便什么样的结论,而且还可以把这种结论和世界史联系起来。他们可以根据初次碰到的第三手的材料给你证明,事情必定是这样,而不会是别的,虽然就是他们自己也不知道事情是否是这样……因此,德国的'绝对的社会主义'真是可怜得怕人。稍微谈谈现在大家都乐于挂在嘴上的'人性',稍微谈谈这种人性或者宁可说是兽性的'实现',按照蒲鲁东那样(而这还是经过了第三手或第四手呢!)稍微谈一下财产,稍微为无产阶级悲叹几声,稍微谈一下劳动组织,多少组织几个改善下层阶级人民状况的可怜团体,而实际上对于政治经济学和现实的社会状况却茫然无视这种'社会主义'整个就归结为这几点。而这种社会主义,由于自己在理论领域中没有党性,由于自己的'思想绝对平静'而丧失了最后一淌血、最后一点精神和力量。可是人们却想用这些空话使德国革命,去推动无产阶级并促使群众去思考和行动!"① 最后恩格斯劝告"绝对的"和"真正的"社会主义者,先彻底知道在他们之前已经做了些什么以后,他们才能表现他们自己能够做些什么。可是他无论用严肃的或是幽默的语调都没有能够动摇那些把整个看得见的和看不见的世界拘禁在他们的黑格尔概念之网中的哲理空谈家的顽固不化的自负。

从哲学—纯文学的社会主义内在的不明确性,可以知道它决不是一个统一的整体,可是经过几年的时间,它在德国有很大的发展。它的精神上的最主要的代表者是莫泽斯·赫斯,他在马克思和恩格斯之前就转向社会主义,可是他从来没有,或者最多只是半心半意地同哲学决裂。他在马克思之先被人断言是一个在细致分解概念中得到充分的自我满足的烦琐哲学家。当然他也不是这种人,因为他的有点狭隘和呆板、刁钻多于敏锐的头脑决不可能使他错到这种程度,以致他那正直的良心不再使他不断回到劳动阶级真正利益所在的地方。赫斯为了无产阶级的解放事业贡献出漫长的艰苦的一生,到了晚年还在德国社会民主党的队伍中战斗。德国社会民主党所走的道路同他年轻时期曾想指出的道路完全不

---

① 《马克思恩格斯全集》第2卷,北京:人民出版社1957年版,第658—659页。

同。赫斯同马克思和恩格斯正是寄居在布鲁塞尔这一时期交往甚密，并且在一起工作；他曾试图树立他们两个人的世界观，他认为马克思是一个卓越的人物①，甘拜下风。但是他始终没有摆脱那种又引起新的摩擦和不和的唯心主义的残余。

奥托·吕宁与其说是一个哲学家，还不如说是一个政治活动家，他在他编的《威斯特伐利亚汽船》中，大概是追求路易·勃朗的桂冠，所以他很少攻击自由主义反对派，但是当然也跟他的法国榜样一样，资产阶级同无产阶级之间的阶级斗争越尖锐化，他就越无可奈何地倒向资产阶级一边。这种社会主义的纯文学方面的典型代表人物是卡尔·格律恩。他是一个应该从令人不快的意义上了解的纯粹的文人，他的文章毫不深刻，甚至也不严肃，喜欢吹毛求疵，而又肤浅表面，偶尔写出几个有才气的句子，与其说是掩盖，还不如说是揭露了一种庸俗性。因此，马克思和恩格斯有理由把他看做"真正的社会主义者"中最不可容忍的一个人，特别是他在1844年到了巴黎，在那里写了《法兰西和比利时的社会运动》一书。格律恩在这本书里指责伟大的空想社会主义者是些脑筋混乱的人，而同时却热情地——可惜也没有得到任何成果——力图用灌输被他误解的黑格尔学说的办法，把才华焕发的蒲鲁东变成一个无聊的学究。

哲学—纯文学的社会主义虽然表现得非常模糊，可是它并不像闭门不出的书呆子的空想那样是种毫无内容的东西。在它身上反映出来的是德国庸人对威胁着他们的昏沉沉的生活的阶级斗争阴影的恐惧。"真正的社会主义"正是向这种庸人灌输一种甜蜜的感觉，仿佛自己站在人类

---

① 莫泽斯·赫斯在1841年9月2日写给贝托尔特·奥尔巴赫的信中明确地表明了这种态度，信中说："你一定高兴，在这里认识一个人，这个人现在也是我们的朋友……虽然我正在同一个领域内活动，但是这个人的出现给我一种敬佩的感觉；总之，你可以准备认识我这位伟大的、也许是现在活着的唯一的真正的哲学家，不久当他公开发表文章，或出现在讲台上的时候，就会受到所有德国人的注目……我所崇拜的这个人叫马克思博士，他的年纪还很轻（最多大概只有二十四岁），他将给中世纪的宗教和政治以最后的打击，他把哲学的最大的严肃性同最尖锐的诙谐联系起来；你可以设想是卢梭、伏尔泰、霍尔巴赫、莱辛、海涅和黑格尔集于一人之身；我是说集，而不是说混合——这就是马克思博士。"（卡尔·格律恩贝克编《社会主义史档案》第10年度，莱比锡1922年版第412页。——原编者

至今尚未达到的顶点,像一个新的救世主在革命的海洋上行走,连鞋底也不湿。从这里就可以说明,哲学—纯文学的社会主义在三月革命以前为什么能像瘟疫似的传播,而在三月革命以后又消失得无影无踪。

四 〔苏〕纳尔斯基等:《十九世纪的马克思主义哲学》(上)(节选)①

第六章 对科学社会主义的辩证唯物主义的论证和对小资产阶级空想主义的批判

对小资产阶级"真正的社会主义"的批判 马克思主义形成过程的最重要的一个特点,就是坚定地同一切种类的同路人划清界线:起初是同资产阶级自由主义,然后是同小资产阶级民主主义,包括同小资产阶级社会主义划清界线。对小资产阶级社会主义的批判,乃是反对资产阶级意识形态斗争的必然继续。马克思和恩格斯高度地评价了非无产阶级劳动群众的革命民主主义,同时又认为自己有责任批判这样一些思想家:这些人反映小生产者的保守方面,反对无产阶级的革命斗争。40年代中期在德国的这类思想家就是所谓"真正的社会主义者"。卡·格律恩、奥·吕宁、约·魏德迈、海·皮特曼等人。他们自称为"真正的社会主义者",因为他们把自己的学说同在他们看来是粗陋的、"不文明的"法国和英国的空想社会主义对立起来。

正如米·瓦·谢列勃里亚科夫和 E. П. 坎杰尔所指出,必须把"真正的社会主义"同它以前的,以及同它当时一些空想主义者的进步的"哲学的共产主义"区别开来。"真正的社会主义者"断言,德国不应当走英国和法国的道路,即资本主义发展的道路;他们批评德国资产阶级"培植"资本主义关系,并向封建政府呼吁,以便使后者能够防止无产阶级的增长,即防止赤贫化的增长。在 1845—1847 年,"真正的社

---

① 〔苏〕纳尔斯基等编:《十九世纪的马克思主义哲学》(上),贾译林译,北京:中国社会科学出版社1984年版,第238—245页。

会主义"成了德国相当流行和相当有影响的运动。

马克思和恩格斯从来未曾是"真正的社会主义"的拥护者，尽管海因岑和其他反对业已诞生的马克思主义的人硬说是这样的，他们把这些年中所有拥护社会主义的人统统归入到一个阵营之中。诚然，在1844—1845 年马克思和恩格斯曾同某些"真正的社会主义者"，主要是同莫·赫斯合作过，因为赫斯是青年黑格尔派中第一个宣传空想社会主义思想的人。由于马克思和恩格斯力图把法国社会主义思想同德国古典哲学和英国政治经济学的最重要的成果联系起来，所以他们最初支持了赫斯。但是赫斯却停留在唯心主义立场上，而马克思和恩格斯这时则已成了辩证唯物主义和科学共产主义的创始人。他们的分歧还在创办《德法年鉴》时就已出现，而到以后几年中更益加深了。

马克思和恩格斯已在 1845 年就得出了关于必须坚决同"真正的社会主义者"划清界线的结论。马克思在布鲁塞尔收到来自德国的信表明，这些小资产阶级思想家给共产主义思想的宣传带来严重的危害。寄给"共产主义通讯委员会"的来自德国的报导提供了关于"真正的社会主义者"进行积极的组织活动的明确观念。至于他们的理论活动的实质，马克思和恩格斯是完全清楚的。他们在《神圣家族》出版后打算准备新的共同著作《德意志意识形态》时，就决定用这一著作的第二卷专门批判"真正的社会主义"。诚然，《德意志意识形态》在当时没有问世，不过，它的部分内容看来已为人所了解。出版商拒绝印刷这部著作，其基本原因就是因为它包含有对"真正的社会主义"的批判。作为手稿保留下来的恩格斯的文章《真正的社会主义者》，阐述了《德意志意识形态》第二卷的基本论点。

1845 年底，恩格斯准备用德文出版傅立叶著作摘录，给它起了一个名称，叫《傅立叶论商业的片断》，恩格斯把它发表在 1846 年的《德国公民手册》年鉴上。这个片断的序言和结论是恩格斯写的，这是马克思主义反对"真正的社会主义"的第一次公开的言论。

恩格斯把傅立叶同德国"真正的社会主义"的代表人物对立起来。恩格斯高度评价了傅立叶对资本主义的批判，并正确地指出了 19 世纪初法国空想社会主义学说中最合理的东西。然而，德国"真正的社会主义者"恰恰抛弃了傅立叶学说中的这种最重要的方面，即对资本主义社会制度的批判，并代之以关于人类本性的一般哲学的、却又是言过其实的议论，认为由此可得出对社会进行社会主义改造的必要性。

当然，对德国"真正的社会主义"的批判，还不表明是对整个空想社会主义的批判。相反，正如我们已强调的，恩格斯把德国小资产阶级社会主义者同傅立叶及其他的空想社会主义创始人对立起来。这种对立是有充分根据的。其实，恩格斯反对"真正的社会主义者"的某些论据也适用于空想社会主义的经典作家，他们也认为自己的学说是无党性的，并从要求超历史的正义等等中引申出社会主义改造的必要性。"真正的社会主义"实质上是对它的伟大先驱者的空想社会主义的讽刺，并以歪曲的形式再现作为整个思潮的空想社会主义的根本缺陷。

众所周知，空想社会主义的一个主要缺点，就是否定政治斗争。其实，19世纪中叶，在西欧自由资产阶级已开始转变为反革命力量的条件下，为把资产阶级民主改造进行到底的斗争，则越来越变成了革命无产阶级的事情。工人阶级不仅成了争取民主斗争的主力，而且成了它的领导力量，因为这个斗争出现了向争取社会主义斗争转变的倾向。所以恩格斯说："民主在今天就是共产主义……民主已经成了无产阶级原则，群众的原则……我们在估计共产主义的战斗力量的时候，可以放心地把这些具有民主思想的群众估计在内。"[1，第2卷，第664页]空想社会主义者不理解无产阶级争取民主的斗争对于解决消灭资本主义制度的社会主义任务的意义。恩格斯批判了这个在相当大的程度上决定了马克思主义以前社会主义的宗派性质的基本错误。

科学共产主义对争取社会主义的斗争和争取民主的斗争，作了原则的区别。但是，它并不停留在这点上，它同时揭示了它们之间的本质联系。它们二者的关系（争取民主的斗争和争取社会主义的斗争既有区别，又有联系），是不能离开唯物主义历史观的，也不能离开对这些过程的统一和相互转化进行辩证的分析。恩格斯的文章《德国状况》和《在伦敦举行的各族人民庆祝大会》已经揭示了阶级斗争的这种现实的辩证法，并作出了关于工人阶级解放运动伪任务的正确结论。

1847年马克思发表了《驳卡尔·格律恩》的文章，而恩格斯则发表了《诗歌和散文中的德国社会主义》的文章。马克思主义创始人对法国和英国空想社会主义的基本缺陷了如指掌。但是，他们完全没有采取像德国"真正的社会主义者"对这些学说所作的那种批评，因为作为小资产阶级思想家的这些人，阉割了这些学说的现实内容，并赋予它们以超阶级的全人类的原则，而不是科学地去研究经济关系和阶级斗争，用以丰富这些学说。

对法国和英国社会主义者和共产主义者的理论进行思辨改造的明显例子，就是"真正的社会主义者"的下述说法：他们的学说乃是被法国和英国的先驱者们人为地彼此割裂开来的社会主义和共产主义的统一。但"真正的社会主义者"只不过从黑格尔的三段式出发，把社会主义和共产主义分别叫做正题和反题，并宣称自己的学说是克服了"极端性"的否定的否定。这个"合题"的实质，一般说来，可归结为对黑格尔和费尔巴哈关于异化学说的转述。正如马克思在他对卡·格律恩的《法兰西和比利时的社会运动》一书所作的分析中指出的，这位小资产阶级社会主义的首领坚信费尔巴哈洁白无瑕，深信"人"，或"纯粹的、真正的人"是世界历史的最终目的，深信宗教、货币、雇佣劳动这一切都是人的本质的异化，而人的本质是万物的尺度，等等，等等。社会主义被解释为是对不知从何而产生的一般异化的克服，这种社会主义被宣布为超阶级的真理，被宣布为德国哲学最终所把握的人的实体本性的表现。据说人是某种个别的东西，它的基础是一般，即类，人类。从这一观点来看，社会主义是一般和个别这两个范畴之间被破坏的统一的恢复。马克思和恩格斯讥笑了这些唯心主义的言词，并解释道，这类对资本主义的批评带有相当宽宏大量的性质；而把个别和一般范畴这种无益的把戏却想象成"解决社会问题的真正形式。其实，这只是德国社会关系落后的反映。

归根到底，"真正的社会主义"不去实际地批判资本主义关系，却代之以痛哭流涕地宣扬博爱和触景生情地悲叹苦难的人类。恩格斯讥讽地指出:"它宣扬人的福音,真正的人的福音,真正的、真实的人的福音,真正的、真实的、活生生的人的福音,他竭尽全力地宣扬,但它的力量并不太大。"[1,第3卷,第643页]

"真正的社会主义者"被法国和英国的无产阶级运动的增长吓破了胆。他们甚至企图证明,社会主义无论如何不是和无产阶级相关联的。据说无产阶级是一无所有的人,而"真正的社会主义"的体现者却是精神的贵族知识分子。同那些没有看到社会主义和共产主义学说与工人运动相联系的最初的空想主义者不同,"真正的社会主义者"企图否认这个已经出现的历史事实,而这 228 个事实甚至连某些反动的理论家,例如,罗·施泰因在他的一本众所周知的书《现代法国的社会主义和共产主义》(1842 年)也指出来了。在无产阶级和资产阶级之间的对抗性矛盾日趋表面化的时代,"真正的社会主义者"力图扑灭已经燃烧起来的阶级斗争,呼吁资本家巨头,要他们成为社会主义的行善者,而却号召工人们放弃政治斗争,尤其是放弃革命。

正如马克思所指出的,"真正的社会主义"要求按照人的本性改造社会,乃是直接从费尔巴哈学说中汲取来的。费尔巴哈曾断言,自然界在人当中观察自己、爱自己,等等。"真正的社会主义者"把社会主义说成是克服人与自然界的分裂,克服人与自然界的异化,等等。因此,马克思和恩格斯说:"人具有自我意识,这就是上面所指出的第一件事实。自然界的单个的生物的本能和力量变成了'自然界'的本能和力量,这种本能和力量当然是零散地在这些单个的生物中'表现出来'的。这种神秘化之所以必要,是为了以后杜撰'自然界'的本能和力量在人的自我意识中的结合。不言而喻,这样一来,人的自我意识就变成了蕴涵在人身上的自然界的自我意识。后来,这种神秘化似乎由于人向自然界实行报复而又被消灭;自然界在人当中找到自己的自我意识,现在人为了进行报仇就在自然界当中去找寻自己的自我意识,在这个程序之下,人当然只能在自然界中找到自己用上述神秘化的方法注入自然界的东西。"[1,第3卷,第559页]这个重要的批评性意见完全说明了费尔巴哈人本主义的站不住脚,同时也是他们最终克服这种人本主义的无可辩驳的证明。可见,如果说,1844—1845年时马克思和恩格斯过高地评价了费尔巴哈哲学对于发展社会主义学说的意义的话,那么对"真正的社会主义者"的批判(在一定程度上也是自我批判)表明,他们已经克服了这种过高的评价。

马克思和恩格斯在制定科学社会主义意识形态的基本原理时,强调了它的国际性质。他们以自己所固有的革命热情和不妥协性注意到"真正的社会主义者"的民族主义的武断,即似乎德国人超越于其他民族之上。马克思和恩格斯揭露了"真正的社会主义者"那种以救世主自居的奢望。既然思辨哲学,正如费尔巴哈早已证明的,归根到底是理性的神学,那么它的提倡者,就如宣告接近基督王国的宗教鼓吹者一样,也起着天选人物的角色,而其后必定尾随着许多听从的教徒。在这些唯心主义者看来,一切社会运动都开始于某一位救世主出现在历史舞台上的时候,而这位救世主却庄重宣布最后的终极真理。"真正的社会主义者"也同青年黑格尔分子一样,认为自己是世界历史的创造者。在他们看来,人民群众与其说是历史过程的主体,不如说是客体。

资产阶级的马克思主义批评家们,只字不提马克思主义创始人反对青年黑格尔派、魏特林、"真正的社会主义者"以救世主自命的奢望的斗争,而常常把马克思和恩格斯比拟为那些被他们无情嘲笑的小资产阶级社会主义的预言家。其实,马克思和恩格斯在制定唯物主义历史观时,不止一次地解释说,科学社会主义与空想社会主义不同,它原则上不容许任何把个人在历史上的作用绝对化的做法。马克思主义关于工人阶级历史作用的基本原理是对这种反科学的、反动的对立的根本否定,即把杰出的历史人物和群众对立起来。

正如马克思在一篇文章中所指出的,"真正的社会主义者"由于诋毁争取民主的斗争,从而有利于封建浪漫主义反动派。在反对"真正的社会主义"的斗争中,马克思和恩格斯阐明了资产阶级民主改造对于无产阶级争取社会主义斗争的意义,同时他们证明,资产阶级革命,即确立资产阶级政治统治就为工人阶级最终推翻资本统治的革命运动创造了必要的条件。由此可见,马克思主义创始人并不仅仅限于对小资产阶级社会主义的批判，而且同时还制定了唯物主义历史观，即关于社会主义的物质前提、无产阶级的社会主义本性、阶级斗争和社会主义革命的学说。他们证明，德国将不是通过某种特殊的、排除资本主义发展的道路，而是通过工人阶级的解放运动到达社会主义。至于基督教的说教，那么马克思不是作为费尔巴哈主义者，而是作为无产阶级革命家揭露了这种说教的反动的社会本质。

在今天，对资本主义的假批判、浪漫主义的反资本主义和冒牌社会主义的空洞词藻已成了许多资产阶级（其中包括反共产主义的）学说的特征，因此，马克思和恩格斯揭露德国小资产阶级社会主义的著作就具有极大的现实意义。"真正的社会主义者"否认无产阶级争取民主斗争的必要性，而现代右翼社会党人则宣称垄断资本专政是"普遍福利的"国家。现代右翼社会党人也与上一世纪中叶的小资产阶级社会主义者一样，硬说只有通过各对立阶级的妥协才能建立无阶级社会，而社会主义发展的动力则似乎是不依赖于阶级斗争和经济条件的正义感、实现普遍的人类理想的意向等等。同时他们声称，同似乎已经过时了的马克思主义不同，他们的学说是从20世纪的历史经验出发的。

五 〔德〕克莱恩：《马克思主义哲学史 从马克思主义哲学的产生到巴黎公社之前》①（节选）

二 同"德国的"或"真正的"社会主义的论战

在使科学社会主义同工人运动相结合时继续成为思想障碍的是所谓"德国的"或"真正的"、从它的社会本质来看是小资产阶级的社会主义。这一文学上的思潮或"社会文学运动"于1845年至1847年在德国获得了发展，它是小资产阶级在理论上与文学上的如下要求的一种特殊的德国形式：即企图弄清楚在已开始的工人阶级与资产阶级的斗争中它

---

① 〔德〕克莱恩：《马克思主义哲学史——从马克思主义哲学的产生到巴黎公社之前》，熊子云译，北京：中国人民大学出版社1983年版，第268—276页。

的地位与前途。因而它同魏特林的空想工人共产主义相反,同马克思与恩格斯的科学社会主义相反,不是向无产阶级呼吁,而是"求助于小资产者及其博爱的幻想以及这些小资产者的意识形态家,即哲学家和哲学学徒呼吁"。① 有大量的杂志服务于这一目的,例如《威斯特伐利亚汽船》、《紫罗兰》、《社会明镜》、《莱茵年鉴》、《普罗米修斯》,这些杂志理论上的面貌取决于当时"真正的"社会主义者的观点,如卡尔·格律恩、莫泽斯·赫斯、奥托·吕宁、约瑟夫·魏德迈,海尔曼·皮特曼等人的观点。

"真正的"社会主义对马克思与恩格斯从来没有产生影响,他们虽然同这一流派的个别代表人物有时发生联系并给他们的机关刊物撰稿,然而他们同它们的观点从来是不一致的。莫泽斯·赫斯是为在德国传播法国的社会主义建立了功绩的第一个青年黑格尔主义者,唯独他有时对马克思与恩格斯发生过影响,正如他们也支持过他传播社会主义思想一样。但是自1844年以来,他们之间的分歧加深了,因为莫泽斯·赫斯未能进展到辩证唯物主义与历史唯物主义和科学地理解无产阶级的世界历史使命。相反,"真正的"社会主义的另一些信仰者,例如约瑟夫·魏德迈,在马克思与恩格斯的影响下,放弃了他们的小资产阶级的思想观念,并发展为真正的无产阶级革命家。

马克思与恩格斯完全明白:"一小撮德国空谈家是断送不了共产主义运动的。"② 但是他们由于许多原因认为,必须在世界观上进行反对"真正的"社会主义的斗争。这就是说,一方面有一些"真正的"社会

---

① 《马克思恩格斯全集》第 8 卷,第 537 页。
《威斯特伐利亚汽船》是"真正社会主义者"的月刊,由奥·吕宁负责出版;《紫罗兰。无辜的现代评论小报》是"真正社会主义者"的周刊,由格·施吕塞尔担任编辑;《社会明镜。维护无产阶级利益和阐明当前社会状况的刊物》是"真正社会主义者"的月刊,主编是赫斯;《莱茵年鉴》(亦称《莱茵社会改造年鉴》)"真正社会主义者"的机关刊物,由海·皮特曼出版;《普罗米修斯》是德国的社会主义杂志,由海·皮特曼出版。——译者注

约瑟夫·魏德迈,是德国和美国工人运动的卓越活动家,是马克思和恩格斯的朋友,1846—1847 年是"真正的社会主义者"。但他在马克思和恩格斯的影响下,转到科学共产主义立场上,是共产主义同盟的重要盟员。——译者注

② 《马克思恩格斯全集》第 3 卷,北京:人民出版社 1956 年版,第 554 页。

主义者，例如卡尔·格律恩在巴黎和另外的人在瑞士竭力要把他们的哲学空谈强加给工人运动，首先是在正义者同盟影响下的共产主义工人教育协会，因而"真正的"社会主义特别成为实践科学的共产主义世界观的思想障碍。

另一方面，马克思与恩格斯已认识到如下的必要性："在像德国这样的国家里，许多世纪以来哲学词句都占有一定的势力，这里没有其他民族所有的那种尖锐的阶级对立，而这种情况本来就削弱着共产主义意识的尖锐性和坚定性，在这样的国家中毕竟应当反对一切能够更加冲淡和削弱对于共产主义同现存秩序的充分对立性的认识的词句。"①

第三个方面是由于，在还面临着资产阶级革命的德国，"真正的"社会主义空想的救世主般的策略以及它片面针对资产阶级的批判，直接地起到卫护封建反动派的作用，并妨碍了贯彻执行无产阶级在资产阶级革命中依据历史条件确定的政策。这些就是促使马克思与恩格斯不仅对以青年黑格尔派面目出现的德国思想家，而且也对以"真正的"社会主义者面目出现的德国思想家进行严厉批判的基本原因。

除了《德意志意识形态》第2卷以外，还有一系列短篇文章服务于这一目的。在马克思与恩格斯明确反对"真正的"社会主义的著作中，他们在世时公开发表的只有《德意志意识形态》第二卷第四章：《卡尔·格律恩。〈法兰西和比利时的社会运动〉》（1845年达姆斯塔德版）或《"真正的社会主义"的历史编纂学》（《威斯特伐利亚汽船》），和恩格斯的文章：《傅立叶论商业的片断》（1846年《德国公民手册》），《诗歌和散文中的德国社会主义》（1847年《德意志—布鲁塞尔报》），以及马克思与恩格斯合写的《反海尔曼·克利盖的通告》。

马克思与恩格斯在同"真正的"社会主义的论战中，强调了这一社会文学运动同革命前的社会状况之间的联系，并且证明："真正的"社会主义的社会基础是由历史条件所决定的德国小资产阶级的地位，它从来就是反动的社会要求的表现。"真正的"社会主义者对资本主义所

---

① 《马克思恩格斯全集》第3卷，北京：人民出版社1956年版，第554页。

作浪漫主义的批判是以他们的小资产阶级立场为出发点，这种批判既针对着资产阶级，也针对着无产阶级，归根结底是维护现存的社会制度的。"这个阶级胆战心惊地从资产阶级的工业统治和政治统治那里等候着自己无可幸免的灭亡，这一方面是由于资本的集中，另一方面是由于革命的无产阶级的增长。"①

所以，马克思与恩格斯反对"真正的"社会主义的斗争，是为了分清无产阶级的思想意识同小资产阶级思想意识的影响的一个历史必要的步骤，随着小资产阶级的力量过渡到无产阶级，这种小资产阶级的思想意识就必不可免地对工人运动产生影响。"真正的"社会主义的思想作用首先在于：它不宣传阶级斗争而宣传普遍的人类之爱，并且从哲学上歪曲共产主义。它的社会作用就在于：通过浪漫主义的批评，通过美文学方式宣传抽象的理想（这种理想是它从包括费尔巴哈哲学在内的德国古典哲学和空想共产主义那里剽窃过来的），以阻止资本主义不可避免的发展。恩格斯在他的《诗歌和散文中的德国社会主义》一文中，揭露"真正的"社会主义的社会本质和它对资本主义采取的假批判立场："它的真正内容就是在慈善掩饰下的伪善的小市民的庸俗气，它完全同意现存社会的正面，使它悲痛的是，除了正面外，还存在着反面——贫穷；这种庸俗气已和现代社会融为一体，而它的唯一的希望就是现代社会继续存在下去，但是不要它存在的条件。"②

马克思与恩格斯在《德意志意识形态》中揭露了这种社会主义思想史上的与认识论上的根源。他们证明，"真正的"社会主义者并不懂得，把空想社会主义理解为工人阶级与资产阶级之间阶级斗争一定发展阶段的历史必然的反映，因此他们脱离空想社会主义的社会原因非批判地和折中地把它同德国的意识形态结合起来，形成"抽象的"或"真正的"社会主义。"这些'社会主义者'——或者像他们自称的那样，'真正的社会主义者'——认为外国的共产主义文献并不是一定的现实

---

① 《马克思恩格斯全集》第 4 卷，北京：人民出版社 1958 年版，第 497 页。
② 同上书，第 239 页。

运动的表现和产物，而纯粹是些理论的著作，这些著作完全像他们所设想的德国哲学体系的产生一样，是从'纯粹的思想'中产生的。"①

在这里，"真正的"社会主义者采取了一种小资产阶级民族主义的立场。他们用小资产者典型的民族高傲性，企图把法国的空想社会主义同黑格尔的唯心主义观点和费尔巴哈抽象的关于人的观点混杂起来而造成"更高的"混合物。对于与此相连的"真正的"社会主义者的如下论断：法国的社会主义者和共产主义者似乎在理论上根本不了解社会主义的实质，只是教条般地提出了独裁的制度，马克思与恩格斯通过对空想社会主义历史地位的深刻的历史估价给予了反驳。"一切划时代的体系的真正的内容都是由于产生这些体系的那个时期的需要而形成起来的。所有这些体系都是以本国过去的整个发展为基础的，是以阶级关系的历史形式及其政治的、道德的、哲学的以及其他的后果为基础的。只是说所有的体系都是独断的和独裁性的，这丝毫没有说明共产主义体系的这种基础和内容。"② 马克思与恩格斯从这种立场出发，正是联系空想主义者的社会批判，即他们最伟大的成就，并通过科学的、历史的和经济的分析资本主义社会制度，继续发展了社会主义的理论基础，而"真正的"社会主义者却没有超出对资本主义社会的贫困作道德上的描绘。弗里德里希·恩格斯在1845年就写道："而最好的一面，即对现存社会的批评——对社会问题作任何研究的现实基础与主要任务，他们却泰然自若地抛弃了。不用说，关于唯一真正做了些事情的德国人魏特林，这些聪明的理论家通常也用轻蔑的口吻评论一番，或者干脆连提都不提一下。"③ "真正的"社会主义者玩弄哲学概念的手法表明，他们既不理解德国古典哲学又不理解法国社会主义，并远远落后于马克思与恩格斯在《德法年鉴》和《神圣家族》已达到的哲学思想高度。

马克思与恩格斯在分析"真正的"社会主义的哲学观点时指出，"真正的"社会主义者像德国意识形态的其他代表人物一样，没有脱离

---

① 《马克思恩格斯全集》第3卷，北京：人民出版社1956年版，第535页。
② 同上书，第544页。
③ 《马克思恩格斯全集》第2卷，北京：人民出版社1957年版，第655页。

黑格尔唯心主义的基础。因而在他们的世界观中,现实的社会关系与对立仅仅表现为理论上的或思想上的关系与对立。从而理论成为了一切社会对立的原因,而消除这一切对立竟然成为仅仅在哲学思想上完成的任务。"理论在这里被说成是'生活的分裂'的原因。如果'真正的社会主义者'和哲学家们认为所有现实的分裂都是由概念的分裂所引起的,那么不知为什么他们一般还谈论社会。既然他们充满了关于概念能改造世界和毁灭世界这一哲学信念,他们当然也就会认为某一个人能够通过消灭某种概念而消灭生活的分裂。这些'真正的社会主义者'像所有德国的思想家一样,经常把文献的历史和现实的历史当做意义相同的东西而混淆起来。"①

"真正的"社会主义者的唯心主义的基本观点和坚持小资产阶级的立场,就妨碍着他们认识社会物质生活领域里和阶级斗争中的社会发展动力。因而他们具有与空想社会主义相同的主要弱点,他们未能超出"小资产者对理想与现实的差距表示道德的愤慨"②。马克思与恩格斯在同费尔巴哈和青年黑格尔派的论战中就已证明,根据理想与现实的对立来论证社会主义总是会流于空想,因为它适合于一切发展了的社会形态,并且把无产阶级解放的实际的历史条件完全置之度外。马克思与恩格斯同这一类企图明确划清了界限。他们在《德意志意识形态》中这样写道:"共产主义对我们说来不是应当确立的状况,不是现实应当与之相适应的理想。我们所称为共产主义的是那种消灭现存状况的现实的运动。这个运动的条件是由现有的前提产生的。"③

马克思与恩格斯在同"真正的"社会主义论战中还明显地表示出同路德维希·费尔巴哈哲学相对比所取得的进步。他们对于"真正的"社会主义者从路德维希·费尔巴哈哲学中抄袭的并予庸俗化的如下要求:适应"人的本质"来建立社会关系和把"爱"当做人们之间的联系纽带,给予了严厉的批判。在批判中他们还揭示了费尔巴哈人本主义

---

① 《马克思恩格斯全集》第3卷,北京:人民出版社1956年版,第551页。
② 参看《马克思恩格斯全集》第4卷,北京:人民出版社1958年版,第231页。
③ 《马克思恩格斯选集》第1卷,北京:人民出版社1972年版,第40页。

立场的极限并证明它对于阐释社会过程是毫无用处的。

马克思与恩格斯虽然举例承认莫泽斯·赫斯为传播社会主义思想开始所作的努力具有一定的根据,但他们对"真正的"社会主义作出的评价是:一种企图恢复由于阶级斗争的发展与社会主义理论的发展而早就过时了的观点。因而他们严厉地批判了"真正的"社会主义者的这种折中主义的企图:即通过把空想的社会主义与共产主义同黑格尔与费尔巴哈的哲学要素混杂起来而提高为一种"抽象的"或"真正的"社会主义。同在哲学上空谈地、抽象地对社会关系与社会主义的歪曲相反,马克思与恩格斯确定了产生于资产阶级同无产阶级之间阶级对立的不可调和性的,无产阶级的科学代表在思想方面的如下任务:"因此,如果无产者的理论代表们还想通过自己的写作活动达到某种结果,那么他们首先应当尽量抛弃所有那些削弱对于这个对立的尖锐性的认识的词句,这些词句会使这种对立模糊起来,甚至会使资产者为了保全自己而根据博爱的空想去取媚共产主义者。"[①] 因而马克思与恩格斯依据资本主义社会中阶级斗争的客观条件,从最进步的阶级即无产阶级的立场出发,明确地规定了马克思主义哲学所固有的党性。

马克思与恩格斯特别批驳了"真正的"社会主义者的小资产阶级的民族主义,他们把从黑格尔与费尔巴哈那里了解的少许东西当做估价其他民族理论成就的绝对尺度。马克思与恩格斯否定了这种小资产阶级社会主义者的傲慢的和无限的妄自尊大的民族感,并认为这种民族的狭隘性是这样一种特性,即它在一切民族中,"现在只有在资产者及其著作家中间才可以看到"[②]。

马克思与恩格斯同样无比坚决地揭露了"真正的"社会主义者的剽窃的与庸俗化的方法,后者在他们把空想的社会主义与共产主义和德国古典文献翻译为德国思想家的语言时,就使用这种方法去歪曲这种理论的与文学的表现同制约着这二者的社会制度之间历史联系。同"真正

[①] 《马克思恩格斯全集》第3卷,北京:人民出版社1956年版,第553—554页。
[②] 同上书,第555页。

的"社会主义者在哲学上对空想的社会主义与共产主义和德国古典文献的歪曲相对立,马克思与恩格斯对傅立叶、圣西门,歌德等人不朽的功绩作了历史唯物主义的评价,并从而证明,唯独无产阶级的世界观才能够维护与继续发展各民族先进思想的进步传统。

恩格斯对歌德具有世界历史意义的文学成就所作出经典的理论评价,以及从歌德所处时代的社会状况出发对他的局限性的确认(这些是他在同"真正的"社会主义者卡尔·格律恩的论战中所阐述的),形成了马克思主义哲学史中意义重大的文献。恩格斯第一次把唯物主义历史观运用于文学和文学史,并提出马克思主义文学批评与美学的重要基本问题。马克思与恩格斯之所以特别强调文学像全部意识形态一样,对于社会的状况与条件具有依赖性,这正是由于德国的思想代表完全否定这种联系。与此相反,马克思主义的创始人(如恩格斯在回顾时所写的那样),必然强调被论敌所否定的主要原则,"并且不是始终都有时间、地点和机会来给其他参与交互作用的因素以应有的重视"①。

从"真正的"社会主义者的小资产者的空想观念便产生了同样空想的,在它的作用上直接是反动的政治观点。由于"真正的"社会主义者力求维护与发展小资产者的状况,因而他们首先把他们的批判针对为了建立资产阶级政权的政治自由主义,并要求社会主义者离开资产阶级的政治运动。马克思与恩格斯同这种直接有助于封建反动派的反动的政治态度坚决地划清了界限。马克思在《德意志—布鲁塞尔报》上这样写道:"相当多的德国社会主义者经常叫嚣反对自由资产阶级,而结果,除了德国各邦政府,这种做法对任何人都没有好处,现在像《莱茵观察家》一类的政府报纸竟根据这些先生的词句声称,硬说代表无产阶级利益的不是自由资产阶级,而是政府,共产主义者不论和前者还是和后者,都没有任何共同的地方。"②

马克思与恩格斯对"真正的"社会主义的政治观点坚决予以否定,

---

① 《马克思恩格斯全集》第37卷,北京:人民出版社1971年版,第462页。
② 《马克思恩格斯全集》第4卷,北京:人民出版社1958年版,第207页。

同自由资产阶级对共产主义的指责展开了论战,并把这些活动同制定无产阶级在资产阶级革命中的战略策略结合起来。马克思与恩格斯通过共产主义通讯委员会努力实现使科学社会主义同工人运动相结合,在他们反对"真正的"社会主义的斗争时期遭到了小资产阶级的经济学家和空想社会主义者蒲鲁东的反抗。因而对于马克思与恩格斯来说就产生了这样的必要性,与上述批判紧密相连展开对蒲鲁东学说的批判。

附录Ⅱ　延伸阅读书目

一　著作类参考文献

1. 〔苏〕A. B. 阿尼金：《马克思以前的思想家和经济学家》，丁祖永、胡汉英译，武汉：湖北人民出版社1986年版。
2. 安徽劳动大学《西欧近代哲学史》编写组编：《西欧近代哲学史》，北京：商务印书馆1974年版。
3. 北京大学国际政治系编：《马克思、恩格斯、列宁、斯大林论空想社会主义（初稿）》，1977年。
4. 北京大学《欧洲哲学史》编写组：《欧洲哲学史》，北京：商务印书馆1977年版。
5. 北京大学哲学系：《欧洲哲学史（讨论稿）》（下），1972年。
6. 北京图书馆马列著作研究室编：《马克思恩格斯著作中译文综录》，北京：书目文献出版社1983年版。
7. 北京师范大学中文系文艺理论教研室编：《文学理论学习参考资料》（下），沈阳：春风文艺出版社1982年版。
8. 〔德〕比尔：《社会主义通史》，嘉桃等译，北京：生活·读书·新知三联书店1958年版。
9. 陈林、袁霞：《恩格斯传》，北京：中共中央党校出版社1998年版。
10. 陈仲明、罗虔英：《合作经济学》，永安：中国合作经济研究社1947年版。
11. 《傅立叶选集》第1—4卷，北京：商务印书馆1982年版。

12. 〔苏〕伏兹涅辛斯卡娅：《西方伟大空想社会主义者的经济观点》，群集译，北京：商务印书馆1959年版。

13. 〔美〕霍尔索夫斯基：《经济体制分析和比较》，俞品根等译，北京：经济科学出版社1988年版。

14. 〔英〕H. 柯尔：《社会主义思想史 第1卷 社会主义思想的先驱者1789—1850年》，何瑞丰译，北京：商务印书馆1977年版。

15. 黄楠森、庄福龄、林利：《马克思主义哲学史 第1卷 马克思主义哲学的形成》，北京：北京出版社1991年版。

16. 何文治主编：《道德建设》，天津：天津人民出版社1991年版。

17. 华南师范学院等八所高等师范院校编：《简明政治经济学史》，长沙：湖南人民出版社1980年版。

18. 吕红平、陈胜利、石海龙主编：《马克思 恩格斯 列宁 斯大林 毛泽东论生育文化》，北京：中国人口出版社2004年版。

19. 〔德〕克莱恩：《马克思主义哲学史 从马克思主义哲学的产生到巴黎公社之前》，熊子云译，北京：中国人民大学出版社1983年版。

20. 〔波〕科拉柯夫斯基：《马克思主义的主流》，马元德译，台北：远流出版事业股份有限公司1992年版。

21. 《科学社会主义概论》编写组：《科学社会主义概论》，北京：人民出版社2011年版。

22. 〔苏〕列·伊利切夫等：《弗里德里希·恩格斯》，程代熙等译，北京：人民出版社1984年版。

23. 〔苏〕卢森贝：《政治经济学史》第3卷，郭从周译，北京：生活·读书·新知三联书店1960年版。

24. 《列宁专题文集（论马克思主义）》，北京：人民出版社2009年版。

25. 《列宁专题文集（论无产阶级政党）》，北京：人民出版社2009年版。

26. 《马克思恩格斯全集》第2、3、4、8、37、42卷，北京：人民出版社中文第1版。

27. 《马克思恩格斯文集》第1、2、3、5、9卷，北京：人民出版社

2009 年版。

28. 〔德〕梅林：《德国社会民主党史 第 1 卷 现代科学共产主义 1830—1848》，青载繁译，北京：生活·读书·新知三联书店 1963 年版。

29. 〔德〕梅林：《马克思传》，樊集译，北京：人民出版社 1965 年版。

30. 〔波〕明兹：《社会主义政治经济学》，谢孟纲等译，北京：生活·读书·新知三联书店 1963 年版。

31. 〔苏〕蒙让：《爱尔维修的哲学》，涂纪亮译，北京：商务印书馆 1962 年版。

32. 〔苏〕纳尔斯基等编写：《十九世纪的马克思主义哲学》（上），贾译林译，北京：中国社会科学出版社 1984 年版。

33. 彭治平等编著：《马克思、恩格斯、列宁、斯大林文艺思想讲解》，长春：时代文艺出版社 1986 年版。

34. 日本世界教育史研究会：《世界幼儿教育史》（上），刘翠荣译，长春：吉林人民出版社 1986 年版。

35. 〔波〕沙夫：《历史规律的客观性（马克思主义史学方法论的若干问题）》，郑开其等译，北京：生活·读书·新知三联书店 1963 年。

36. 〔美〕斯坦利 L. 布鲁：《经济思想史》，焦国华、韩红译，北京：机械工业出版社 2003 年版。

37. 〔德〕施托贝尔格：《资产阶级政治经济学史》，吴康等译，北京：商务印书馆 1963 年版。

38. 〔苏〕塞姆柯甫士基：《社会主义的必然》（下），刘沁仪译，上海：春秋书店 1930 年版。

39. 七省区八院校教材编写组编：《科学社会主义原著简明教程》，广州：广东高等教育出版社 1986 年版。

40. 〔日〕山内房吉：《社会思想解说》，熊得山译，上海：昆仑书店 1929 年版。

41. 孙伯鍨、金隆德、任吉悌等：《马克思主义哲学史》第 1 卷，太原：山西人民出版社 1982 年版。

42. 谈敏：《回溯历史 马克思主义经济学在中国的传播前史》（上），上海：上海财经大学出版社 2008 年版。

43. 〔德〕维纳·洛赫：《德国史》（上），北京大学历史系世界近代史教研室译，北京：生活·读书·新知三联书店 1976 年版。

44. 〔法〕维拉尔：《法国社会主义简史》，曹松豪译，北京：中共中央党校出版社 1992 年版。

45. 〔法〕维克多·孔西得朗：《社会命运》（下），李平沤译，北京：商务印书馆 1986 年版。

46. 〔美〕威廉·邓宁：《政治学说史》（下），谢义伟译，长春：吉林出版集团有限责任公司 2009 年版。

47. 〔苏〕沃尔金等：《论空想社会主义 中》，郭一民等译，北京：商务印书馆 1980 年版。

48. 熊复主编：《马克思恩格斯列宁斯大林论恋爱、婚姻和家庭》，北京：红旗出版社 1982 年版。

49. 汪子嵩等编著：《欧洲哲学史简编》，北京：人民出版社 1972 年版。

50. 吴德勤、夏耕编：《新编科学社会主义理论和实践》，上海：上海大学出版社 2004 年版。

51. 吴黎平：《社会主义史》，上海：上海南强书局 1930 年版。

52. 熊子云：《马克思主义形成史》，北京：北京师范学院出版社 1987 年版。

53. 肖灼基：《马克思青年时代》，郑州：河南人民出版社 1982 年版。

54. 徐觉哉：《社会主义流派史》，上海：上海人民出版社 2007 年版。

55. 余其铨：《恩格斯哲学思想新探》，北京：北京大学出版社 1992 年版。

56. 杨永志等：《中国特色社会主义与科学社会主义》，天津：南开大学出版社 2009 年版。

57. 杨剑秀：《社会问题研究》，上海：现代书局 1929 年版。

58. 毅耘：《欧洲哲学简史》，石家庄：河北人民出版社 1980 年版。

59. 〔苏〕亚历山大洛夫：《西欧哲学史》，王永江等译，北京：商务印书馆 1989 年版。

60. 朱庆葆、王月清主编：《建党大业 中国共产党成立 90 周年知识问答》，南京：南京大学出版社 2011 年版。

61. 朱新繁：《社会革命思想与运动的发展》，上海：上海联合书店 1930 年版。

62. 〔日〕猪木武德：《经济思想》，金洪云、洪振义译，北京：生活·读书·新知三联书店 2005 年版。

63. 中共中央宣传部出版局编：《马克思、恩格斯关于出版问题的言论》，北京：中国展望出版社 1986 年版。

64. 中国社会科学院哲学所历史唯物主义研究室、中国历史唯物主义研究会同编：《马克思恩格斯列宁斯大林论人性异化人道主义》，北京：清华大学出版社 1983 年版。

65. 中央党校图书馆编：《〈马克思恩格斯全集〉注释选编》（上），1973 年。

66. 中国人民大学国际政治系编：《马克思、恩格斯、列宁、斯大林论科学社会主义 第 1 卷》，北京：中国人民大学出版社 1987 年版。

67. 中国人民大学国际政治系编：《马克思 恩格斯 列宁 斯大林论社会主义思想史》，北京：中国人民大学出版社 1988 年版。

68. 中国人民大学科学社会主义系科学社会主义教研室编：《科学社会主义原理》，北京：中国人民大学出版社 1983 年版。

69. 中国人民大学马克思列宁主义基础系资料室：《关于圣西门、傅立叶、欧文的空想社会主义》，北京：中国人民大学出版社 1959 年版。

70. 中国人民大学新闻系新闻理论教研室编：《马克思恩格斯报刊活动年表》，1982 年。

二 期刊类参考文献

1. 陈启源：《论马君武对社会主义学说的初步评介》，载《广西大学学报（哲学社会科学版）》1995 年第 2 期。

2. 葛斯：《"真正的社会主义"和〈威斯特伐利亚汽船〉杂志》，载《国际共运史研究资料》1983 年第 1 期。

3. 杭州大学政治系《科学社会主义讲话》编写组：《科学社会主义讲话》，载《杭州大学学报（哲学社会科学版）》1977 年第 3 期。

4. 李红军：《对划清马克思主义与反马克思主义界限的几点思考》，载《学校党建与思想教育》2010 年第 32 期。

5. 李杰、张蕾：《恩格斯中期的史学思想》，载《四川教育学院学报》2009 年第 10 期。

6. 陆梅林：《马克思主义与人道主义》，载《文艺研究》1981 年第 3 期。

7. 徐洋：《德国学者谈〈马克思恩格斯全集〉德文版的现状和历史》，载《国外理论动态》2010 年第 5 期。

8. 姚顺良：《论马克思在〈德意志意识形态〉写作中的主导作用——析广松涉"恩格斯主导论"的文献学依据》，载《马克思主义研究》2007 年第 5 期。

9. 于乐军：《恩格斯思维与存在同一性观点辨析——兼与俞吾金教授商榷》，载《北京行政学院学报》2007 年第 5 期。

10. 叶卫平：《科学社会主义的创立和全面论证同三大空想社会主义没有必然的联系》，载《世界历史》1987 年第 2 期。

11. 朱进东：《论马克思恩格斯对"真正的社会主义"哲学基础批判》，载《江苏教育学院学报（社会科学版）》1997 年第 4 期。

12. 祝大征：《恩格斯论思维和存在的同一性》，载《陕西师大学报（哲学社会科学版）》1986 年第 1 期。

图书在版编目（CIP）数据

恩格斯《傅立叶论商业的片段》研究读本 / 莫凡
编著. —北京：中央编译出版社，2014.12
（马克思主义经典著作研究读本 / 杨金海，李惠斌主编）

ISBN 978-7-5117-2440-3

Ⅰ.①恩… Ⅱ.①莫… Ⅲ.①《傅立叶论商业的片段》-
恩格斯著作研究 Ⅳ.①A811.21

中国版本图书馆 CIP 数据核字（2014）第 303140 号

恩格斯《傅立叶论商业的片段》研究读本

出 版 人：	刘明清
责任编辑：	薛迎春
责任印制：	刘　慧
出版发行：	中央编译出版社
地　　址：	北京西城区车公庄大街乙 5 号鸿儒大厦 B 座（100044）
电　　话：	（010）52612345（总编室）　　（010）52612335（编辑室）
	（010）52612316（发行部）　　（010）52612317（网络销售）
	（010）52612346（馆配部）　　（010）55626985（读者服务部）
传　　真：	（010）66515838
经　　销：	全国新华书店
印　　刷：	北京文昌阁彩色印刷有限责任公司
开　　本：	710 毫米×1000 毫米　1/16
字　　数：	266 千字
印　　张：	18.5
版　　次：	2014 年 12 月第 1 版
印　　次：	2018 年 6 月第 2 次印刷
定　　价：	65.00 元

网　　址：	www.cctphome.com　　邮　　箱：cctp@cctphome.com
新浪微博：	@中央编译出版社　　微　　信：中央编译出版社（ID：cctphome）
淘宝店铺：	中央编译出版社直销店（http://shop108367160.taobao.com）　　（010）52612349

本社常年法律顾问：北京市吴栾赵阎律师事务所律师　闫军　梁勤
凡有印装质量问题，本社负责调换。电话：（010）55626985